미국, 독일, 프랑스, 일본을
중심으로 본

외국
단체교섭제도
연구

미국, 독일, 프랑스, 일본을 중심으로 본

외국 단체교섭제도 연구

노동자권리연구소 지음

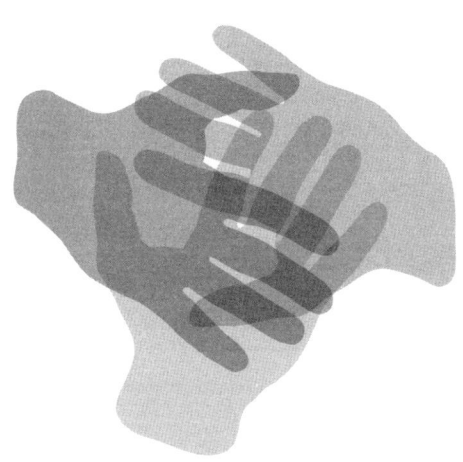

일러두기

본문의 외국 법조항은 2021년 기준이다.

| 머리말 |

우리 헌법 제33조 제1항은 "근로자는 근로조건의 향상을 위하여 자주적인 단결권·단체교섭권 및 단체행동권을 가진다"라고 규정함으로써 노동3권을 기본권으로 보장하고 있다. 노동3권은 법률의 제정이라는 국가의 개입을 통하여 비로소 실현될 수 있는 권리가 아니라 법률이 없더라도 헌법의 규정만으로 직접 법규범으로서 효력을 발휘할 수 있는 구체적 권리라고 보아야 한다(대법원 2020. 9. 3. 선고 2016두32992 전원합의체 판결).

노동3권은 구체적 권리인 자유권이다. 하지만 노동3권의 자유권이라는 성격을 무시하고 도입된 현 교섭창구단일화제도는 이렇다. 1)노동3권은 헌법상 기본권, 노동조합과 노동자는 노동3권의 주체이나, 2)사업 또는 사업장 단위에서 조합원이 1명이라도 더 많은 노동조합이 단체교섭권을 배타적으로 행사하며 그 외 노동조합은 단체교섭권이 사실상 박탈되고, 3)교섭대표노동조합이 아닌 노동조합에 가입한 조합원들은 자신이 가입하지도, 선출하지도 않은 교섭대표노동조합(대표자)이 체결한 단체협약에 따라 근로조건이 규율되고, 단체교섭 및 단체협약 체결 과정에서도 참여권이 동등하게 보장되지 않으며, 4)교섭대표노동조합이 아닌 노동조합은 쟁의권도 박탈된다. 한마디로 현 교섭창구단일화제도는 총체적으로 노동3권을 침해하는 제도이다.

헌법재판소의 종전 교섭창구단일화제도 합헌 결정(2011헌마338)은 교섭창구단일화제도가 효율적이고 안정적인 교섭 체계를 구축하고 근로조건을 통일하고자 하는 목적에 부합하는 적절한 수단이며 최소침해성, 법익 균형성도 인정될 수 있다고 판단했다. 그러나 우리와 마찬가지로 배타적 교섭제도를 취하는 미국 교섭제도의 경우에도 노동조합 간의 효율적이고 안정적인 교섭 체계 구축이나 근로조건 통일은 근본적인 목적이 아니며 단체교섭의무의 제도화가 근본적인 목적이다. 노동조합제인 우리 법제에서 효율적 교섭 체계라는 명목으로 특정 노동조합에게만 배타적 교섭권을 보장하는 건 입법 목적으로 타당하지 않다. 그에 비해 독일과 프랑스 교섭제도는 노동조합의 단체교섭권과 쟁의권을 최대한 보장하면서 근로조건 통일을 추구하고 있는데, 이처럼 근로조건 통일을 위해 배타적 교섭제도를 두는 건 필연적이지도 않고 침해가 최소화되는 것도 아니다. 한편 일본 교섭제도 실태는 역사적 과정을 무시하고 평가할 수 없으며 자율교섭으로 세력 다툼이나 분열이 야기되어 교섭력이 약화되었다는 근거도 없다.

이 연구는 해외 교섭제도를 보다 자세히 살펴봄으로써 우리 교섭창구단일화제도의 위헌성을 검토하고 대안을 모색하기 위해 진행되었다. 미국(김미영 경기대학교 법학연구소 연구위원), 독일(박귀천 이화여자대학교 법학전문대학원 교수), 프랑스(조임영 영남대학교 법학전문대학원 교수), 일본(정영훈 부경대학교 법학과 교수)의 단체교섭제도 전반을 연구했고, 해외 교섭제도에 비추어 우리 제도에 대한 시사점을 밝혔다. 이 연구를 시작으로 우리 교섭창구단일화제도의 위헌성에 대한 문제 제기와 대안 모색이 보다 활발히 진행될 수 있기를 기대한다.

전국민주노동조합총연맹 법률원 부설
노동자권리연구소

머리말 · 005

1장 미국 연방노동관계법의 단체교섭제도

≫ **단체교섭제도의 구성과 특징: 단체교섭권과 단체교섭의무** · 015
단체교섭권 | 단체교섭의무

≫ **교섭단위: 연방노동위원회** · 020
교섭단위bargaining unit | 연방노동위원회의 결정 | 연방노동위원회 결정 교섭단위제의 한계 | 파견·용역 사업장 교섭단위 쟁점

≫ **단체교섭제도 최근 논의** · 045
연방노동관계법 단체교섭 구조의 한계 | 다수 사용자 또는 초기업 단위 교섭 사례 | 다수 사용자 교섭 사례 | 공급체인 교섭supply chain bargaining | 지방정부 정책(조례) 제정을 통한 초기업 교섭 확보 | 연방노동관계법 개정안(2021) 방향

≫ **우리 제도에 대한 함의: 제도 비교에서 교섭창구단일화 절차 검토** · 069
단체교섭 구조와 성격 비교 | 단체협약의 효력 비교 | 단체협약의 구속력 비교 | 공정대표의무 비교 | 결론

2장 독일의 단체교섭 및 단체협약 법리

≫ **단체교섭권의 법적 토대** · 093
  노동3권의 보장 | 근로조건 결정의 이원적 구조

≫ **단체교섭의 주체** · 100
  노동조합의 요건 | 교섭 능력 및 교섭 권한 | 교섭 실태

≫ **단체협약** · 113
  단체협약의 종류 | '협약자치강화법' 제정에 따른 단체협약의 일반적 구속력 조항 개정 | '협약단일화법' 제정에 따른 단체협약법 개정의 쟁점 | 단체협약법 제4조의a에 대한 독일 연방헌법재판소 결정 | 2019년 단체협약법의 개정

≫ **쟁의행위** · 154

≫ **시사점** · 157

3장 프랑스의 단체교섭 법제: 기업 단위 단체교섭을 중심으로

≫**개관** · 167
　　프랑스 헌법과 노동3권 | 프랑스 집단적 노사관계법의 주요 특징

≫**노동조합 및 사용자의 대표성** · 177
　　노동조합의 대표성 | 사용자의 대표성

≫**단체교섭 및 단체협약** · 193
　　산업(업종) 단위 단체교섭 | 기업 단위 단체교섭|기업별 협약과 산업별 협약 간의 적용 관계

≫**파업권의 행사** · 236
　　파업의 정의 | 파업의 주체 | 파업의 개시

≫**요약 및 시사점** · 242
　　프랑스 법제의 주요 내용 및 특징 | 시사점

4장 복수노조하에서의 단체교섭에 관한 일본의 법적 논의에 관한 검토

》비교법적 검토 대상으로 본 일본 법제도의 의의 · 249

》일본의 집단적 노사관계의 특징 · 254
　　기업별 노조 중심의 노사관계 | 산업별 교섭과 산업별 협약의 부재 |
　　유니언숍 협정의 광범위한 활용 | 초기업별 노동조합의 역할과 단체교섭권 보장

》단체교섭권 보장의 연혁 · 272
　　1945년 노동조합법의 제정과 단체교섭권의 보장 | 1948년 공공기업체노동관계법
　　제정과 배타적 교섭대표제의 도입 | 1949년 노동조합법 개정과 배타적 교섭대표제
　　도입 시도 | 1952년 노동조합법 개정과 배타적 교섭대표제도 도입을 둘러싼 논의 |
　　1956년 공공기업체노동관계법 개정과 배타적 교섭대표제도 폐지 | 단체교섭권
　　보장에 관한 현재까지의 정책적 논의 상황

》복수노조 현황과 단체교섭 등의 실태 · 283
　　복수노조 현황과 복수노조 체제의 형성 배경 | 복수노조하에서의 단체교섭 실태

》단체교섭권 보장의 의의와 관련 논의 · 307
　　소수 노조의 단체교섭권 보장 | 배타적 교섭대표제도를 둘러싼 논의

》시사점 · 321

참고 문헌 · 325
찾아보기 · 333

1장

미국 연방노동관계법의 단체교섭제도

김미영
(경기대학교 법학연구소 연구위원)

단체교섭제도의 구성과 특징: 단체교섭권과 단체교섭의무

단체교섭권

미국 연방노동관계법National Labor Relations Act이 보장하는 근로자employee의 단체교섭권은 "스스로 선택한 대표를 통하여 단체로 교섭할 권리"이다. 이와 같은 법률상 단체교섭권은 일정한 교섭단위bargaining unit에 속한 근로자들이 선거 절차를 거쳐 다수결로 단체교섭 대표를 선출할 수 있는 권리가 된다.[1] 단체교섭권을 정한 조항의 내용은 다음과 같다.

---

1 29 USC(United States Code) § 159 Representatives and elections.

근로자employee는 노동단체를 결성, 구성, 가입 또는 지원할 권리, 스스로 선택한 대표representatives를 통하여 단체로 교섭할 권리, 그리고 상호부조 또는 단체교섭을 목적으로 단체행동에 참여할 권리가 있다. 또한 그러한 모든 활동에 참여하지 않을 권리가 있다. 다만 제158조(a)(3)이 정한 바에 따라 고용의 조건으로 노동단체 구성원 지위를 요구하는 협약이 그 권리에 영향을 주는 경우는 예외로 한다.[2]

근로자는 법에서 명시적으로 달리 정하지 않는 한 특정 사용자의 근로자로 한정하지 않고 모든 근로자를 포함하며, 현존하는 노동분쟁과 관련하여 또는 그 결과로, 또한 부당노동행위로 인해 노무 제공이 중단된 모든 자, 그리고 통상적이고 실질적으로 대등한 고용을 획득하지 못한 자를 포함한다. 그러나 농업노동자, 자신 또는 타인의 가정에서 가사 서비스, 부모 또는 배우자에 고용된 자, 독립 수급인 지위에 있는 자, 관리감독직으로 고용된 자, 철도노동법 적용 대상인 사용자에 고용된 자는 포함하지 않는다.[3]

단체교섭의 목적에 적정한 단위unit에서 근로자 다수가 지명하거나 선출한 대표는 단체교섭을 목적으로 한 그 단위의 모든 근

---

2 29 USC § 157 Right of employees as to organization, collective bargaining, etc.
3 29 USC § 152(3) Employee.

로자들의 임금률, 임금, 근로시간 및 기타 근로조건에 관하여 배타적 대표가 된다. 다만 개별 근로자 또는 근로자 집단은 언제라도 이의grievances4를 자신의 사용자에게 제출하고, 교섭대표의 개입 없이 그 이의를 조정할 권리가 있다. 그 이의 조정이 단체협약 또는 유효한 노사 합의에 위반하지 않는 한에서 그러하다. 단 그 이의 조정 과정에 참여할 기회가 교섭대표에게 주어져야 한다.5

단체교섭의무

단체교섭의무는 교섭대표로 선출된 노동조합labor union과 사용자employer 모두가 주체이며, 협약 체결 이전의 교섭뿐 아니라 협약 체결 이후에 그 협약이 종료하기까지 단체교섭의무가 유지된다.

단체교섭은 사용자와 근로자대표의 상호 의무이며, 합리적인 시간에 회합하고, 임금, 근로시간 및 기타 근로조건 또는 협약의 교섭 혹은 그 협약에서 발생한 문제에 관하여, 그리고 양 당사자가 요구하는 경우에 도달한 모든 합의를 포함하는 서면 협약written contract의 집행에 관하여 성실하게 협의할 의무이다.6 그러나 성실

---

4 해당 단체협약이 정한 내용을 사용자가 위반했다는 주장이 내용이 된다. 예를 들어 단체협약이 정한 선임권 순서를 위반했다든지, 어떤 수당을 주지 않았다든지 하는 것이다.
5 29 USC § 159(a) Exclusive representatives; employees' adjustment of grievances directly with employer.

교섭의무는 양측 당사자에게 어떤 요구안에 합의하거나 양보할 것을 강제하는 것은 아니다.[7] 또한 단체교섭의무는 단체협약 유효기간 중에는 어느 당사자도 일방적으로 해지하거나 종료하지 않을 것도 포함한다. 이는 제158조(d)의 단서에 정하고 있다. 유효한 단체협약의 해지 또는 종료를 원하는 당사자는 다음의 법률상 요건을 충족해야 한다.

- 협약의 만료일 60일 전에, 그리고 만료일을 정하지 않은 협약인 경우에는, 종료 또는 개정을 제안하는 시점의 60일 전에 상대방에게 서면으로 통지한다.
- 개정안을 포함한 협약 또는 새로운 협약을 교섭하려는 목적으로 상대방에게 회합과 협의를 제안한다.
- 그 시점까지 합의에 이르지 못하면 상대방에게 분쟁이 있음을 통지하고, 통지 이후 30일 이내에 연방조정국(FMCS), 그리고 그 분쟁이 발생한 주 또는 속령에서 분쟁조정과 알선을 목적으로 설립된 그 주정부 또는 속령의 기관에 통지한다.
- 그러한 통지 이후 60일 동안 또는 협약 만료일까지, 그중에 더 늦게 도래하는 날까지, 현존하는 단체협약의 모든 내용과 조건은 전면적이고 유효하게 지속하며, 파업이나 직장폐쇄를 할 수 없다.
- 위에서 정한 통지 기간 내에 파업에 참여하는 모든 근로자는 그

---

6 29 USC § 158(d) Obligation to bargain collectively.
7 29 USC § 158(d).

사용자에 대하여 연방노동관계법상 근로자로서의 지위를 상실한다. 다만 사용자가 근로자를 재고용하는 때에 지위 상실 상태는 종료된다.

법률에 따른 배타적 교섭대표와 단체교섭을 거부하는 것은 사용자의 부당노동행위이다.[8] 또한 배타적 교섭대표[9]이면서 사용자와 단체교섭을 거부하는 것은 노동조합의 부당노동행위이다.[10]

---

8 29 USC § 158(a)(5).
9 29 USC § 159(a).
10 29 USC § 158(b)(3).

교섭단위: 연방노동위원회

| 교섭단위 bargaining unit

 연방노동관계법에서 교섭단위는 노사 당사자의 단체교섭의무 성립 자체를 결정짓는 필수 제도로서 배타적 교섭대표의 선출 단위이면서 원칙적으로 단체협약의 구속력 범위이다. 이는 법률상 노동조합이 단체교섭권의 주체가 아니기 때문에 필요한 제도이다.[11]

 법률상 앞서 이야기했듯 단체교섭 목적에 적정한 단위에서 근

---

11 노동조합이 단체교섭권의 주체라면 조합원 범위가 될 테지만, 노동조합이 단체교섭권의 주체가 아니기 때문에 단체교섭을 할 주체인 배타적 교섭대표를 정하는 범위가 필요하다.

로자 다수가 지명하거나 선출한 대표는 단체교섭을 목적으로 한 그 단위 모든 근로자들의 임금률, 임금, 근로시간 및 기타 근로조건에 관하여 배타적 대표가 된다.[12]

연방대법원 판례법은 단체협약의 규범적 효력 근거를 교섭대표와 교섭단위제에서 찾는다. 그에 따라 교섭단위에 속한 근로자는 단체협약이 정한 내용의 이익을 향유할 뿐 아니라 그에 포함된 인사 규정이나 분쟁조정 같은 절차 규정을 준수할 의무도 부담하는 것이다. 그러나 개별적 근로조건 불이행 쟁점이라도 직접적인 분쟁 당사자는 단체협약의 이행 의무 주체인 사용자와 배타적 교섭대표이다. 근로자는 그 대표를 통해서만 사용자에게 자신의 주장을 제기할 수 있다. 연방노동관계법은 단체협약 위반 소송은 배타적 교섭대표인 노동단체만 주체가 된다고 본다.[13]

다만 근로자가 교섭대표인 노동단체의 공정대표의무 위반을 입증하면 개별적 권리에 한하여 사용자를 상대로 직접 단체협약 위반의 소를 연방지역법원the U.S. district courts에 제기할 수 있다.

연방노동관계법의 교섭단위제는 사업장 내 교섭창구단일화를 목적으로 하는 제도가 아니다. 1935년 당시에 연방노동관계법은 사용자의 단체교섭의무를 법제화하는 것이 주요 목표였다. 노동

---

12 노동조합 외 개인이나 그 외 노동단체도 교섭대표가 될 수 있다. 29 USC § 158(a).
13 29 USC § 185(a); United Steelworkers v. American Mfg., 363 U.S. 564(1960) United Steelworkers v. Warrior & Gulf Nav. Co., 363 U.S. 574(1969) United Steelworkers v. Enterprise & Car Corp., 363 U.S. 593(1960) 등.

자들의 파업이나 태업, 보이콧의 대부분이 사용자가 교섭 자체에 응하지 않아서 발생했기 때문이다. 그때까지 일반법원은 전통적 계약 법리와 단체교섭의무가 본질적으로 충돌한다는 제도적 틀을 벗어나지 못했는데, 이를 입법으로 해결한 것이 1935년 연방노동관계법이다. 그래서 현실적으로는 초기업단위노조와 개별 기업(예를 들면 포드나 지엠사)이 교섭 당사자인 단일교섭 관계로 보이지만 법률적으로는 연방노동위원회의 인증certification을 받은 여러 교섭단위가 별개로 존재한다. 그 여러 교섭단위에서 전미자동차노조(UAW) 지부가 교섭대표로 인증받은 상태에서 초기업 단위인 전미자동차노조가 사용자에게 기업별 교섭을 요구하고 관철하는 것이다.[14] 그래서 이와 같은 관계에서 체결된 단체협약은 대부분 유일교섭단체 조항을 포함하고 있다.[15]

연방노동위원회는 교섭대표 선거를 신청한 노동단체가 제시한 교섭단위의 적정성을 결정할 권한이 있다. 그러나 적정한 교섭단위 확정을 연방노동위원회에 신청하는 것이 노사 당사자의 의무는 아니다. 노동조합이 제시한 교섭단위에 사용자가 동의함으로써 자율적으로 정할 수 있다. 이는 노동조합 조직률이 높은 직종이나 기업에서 주로 이루어지는 것으로 나타난다.

---

14 법률상 단체교섭권자는 개별교섭단위의 배타적 교섭대표인 전미자동차노조 지부만이다.
15 https://uaw.org/uaw-auto-bargaining/fordcontract/, https://uaw.org/uaw-auto-bargaining/fordcontract/

연방노동위원회의 결정

노사 당사자가 임의로 결정하지 못하고 분쟁이 있으면 연방노동위원회에 교섭단위 적정성 판단을 신청하고 그 결정에 따른다. 교섭단위 적정성에 대한 연방노동위원회의 결정은 법원의 사법심사 judicial review를 받지 않는다.

연방노동위원회는 근로자들이 연방노동관계법이 보장하는 권리를 최대한 자유롭게 행사하도록 보장하여, 단체교섭 목적에 적정한 단위인지를 사용자 단위, 직종 단위, 공장 단위 또는 그 하부 단위로 결정해야 한다.[16] 단체교섭에서 단일 사용자 단위(단일 사용자 교섭단위)single-employer unit의 원칙을 명시한 것이다. 단일 사용자 단위 원칙이란 직접적인 고용관계가 있는 사업장 내 근로자들이 지명 또는 선출한 교섭대표와 그 사용자 사이에만 단체교섭 관계 성립을 인정하는 것이다. 이는 1947년 개정 시에 연방노동위원회의 권한을 제한하기 위해 도입되었다.

연방노동위원회가 결정할 수 없는 교섭단위 형태도 명시했는데, 다음의 세 가지이다.[17]

- 전문직 근로자professional employee와 근로자를 함께 포함한 단위인

---

16 29 USC § 159(b) Determination of bargaining unit by Board.
17 29 USC § 159(b) 단서.

경우에, 전문직 근로자 다수가 교섭단위 포함에 찬성하지 않은 한 단체교섭 목적으로 적정하다고 결정할 수 없다.[18]

■ 연방노동위원회가 이전 결정으로 달리 정했다는 이유로 직종 단위craft unit가 부적정하다고 결정할 수 없다.

■ 사용자의 부동산에서 사람의 안전을 보호하거나 사용자의 재산을 보호하는 규칙을 근로자 또는 제3자를 상대로 집행하는 경비원으로 고용된 자와 다른 근로자가 함께 포함되었다면 단체교섭의 목적으로 적정하다고 결정할 수 없다. 경비원 이외 근로자의 가입을 허용하는 단체에 직접 또는 간접적으로 소속되어 있거나 그 가입이 허용되는 단체라면 경비원으로 구성된 교섭단체에서 근로자 대표로 인증될 수 없다.

연방노동관계법은 전문적 근로자를 다음과 같이 정의한다.[19]

■ (i)통상적인 정신적, 육체적, 기계적 혹은 물리적인 노무와 다르게 성격적으로 대부분 지적이고 다양하며, (ii)노무 수행 과정에서 재량과 판단을 지속적으로 사용하며, (iii)산출된 성과나 완료한 결과가 주어진 시간에 비례하여 표준화할 수 없는 성격이고, (iv)보

---

18 예를 들어 대학의 교수와 직원을 생각해볼 때, 직원노조가 '교직원'을 하나의 교섭단위로 함으로써 교수까지 포함한 교섭단위를 신청하는 경우, 교수들 다수가 그에 찬성한 경우에만 연방노동위원회가 적정하다고 결정할 수 있다는 것이다. 의사, 간호사, 변호사, 청원경찰 등등의 사례가 있다.
19 29 USC § 152(12).

통교육, 직업훈련 또는 통상적인 정신적, 육체적, 물리적 과정의 수행에서 훈련과 달리, 고등교육기관 또는 병원에서 특화된 지식 교육과 연구를 위한 고등교육이 필요한 학문과 과학의 영역에서 획득하는 고등 지식을 요하는 노무를 수행하는 모든 근로자.

■ 법률이 정한 전문적인 지적 교육과 연구 과정을 완료하고, 그에 따라 정한 전문직 근로자의 자격이 있는 전문가의 감독하에 관련 노무를 수행하는 모든 근로자.[20]

노동조합뿐 아니라 사용자도 연방노동위원회 교섭단위 적정성 판단을 신청할 수 있다. 노동조합은 교섭대표 지위를 획득하기 위하여 교섭단위를 특정하여 다수결 지위를 주장하는 신청을 할 수 있다.[21] 그 경우에 사용자가 교섭단위의 적정성을 다투지 않으면 연방노동위원회는 다수결 지위 여부만 판단할 수 있다. 각 당사자의 주장 내용은 다음과 같다.

■ 근로자 또는 근로자 집단group of employee, 그들을 대표하는 개인 또는 노동단체: 첫째, 상당수의 근로자들이 단체교섭을 위한 대표를 원하며, 근로자대표에 대해 사용자가 승인을 거부한다고 주장

---

20 29 USC § 152(12).
21 노사가 자율적으로 배타적 교섭대표를 승인할 수 있다(수권카드 또는 조합원을 다수 확보하여 다수결 지위에 기초해서 사용자를 압박하여 사용자가 임의 승인). 노동조합은 교섭대표 지위를 획득하기 위해 교섭단위를 특정하여 다수결 지위를 주장하는 신청(대표 선거 신청)을 할 수 있다.

하면서, 둘째, 교섭대표로 인증되었거나 사용자가 현재 승인한 개인 또는 노동단체가 더 이상 법률[22]에서 정한 바와 같은 대표가 아니라는 주장.[23]

■ 사용자: 자신에게 하나 이상의 개인 또는 노동단체가 교섭대표로서 승인을 요구한다는 주장.

연방노동위원회는 그 구제 신청을 조사하고, 주간통상Inter-State Commerce[24]에 영향이 있는 교섭대표 지위의 문제가 존재한다고 믿을 합리적인 사유가 있으면 적법한 통지에 따라 적정한 심리를 개최한다. 심리는 지역 사무소의 고위 공무원 또는 근로자가 진행할 수 있는데, 사안에 관련하여 어떠한 권고는 할 수 없다. 연방노동위원회가 교섭대표 지위의 문제가 존재한다는 심리 기록을 확인하면, 비밀투표 방식의 (대표) 선거를 명령하고, 그 결과를 인증한다(유효투표 수 과반수 기준).[25]

주간통상에 영향이 있는 교섭대표 지위의 문제가 존재하는지 여부를 결정할 때, 구제 신청을 제기한 자의 신분이나 신청하는

---

[22] 29 USC § 159(a).
[23] 해당 교섭대표에 대해 그 교섭단위 내에서 근로자 다수결의 지지가 유지되지 않는다고 주장한다는 것이다.
[24] 미국 연방헌법 제1조 8항은 연방의회, 법원, 정부가 통제할 수 있는 대상(화폐, 세금, 국방 등)을 열거하고 있는데, 외국, 각 주정부, 인디언보호구역, 자치령들 사이의 통상(또는 교역)이 포함되어 있다. 즉 연방의회가 법률을 제정할 수 있는 입법권의 범위이고, 그 연방법의 적용 범위이다. 그것을 학문적, 실무적으로 주간통상이라고 지칭한다. 미국의 연방제는 연방정부와 주정부 사이에도 권력 분립이 적용되기 때문이다.
[25] 29 USC § 160(b).

구제의 종류에 관계없이 동일한 시행령이 적용되어야 하며, 전·현직 노동단체에 관련하여 법률에 따라 발부되지 않은 명령을 이유로 그 노동단체의 투표를 부인할 수 없다.[26]

교섭단위 또는 그 하부 단위에서 유효한 선거가 개최된 이후 12개월 내에는 선거 실시를 명령할 수 없다. 원직복직의 권리가 없는 경제파업[27]에 참여한 근로자는 그 파업의 개시 이후 12개월 내에 개최되는 모든 선거에서 연방노동관계법에 부합하는 연방노동위원회 시행령하에 투표 자격이 인정될 수 있다. 한편 다수결로 선택되지 않은 모든 선거에서 2차 투표가 실시되어야 하며, 그 선거에서 가장 많은 득표수와 두 번째로 많은 득표수를 얻은 2개의 선택지 사이에서 선택하는 투표 방식이다.

사용자와 노동단체 사이에 체결된 협약이 적용되는 교섭단위에 속한 근로자 30% 이상의 신청으로, 교섭대표의 권한 철회를 연방노동위원회에 신청할 수 있으며, 연방노동위원회는 그러한 단위에서 근로자들의 비밀투표를 실시하고 그 결과를 사용자와 노동단체에게 인증한다. 한 교섭단위 또는 그 하부 단위에서 직전 12개월 동안에 유효한 선거가 개최되었다면 법률에 따른 선거는 실시되지 않는다.

---

26 29 USC § 160(c). 연방노동관계법 제160조(c)는 부당노동행위 구제명령에 관해 정한 규정이다. 부당노동행위로 확정되고 구제명령의 내용이 대표 선거 실시라면, 구제명령의 직접 대상인 노동단체가 아니라도 선거에 참여시켜야 한다는 의미이다.
27 경제파업 economic strike 은 단체협약이 종료되고 새로운 임금, 근로시간, 근로조건을 위한 협약 체결을 목적으로 하는 파업을 말한다.

2019년 연방노동위원회는 교섭단위 구성을 결정하는 새로운 기준을 채택했는데, 제159조(b)가 정한 기준보다 작은 교섭단위의 정당성을 인정한 것이다.[28] 그러나 사용자가 법률 기준 미달 교섭단위micro-unit로 교섭대표 선거를 결정한 지역감독관Regional director 결정의 파기를 신청했을 때, 연방노동위원회는 그것을 기각했다.[29] 2017년 PCC(I) 결정에서 연방노동위원회는 이전 스페셜티 헬스케어Specialty Healthcare 결정[30]을 파기함으로써 사용자가 요구하는 추가 근로자까지 교섭단위 결정에 포함해야 한다는 신청을 심리하며 사용자 친화적인 기준을 복구했다. 연방노동위원회는 법률 기준 미달 교섭단위에 근로자를 추가하려는 당사자는 스페셜티 헬스케어 결정과 같이 배제된 근로자들이 신청 교섭단위 근로자들과 '압도적인 이해관계 공통성predominant community of interest'이 아니라 '전통적인 이해관계 공통성traditional community of interest'의 공유를 입증해야 한다고 결정했다. 연방노동위원회는 노동조합 제안 교섭단위와 사용자 제안 단위를 새로운 기준에 따라 판단하라고 하면서 사건을 지역감독관에게 환송했다. 지역감독관은 새로운 기준에 따른다 해도(그리고 연방노동위원회의 직종단위 원칙을 적용한다 해도) 노동조합이 신청한 단위(재처리 작업을 하는 근로자와 용접 근로자로 대략 120명 정도)가 적정하다고 결정했

---

28 PCC Structurals, 365 NLRB No. 160(2017)(PCC I).
29 PCC Structurals, Inc., No. 19-RC-202188(Nov. 28, 2018)(PCC II).
30 357 NLRB 934(2011).

다(회사는 모든 생산 및 유지관리 근로자 2,565명을 포함해야 한다는 입장이었다).

지역감독관은 해당 신청 교섭단위는 상당한 고숙련 용접 근로자들의 직종 단위craft unit이며, 배제된 다른 근로자들과 상당히 구별되는 이해관계 공통성을 공유하여 단체교섭 목적에도 적합하다고 했다. 그 결정은 조직의 부서, 숙련 및 훈련, 직무 내용, 기능적 통합성, 접촉의 정도contact, 교환근무 가능성, 고용의 내용 및 조건 그리고 지휘감독을 고려했다. 이는 연방노동위원회가 신청 교섭단위의 근로자들이 배제된 근로자들과 상당히 구별되는 이해관계 공통성을 가지고 있다고 결정할 때, 비중을 두는 요소들이다.

교섭단위제에서 노동조합은 그 조합원이 사업장 내 근로자의 다수일지라도 단체교섭권을 가질 수 없다. 사용자의 임의 승인이나 연방노동위원회 선거와 인증을 획득해야 하기 때문이다. 교섭단위제는 단체교섭 관계 성립을 위해서 노동조합이 사용자에 비해 더 많은 책임과 비용을 부담하는 결과를 초래했다. 실제로 교섭단위 확정과 선거 과정에서 미국 노동조합은 경제적, 조직적 측면에서 큰 위험을 감수해왔다. 이 때문에 1935년 입법 당시에 이 제도를 지지했던 노동조합들이 점차 연방노동위원회 절차를 우회하는 방식을 선호하게 되었다. 대표적인 방식이 근로자들의 수권카드Authorization Card(교섭권 위임 카드) 또는 조합원을 다수 확보하는 것이다. 다수결 지위에 기초해서 사용자를 압박하여 임의 승인 협약을 체결하는 것이다. 그러나 노동조합이 근로자 다수의 수권카드를 제시하고 단체교섭을 요구해도 사용자는 연방노동위원회에 교섭단위 확정이나 선거 실시를 신청할 수 있다. 그 때문에 노동조합은 사용자에게 그러한 여지를 주지 않는 다양한 전략을 활용하고 있다.

연방노동위원회 교섭단위 확정이나 선거 과정에는 근로자들의 선택에 사용자가 개입할 여지가 많은 것이 현실이다. 한 조사에 따르면, 노동조합이 교섭대표 지위를 획득하는 비율에서 근로자의 수권카드로는 약 90%가 성공하는 것으로 나타난다. 반면에 연방노동위원회가 실시하는 선거에서 그 성공률은 거의 절반으로 낮아졌다.[31]

사용자는 교섭대표 선거 과정에서 근로자를 위협하는 내용이 아니면 해당 노동조합에 대한 자신의 의사를 표현할 수 있다.[32] 사용자가 표현한 그 의사는 근로자들의 노동조합 선택에 영향을 줄 수밖에 없다. 반면에 근로자가 아니면 노동조합 활동가나 임원은 사업장 내에 임의로 출입할 수 없다.[33] 결국 사용자에 비해서 노조 활동가들이 근로자와 접촉할 수 있는 기회가 훨씬 적은 것이다.

---

31 Adrienne E. Eaton & Jill Kriesky, NLRB Elections vs. Card Check Campaigns: Results of a Worker Survey, 62 Indus. & Lab. Rel. Rev. 157(2009).
32 29 USC § 159(c).
33 Lechmere Inc., v. NLRB, 502 U.S. 527(1992).

연방노동위원회 결정 교섭단위제의 한계

교섭대표제에서 연방노동위원회의 교섭단위 결정은 단체교섭 관계에 직접적인 영향을 주기 때문에 노사 자치를 지나치게 제한하는 결과를 초래한다. 연방노동위원회가 다수 사용자 단위(다수 사용자 교섭단위)multi-employer unit를 인증하는지, 근로자 고용 사업자 employment agency34를 단일 사용자 단위로 인증하는지 또는 사용자의 임의 승인 이후의 교섭단위를 법적으로 보호하는지는 단체교섭 관계의 성립뿐 아니라 단체교섭의 구조까지 결정하기 때문이다. 대표저으로 산업별 노사관계의 제도적 형성과 쇠퇴에 결정적 영향을 미친 연방노동위원회의 변화를 예로 들 수 있다. 1930년 대까지 미국은 AFL(American Federation of Labor, 1886〔전미노동총연합〕)의 영향하에 사업장 내 근로자를 직종 단위craft unit로 조직하는 직종 노조craft union가 주류였다. 그러다 1932년 처음으로 산별노조를 지향하는 CIO(Congress of Industrial Organization〔산업노조협의회〕)가 결성되었다.

루스벨트 정부의 연방노동위원회는 산별 단위 교섭 관계를 선호해서 다수 사용자를 포함하는 산업별 교섭단위가 적정하다는 결정을 자주 했다. 산별 노동조합의 조합원 범위를 주요 판단 기준으로 적용했다. 이 시기에 CIO의 조직률이 급격히 높아졌다.

---

34 미국은 직업 소개와 근로자파견업을 가리킬 때 같은 용어를 사용하는 경향이 있다.

이후 1947년 연방노동관계법이 개정되며 교섭단위 적정성 판단에서 연방노동위원회의 재량권을 제한하는 내용이 추가되면 그 반대 현상이 나타났다.

이후 연방노동위원회 결정에 크게 영향을 준 것은 두 가지였다. 하나는 노동조합의 조합원 범위를 교섭단위 적정성 판단의 결정적 기준으로 할 수 없다는 것이고, 다른 하나는 교섭단위의 최대 범위를 사용자 단위employer unit로 정한 것이다. 이를 계기로 산업별 교섭단위에 대한 연방노동위원회의 결정은 급변했다. 다수 사용자 교섭단위가 포함된 단위는 사용자들의 동의가 있어야 적정성 판단을 시작했다. 또한 적정교섭단위 판단에서 산별노조인 CIO의 조합원 범위를 중요한 기준으로 적용하지 않았다. 사업장 내에 조합원이 많지 않았던 CIO는 교섭대표 선거에서 자주 패배했다. 이로 인해 산별 교섭 관계를 추구하던 CIO는 단체교섭제도 밖으로 축출되는 결과를 맞이했다. 이는 CIO의 조직력 약화로 이어졌고, 정치적으로 반공주의 열풍까지 겹치면서 CIO는 오래 버티지 못하고 1955년 AFL에 흡수 통합되었다.

오늘날에도 산별 단위를 포함한 다수 사용자 단위로 단체교섭 관계를 임의로 유지하고 있는 노동조합과 사용자들은 있다. 특히 노동조합의 조직력이 강한 부문에서 많이 나타난다. 그러나 노동조합이 다수 사용자 단위를 자력으로 관철하는 과정은 장기간의 소모적인 노사 분쟁을 야기하는 경우가 많다.

노사관계에 대한 연방노동위원회의 영향력을 보여주는 또 다른 예는 사립대학교 교원faculty에 관한 관할권 결정일 것이다. 미국에는 1970년 이전부터 사립대학교의 강사와 수업조교를 조직 대상으로 하는 노동조합이 있었다. 그뿐 아니라 노동조합은 사용자인 각 대학교와 교섭을 진행하고 단체협약을 체결했다. 그러나 연방노동위원회는 연방노동관계법상 사립대학교는 사용자가 아니라는 결정을 유지하고 있었다. 사립대학교와 교원 및 수업조교를 대표하는 노동조합은 단체교섭제도 안에 포섭되지 않았던 것이다.

이러한 상황은 1970년 연방노동위원회 결정으로 급변했다. 연방노동위원회가 사립대학교에 대한 관할권을 선언하면서 교원 및 수업조교를 조직한 노동조합과 사립대학교가 연방노동관계법 범위에 포함된 것이다. 그러한 결정은 교섭단위 판단 기준에 관한 것은 아니지만 어떤 단체교섭 관계를 법제도 안에 포섭하거나 배제할 수 있는 연방노동위원회의 강한 영향력을 보여준다.

1947년 이전에 연방노동위원회가 다수 사용자 단위의 적정성을 결정할 때는 사용자들의 동의가 필수 요건이 아니었다. 사안에 따라 다수 사용자 단위에 속하는 사업자들의 동의를 요한 경우도 있었고, 해당 사업자들이 반대했어도 이해관계 공동체 기준에 부합하면 적정교섭단위로 인증하기도 했다. 그러나 제159조(b)가 도입된 이후에는 다수 사용자 단위는 그 단체교섭에 참여하는 모든 사용자들의 명시적인 동의가 있어야만 적정교섭단위로 할 수 있다는 방향으로 연방노동위원회의 입장이 바뀌었다. 따라서 다수 사용자 교섭단위는 배타적 교섭대표인 노동조합과 사용자단체 또는 여러 사용자들이 동의해야 적정교섭단위로 인정을 받을 수 있다. 이때 사용자들의 동의는 명시적인 것이어야 하지만 노동조합의 동의는 그 교섭을 거부하지 않은 것으로 충분하다.

다수 사용자 교섭단위가 성립한 후에는 그에 속한 모든 사용자들은 연방노동관계법상 사용자로서 단체교섭의무를 부담하며 정당한 이유 없이 교섭을 거부하면 부당노동행위가 된다.

파견·용역 사업장 교섭단위 쟁점[35]

연방노동위원회는 1970년대부터 사업장 내 파견·용역 근로자가 관련된 교섭단위를 다수 사용자 교섭단위로 간주해서 각 사업자들의 동의 요건을 적용하기 시작했다. 이로 인해서 사업장 내 파견·용역 근로자들은 교섭단위를 구성해서 단체교섭권을 행사하기가 어려워졌다. 여러 사용 사업자의 사업장에 배치된 파견·용역 근로자를 대표해서 파견·용역 사업자를 사용자로 하는 교섭단위 형태라도 각 사용 사업자들과 파견·용역 사업자의 동의가 있어야 인증했기 때문이다. 또한 한 사용 사업자의 사업장에서 직

---

[35] 김미영, 「미국 교섭단위제에서 사업장내 파견·용역근로자의 단체교섭권 연구」, 『노동법학』 제38호, 2011. 6, pp. 117-150.

접고용 근로자와 통합하여 사용 사업자를 사용자로 하는 혼합 교섭단위mixed bargaining unit 형태도 다수 사용자 단위로 간주했다. 결과적으로 모든 교섭단위 형태가 각 사업자들의 동의가 없으면 성립할 수 없는 것이다.

파견·용역 근로자의 교섭단위 형태는 세 가지를 상정할 수 있다. 우선 하나의 사용 사업자 사업장에 속해 있는 파견·용역 근로자를 대표하여 그 파견·용역 사업자를 사용자로 하는 단위가 가능하다. 이는 연방노동관계법에 의한 단일 사용자 단위single-employer unit로 간주되므로 교섭대표 선거를 거쳐 그에 따른 노동조합을 교섭대표로 인증한다.

두 번째로 여러 사용 사업자의 사업장에 분산되어 있는 파견·용역 근로자를 대표하여 그 파견·용역 사업자를 사용자로 하는 단위도 가능하다. 연방노동위원회는 이러한 단위를 앞서 설명한 바와 같이 다수 사용자 교섭단위multi-employer unit로 간주한다.

마지막으로, 하나의 사용 사업자 사업장에서 근로하는 파견·용역 근로자와 직접고용 근로자를 대표하여 사용 사업자를 사용자로 하는 혼합 교섭단위이다. 연방노동위원회는 이 교섭단위 형태도 다수 사용자 교섭단위라고 한다.

현재까지 연방노동위원회의 교섭단위 적정성 판단에서 첫 번째 것을 제외하고 두 번째와 세 번째 형태 중 어느 것이 진정한 다수 사용자 교섭단위인지가 쟁점으로 다투어지고 있다. 1970년대 이전까지는 이 두 가지 교섭단위 형태가 다수 사용자 교섭단위로 간주되지 않았기 때문이다.

파견·용역 사업자와 원청 사업자의 단체교섭의무에서 공동 사용자 원리Joint employer principle의 기능은 제한적이다.36 양측이 파견·용역 근로자에 대한 공동 사용자라고 해도 그 교섭대표에 대하여 연방노동관계법상 단체교섭의무까지 당연히 성립하는 것은 아니기 때문이다.

단체교섭제도에서 사용 사업자의 공동 사용자 지위는 교섭단위 구성을 위한 조직 활동이나 교섭대표 선거 과정에 개입하거나 방해하면 직접고용 사용자와 마찬가지로 연방노동관계법 제158조(a) 이하의 부당노동행위 주체가 된다는 것에 한정된다.37 따라서 연방노동위원회는 부당노동행위 구제명령으로 사용 사업자에게 교섭 과정에 참석하거나 근로조건 관련 정보를 제공하라는 명령을 해왔다.

이와 같은 공동 사용자 원리가 교섭단위 적정성 판단에서 쟁점이 된 것은 파견·용역 근로자 관련 교섭단위를 다수 사용자 교섭단위로 볼 것인가의 문제 때문이었다. 즉 다수의 사용 사업자 사업장에 분산되어 있는 모든 파견·용역 근로자를 대표하는 단위와 한 사업장 내 혼합 교섭단위가 적정하게 성립하려면 모든 사업자들의 동의가 필요한지의 문제이다.

---

36 김미영, 「미국 연방노동법의 공동고용 원리에 관한 연구」, 『노동법학』 제33호, 2010. 3, pp. 137-161.
37 29 USC § 158(a) Unfair labor practices by employer.

원칙적인 단일 사용자 단위라면 그 교섭단위가 적정한지를 판단할 때 연방노동위원회가 적용하는 기준의 하나는 이해관계 공동체 여부 the community of interest test 이다. 이해관계 공동체 기준이란 교섭단위를 구성하는 근로자들이 임금, 근로시간 및 기타 근로조건에서 공통 이해관계를 공유하는지를 평가하는 것이다. 이는 새롭게 교섭단위를 구성할 때뿐 아니라 기존 교섭단위를 분리하는 경우에도 적용된다.

연방노동위원회는 근로자들의 이해관계 외에도 해당 산업의 단체교섭 역사나 관행, 해당 기업의 조직 구조, 근로자들의 직접적인 의사 등을 고려한다. 그러나 교섭단위를 구성하거나 분리할 때 임금 및 근로조건에서 이해관계를 공유하는지 판단하기 위해서 평가하는 사실은 급여 및 기타 보상 체계, 근로시간, 부가급여 차이, 업무 감독, 업무에 필요한 자격 기준, 직업훈련 및 숙련도, 직무 형태 차이, 다른 근로자와 상호 대체성 또는 직무 통합의 정도 등이다. 이해관계 공동체인지 여부는 사실을 평가하는 문제 matter of fact 이기 때문에 사안에 따라서 각각의 평가 요소나 고려하는 비중이 달라진다. 이러한 이해관계 공동체 기준은 다수 사용자 단위에는 제한적으로 적용된다. 다수 사용자 단위에 편입되는 사업자들이 그 구성에 동의하지 않는다면 연방노동위원회가 교섭단위의 적정성 여부 자체를 판단하지 않기 때문이다. 공동 사용자 지위가 인정되는 파견·용역 고용 형태가 다수 사용자 단위로 간주되면 그에 속한 근로자들의 이해관계 공동체성 여부를 판단받지 못하는 것이다. 이에 대한 연방노동위원회의 입장은 집권당이 민주당인지 공화당인지에 따라서 파기와 번복을 오가고 있다.

사실 공동 사용자 지위에 있는 사업자들이 관련된 경우에 이를 다수 사용자 단위로 보는 입장은 1990년대에 형성된 것이다. 그 전에는 사업자들 사이에 공동 사용자 지위를 인정하면 곧바로 이해관계 공동체 기준에 따라서 사업장 내 근로조건이나 지휘감독 현황 등을 평가하는 경향이었다. 즉 단일 사용자 교섭단위로 간주한 것이다. 파견·용역 고용 형태뿐 아니라 사업자들이 영업권 계약이나 매장 임대차관계라고 해도 사실관계에서 공동 사용자인지 여부를 먼저 판단한 것이다. 예를 들어 백화점 내 영업장을 가진 사업자의 근로자와 그 백화점의 직접고용 근로자들이 구성한 혼합 교섭단위라도 이해관계 공동체 기준에 따라서 그 적정성 여부를 판단한 사례들이 있다.

파견·용역 근로자와 직접고용 근로자가 구성한 혼합 교섭단위가 적정한지 여부도 이해관계 공동체 기준에 따라서 연방노동위원회가 인증할 수 있었고, 사용자들의 동의를 전제 요건으로 하지 않았다. 그러다 조지 H. W. 부시 정부 시기에 리 호스피털 결정 (1990)[38]으로 그 해석이 변경되었다.

이후 AFL-CIO는 연방노동위원회 심판 절차에서 리 호스피털 결정을 변경하는 결정을 얻기 위해 지속적인 시도를 했다. 그 결

---

38 Lee Hospital, 300 NLRB 947, 948-949(1990).

과로 스터지스/제프보트 결정(2000)[39]이 나올 수 있었다. 그러나 조지 W. 부시 정부 시기에 사용자 측이 오크우드요양센터 결정(2004)[40]을 얻어내면서 진정한 다수 사용자 교섭단위인지에 대한 논쟁은 다시 이어지게 되었다.

현재 민주당 바이든 정부는 논쟁에 종지부를 찍는 연방노동관계법 시행령을 2021년 제정했다. 공동 사용자 지위가 확정되면 연방노동관계법 제152조(2) 사용자로 간주한다는 것이다.

---

29 CFR 103.40 Joint Employers

(a) 연방노동관계법 제2조(2)가 정한 바에 따른 사용자는 핵심 고용조건과 내용을 공유하거나 공동 결정하는 경우에만 다른 사용자의 근로자의 공동 사용자로 간주될 것이다. 다른 사용자의 근로자의 핵심 고용조건과 내용을 공유하거나 공동 결정하는 것은, 그 핵심 고용조건 또는 내용의 하나 이상에 대해 실질적으로 직접적이고 즉각적인 통제권을 보유하고 행사해야 하는데, 그 근로자들과 고용관계에 관련이 있는 사항에 그 법인이 유의미하게 영향을 준다는 사실이 확인되어야 한다. 그 법인이 다른 사용자의 근로자의 핵심 고용조건 및 내용에 대해 간접 통제권을 가졌다는 증거, 그 법인이 다른 사용자의 근로자의 핵심 고용조건 및 내용에 대해 계약적으로 유보되어 있지만 행사하지 않은 권한을 가졌다는 증거, 또는 그 법인이 핵심 고용조건 및 내용 이외에 의무적 교섭 사항에 대한 통제

---

39 M. B. Sturgis, Inc/Jeffboat Division, 331 NLRB 1298(2000).
40 Oakwood Care Center, 343 NLRB 659(2004).

권을 가졌다는 증거는 공동 사용자 지위를 증명하지만, 특정 핵심 고용조건과 내용에 대해 직접적이고 즉각적인 통제권을 보유하고 행사한 증거를 지지하고 강화하는 범위에 한해서만이다. 공동 사용자 지위는 각각의 특정한 고용 상황에서 관련 사실들을 종합적으로 판단해서 결정되어야 한다. 그 법인이 공동 사용자라고 주장하는 당사자가 입증 책임을 부담한다.

(b) '핵심 고용조건과 내용'은 임금, 부가급여, 근로시간, 채용, 해고, 징계, 감독 및 지시를 의미한다.

(c) '직접적이고 즉각적인 통제권'이란 핵심 고용조건과 내용 각각에 대하여 다음과 같다.
(1) 임금wages. 다른 사용자의 개별 근로자 또는 직군job classification의 임금, 월급, 급여율을 실제로 결정하고 지급하는 경우에, 그 법인은 임금에 대해 직접적이고 즉각적인 통제권을 행사하는 것이다. 실비정산 계약cost-plus contract(보상할 수 있는 최대임금률이 있거나 없거나)을 체결한 법인은 임금에 대해 직접적이고 즉각적인 통제권을 행사하는 것이 아니다.
(2) 부가급여benefits. 다른 사용자의 근로자에게 지급되는 부가급여를 실제로 결정하면 그 법인은 부가급여에 대한 직접적이고 즉각적인 통제권을 행사하는 것이다. 다른 사용자의 근로자에 제공할 부가급여의 수준이나 부가급여 제도(건강보험제도와 연금제도)를 선택하는 것을 포함한다. 통상적인 계약arm's-length contract에 따라 다른 사용자가 그 부가급여 제도에 참여하도록 허용한 법인은 부가급여에 대해 직접적이고 즉각적인 통제권을 행사하는 것이 아니다.
(3) 근로시간hours of work. 다른 사용자의 근로자의 작업 일정 또는 근로시간(연장근로시간 포함)을 실제로 결정하는 법인은 근로시간에 대해 직접적이고 즉각적인 통제권을 행사하는 것이다. 한 기업의 영업시간을 설정하거나 다른 사용자가 제공하는 서비스를 필요로 하는 경우에 그 법인은 근로시간에 대해 직접적이고 즉각적인 통제

권을 행사하는 것이 아니다.

(4) 채용^{hiring}. 어떤 근로자가 채용될 것인지 어느 근로자가 채용되지 않을 것인지를 실제로 결정한다면, 그 법인은 채용에 대해 직접적이고 즉각적인 통제권을 행사하는 것이다. 특정 업무 수행에 적합한 인력의 변경을 요구하거나, 정부의 규제에 따른 최소한의 채용 기준을 설정하는 것은 채용에 대해 직접적이고 즉각적인 통제권을 행사하는 것이 아니다.

(5) 해고^{discharge}. 다른 사용자의 근로자의 해고를 실제로 결정한다면 그 법인은 해고에 대해 직접적이고 즉각적인 통제권을 행사하는 것이다. 근로자의 비위 행위 또는 저성과를 다른 사용자에게 알려서 실제로 해고에 이르게 하거나, 다른 사용자의 근로자에 대해 부정적인 평가를 하거나, 다른 사용자의 근로자가 계약에 따른 업무를 계속 수행하는 것을 반대하거나 정부의 규제에 따른 사항, 성과와 행태에 관한 최소 기준을 설정하는 것은 해고에 대해 직접적이고 즉각적인 통제권을 행사하는 것이 아니다.

(6) 징계^{discipline}. 다른 사용자의 근로자를 징계하거나 정직 결정을 실제로 하면, 징계에 대하여 직접적이고 즉각적인 통제권을 행사하는 것이다. 계약에 따른 업무 수행이나 사업장 내 출입을 거부하거나 다른 사용자의 근로자에 대해 부정적인 입장을 표시하여 비위 행위나 저성과를 다른 사용자에게 알려서 결국 징계 결정에 이른 것은 징계에 대한 직접적이고 즉각적인 통제권을 행사하는 것이 아니다.

(7) 감독^{supervision}. 근로자 업무평가서를 실제로 발부하거나 그 업무 수행 방법에 대해 다른 사용자의 근로자에게 직접 지시하는 것은 감독에 대해 직접적이고 즉각적인 통제권을 행사하는 것이다. 다른 사용자의 근로자에게 수행할 업무, 업무 수행 시간 또는 그 업무를 언제 그리고 어디에서 수행할지 그리고 업무 수행 방법을 알려주는 것이고, 제한적이고 통상적인 지침인 경우에는 감독에 대한 직접적이고 즉각적인 통제권을 행사하는 것이 아니다.

(8) 지시^{direction}. 특정 근로자에게 각자의 업무 일정, 지위 및 업무를

배정하는 것은 지시에 대해 직접적이고 즉각적인 통제권을 행사하는 것이다. 특정 과제의 완료 일정을 정하거나 그 과제 완수에 필요한 작업을 구성하는 것은 지시에 대한 직접적이고 즉각적인 통제권을 행사하는 것이 아니다.

(d) '실질적으로 직접적이고 즉각적인 통제substantial direct and immediate control'는 다른 사용자의 근로자의 핵심 고용조건과 내용에 정기적 또는 지속적으로 중대한 영향이 있는 직접적이고 즉각적인 통제권을 의미한다. 간헐적, 고립적 또는 최소한의 방식으로 행하는 것은 '실질적'인 통제가 아니다.

(e) '간접 통제indirect control'는 다른 사용자의 근로자의 핵심 고용조건과 내용에 대한 간접적 통제권을 의미하며, 계약에 따라 다른 법인의 업무에 대해 목표, 기본 규칙 또는 기대치를 정하는 것은 통제나 영향력 행사가 아니다.

(f) '핵심 고용조건 및 내용에 대해 계약으로 유보된 권한contractually reserved authority over essential terms and conditions of employment'은 다른 사용자의 근로자의 핵심 고용조건 및 내용에 대해, 다른 사용자와 계약 내용에 따라, 법인 스스로에 부여된 권한이지만 행사된 적이 없는 권한을 의미한다.

1973년 그린훗 결정 사례[41]

건물 관리 전문업체인 그린훗은 각각 소유자가 다른 건물 14곳에 자신이 채용한 근로자를 배치하여 그 건물의 유지 및 보수 업무를

---

[41] Greenhoot Inc., 205 NLRB 250(1973).

수행하게 했다. 노동조합은 그 모든 근로자를 대표해서 건물 소유자 모두를 사용자로 하는 교섭단위를 신청했다. 노동조합이 신청한 교섭단위는 그린훗의 파견·용역 근로자 전체를 단위로 해서 각 14개 건물 소유주 전체를 연방노동관계법상 사용자로 한 형태였다. 그러나 연방노동위원회는 공동 사용자 지위를 적용하였다. 각 건물 소유주와 그린훗이 연방노동관계법상 공동 사용자 지위에 있다는 것이었다. 앞서 본 바와 같이, 공동 사용자 지위가 인정되면 그 단위는 다수 사용자 단위가 되기 때문에 모든 사용자의 자율적 동의를 조건으로 교섭단위 인증이 가능하다. 파견·용역 교섭 관계에서 법률상 단일 사용자 단위로 간주되는 형태는 하나의 사용 사업자 사업장에 배치된 파견·용역 근로자를 단위로 하는 경우에 한정된다.

1990년 리 호스피털 결정 사례[42]

리 호스피털에는 간호사 및 다른 전문직종을 단위로 하는 교섭대표가 있었다. 그 교섭단위에는 AAI(마취전문간호사협회) 소속이면서 병원 내에서 근무하는 마취 전문 간호사들도 포함되어 있었다. 그런데 다른 노동조합이 그 마취 전문 간호사들만 대표하기 위하여 교섭단위 분리를 신청한 사건이다. 사용자는 리 호스피털로 했다. 해당 노동조합은 리 호스피털과 AAI가 공동 사용자 지위에 있

---

42 Lee Hospital, 300 NLRB 947(1990).

으며, 이는 다른 근로자들과의 사이에서 이해관계의 중대한 차이를 반영한다고 주장했다. 그러나 연방노동위원회 지역감독관은 사실조사에서 근로형태, 핵심 근로조건, 지휘감독 등에서 기존 교섭단위에 모든 근로자들이 이해관계를 공유하고 있으며, 일부 근로조건에 차이가 있지만 교섭단위를 분리할 정도로 중대한 것은 아니라고 했다. 그러면서 근로자들 사이에 이해관계 공동체성이 인정되므로 공동 사용자 지위 여부는 검토할 필요가 없다고 했다.

반면 당시 연방노동위원회는 공동 사용자인지 여부를 검토해야 한다고 했다. 리 호스피털과 AAI를 공동 사용자로 가정한다면, 리 호스피털 내에 혼합 교섭단위는 다수 사용자 단위이기 때문에 사용자들의 동의가 있었는지를 판단해야 한다는 것이었다. 그 근거로 1973년 그린홋 결정을 인용했다. 그러나 이 사안에서 공동 사용자 관계를 인정하지는 않았다. AAI의 사용자 지위를 부인하고 리 호스피털만을 유일한 사용자로 해서 이해관계 공동체 기준을 적용했다. 결과적으로 판단을 위해 직접 관련이 없는 공동 사용자 원리를 끌어와서 다수 사용자 단위로 선언한 것이다. 더구나 이미 성립되어 있는 혼합 교섭단위에 대해 사후에 사용자들의 동의가 있었는지를 평가한 것이기 때문에 이후에 사업장 내 혼합 교섭단위 성립을 실질적으로 봉쇄하는 결과를 만들었다.

단체교섭제도 최근 논의

연방노동관계법 단체교섭 구조의 한계

연방노동관계법은 민간 부문에서 노동자와 사용자 사이 "단체교섭 관행과 절차"의 촉진을 목적으로 한다. 그러나 오늘날 연방노동관계법은 그 목적에 이르지 못한 것으로 평가된다. 수십 년 동안 단체협약이 적용되는 민간 부문 노동자의 비율은 꾸준히 감소했다. 현재는 민간 부문 노동자의 7% 수준에 정체되어 있고, 이는 40년 전에 비하면 약 3분의 1 수준이다. 전반적인 노동조합 조직률은 현재 연방노동관계법이 처음 제정된 때보다 낮은 수준이다.

단체교섭을 통해서 한 직종 또는 산업에서 임금과 부가급여 등 근로조건을 표준화하는 노동조합의 영향력이 감소한 것은 전반적인 임금 불평등의 한 원인이 되었다. 노동조합 조직률이 높을 때는 그 산업 또는 직종에서 기업의 지배구조governance에 맞게 단체교섭 구조가 정해질 수 있으며, 전체 산업에 적용되는 표준적인 임금과 부가급여 수준 설정을 위해서 사용자들과 단체협약을 교섭할 수 있다.

노조 조직률이 상대적으로 높았던 1979년의 통계를 보면 조합원뿐 아니라 비조합원 노동자의 임금도 높은 수준을 유지했다. 만일 1979년 수준에서 노조 조직률이 유지되었다면 민간 부문 비조합원 노동자의 평균 주급은 전반적으로 5% 이상 더 높았을 것인데(노동자 연간소득이 2,740달러 추가되는 것), 민간 부문에서 고졸 비조합원 노동자의 주급은 8% 또는 연간 3,016달러 더 높았을 것으로 추정한다.[43]

현재 연방노동관계법은 산업 단위industry level로 사용자들과 넓게 교섭하려는 노동조합을 방해하는 방식으로 구조화되어 있다. 연방노동관계법은 단일 사업장, 그리고 대부분이 단일 사용자를 교섭의 기본단위로 설정한다.

노동조합이 동일 사용자의 여러 사업장을 단위로, 또는 복수의 사용자들이 포함되는 다수 사용자 단위 교섭을 시도할 수는 있다. 그러나 그 시도가 제도적으로 성공하기는 거의 불가능하다. 우선

---

[43] Lynn Rhinehart & Celine McNicholas, Collective bargaining beyond the worksite: How workers and their unions build power and set standards for their industries, EPI Report, May 4, 2020.

근로자들의 다수결 지위 확보가 어렵다. 근로자들이 지리적 또는 공간적으로 분리되어 있을 것이기 때문이다. 또한 앞서 살펴보았듯이 연방노동위원회의 교섭단위 적정성 판단을 받기도 힘들다.

연방노동관계법은 연방노동위원회가 정할 수 있는 가장 큰 단위는 사용자 단위employer-wide unit를 의미한다고 수년 동안 해석되었다. 즉 단일 사용자의 근로자가 포함되는 개별 사업장에 기반한 교섭단위이다. 법원은 여러 사업장이 서로 인접해 있고 그 노동자들이 같이 교섭하기 원한다고 해도 연방노동위원회는 다수 사용자 교섭단위를 결정할 권한이 없다고 판결했다.

연방노동관계법이 사용자도 연방노동위원회에 교섭단위 결정을 신청할 수 있게 허용하는 것도 문제로 지적된다. 사용자는 이를 이용해서 노동조합 조직화 활동을 방해하고 지연시키며, 교섭단위를 조작하기 위해 그 절차를 이용한다. 사용자가 노동조합이 제시한 교섭단위에 근로자를 더 추가하여 확장을 주장하는 사례들도 있다. 그러나 이는 다수 사업장 교섭을 원하기 때문이 아니라, 노동조합이 아직 조직하지 않은 근로자들을 추가함으로써 노동조합 지지율을 희석시키기 위한 경우가 많다.

현행 연방노동관계법하에서 노동조합은 그들이 속한 산업의 사용자들이 여러 노동조합의 집단이나 초기업단위노동조합과 다수 사용자 단위로 함께 교섭해야 한다고 주장할 수 없다. 노동자와 노동조합이 다수 사용자 방식을 채택하는 데 제약이 있기 때문이다. 그것이 비록 부문 또는 산업 내부 교섭을 조정하고 사용자가 한 지역에 대해 다른 지역의 노동자와 노동조합을 경쟁시키지 못하게 할지라도 그러하다.

오늘날 개별 사업장 혹은 기업을 넘어서는 교섭단위를 확보하고 산업 또는 지역에서 임금 및 부가급여의 표준화를 목적으로 하는 노동조합의 다양한 전략들이 있다. 대표적으로, 초기업단위 노조와 전국에 지점 내지 공장을 가진 개별 기업 사이에 전국 단위 교섭과 협약national bargaining agreement이 있다. 지엠과 포드 같은 완성차 기업과 전미자동차노조 사이에 많이 나타난다.

노동조합이 다수 사용자 단위 교섭을 요구한 경우에 장기간의 교섭 관행이 있으면 사용자는 그에 동의할 수 있다. 그것은 사용자들의 재량이며, 사용자들이 다수 사용자 교섭에 합의하는 경우 연방노동위원회는 그 관행에 강행력을 부여할 수 있다. 다수 사용자 교섭으로, 참여하는 각각의 사용자들은 단체교섭을 목적으로 대리인agent—전형적으로는 '단체'—을 지명하는 합의를 한다. 그리고 각 사용자는 교섭의 결과인 단체협약에 구속된다. 1970년대에 민간 부문 노동자의 약 10%는 다수 사용자 단체협약의 적용을 받았다.[44]

전문가들은 단일 작업장 및 단일 사용자 방식의 협소함을 지적하는데, 연방노동위원회가 기업 단위 조직과 교섭을 강조하면서,

---

44 David Madland, How to Promote Sectoral Bargaining in the United States, Center for American Progress Action Fund, July 2019.

글로벌 생산 구조와 여러 단계의 도급이라는 기업 지배구조에 맞지 않다고 비판한다.[45]

연방노동관계법의 단일 사용자-사업장 교섭단위 편향과 달리 철도 및 항공 산업에서 노동조합 교섭대표제union representation를 규율하는 철도노동법은 교섭단위를 사용자 단위와 전국 단위로 명시한다. 철도노동법Railway Labor Act하에서 노동조합 교섭대표를 신청하는 노동자들은 항공기 정비사, 승무원, 화물 조정기사, 고객 서비스 관리자 등과 같이 특정 등급 또는 직종에 속하는 사용자의 모든 노동자로 구성되는 전국 교섭단위로 신청해야 한다. 이로 인해 철도와 항공 산업은—선거를 통해서 단체교섭권을 획득한 단체인 경우—전국 단위 단일 사용자와 전국적으로 교섭이 행해질 수 있다.[46]

현행 연방노동관계법은 단일사업장 교섭단위에 편향되어 있을 뿐 아니라 다수 사업장 교섭을 조정하려는 노동조합의 노력을 제한하고 있다. 예를 들어 여러 사업장에서 서로 다른 교섭단위에 적용되는 단체협약의 만료일을 일치하려는 노동조합의 시도를 막는다.

근로자들은 자신의 사용자 이외에 쟁의행위와 직접 관계없는 사업자를 상대로 피케팅을 하거나 경제적 압력을 행사할 수 없

---

[45] Kate Andrias, "The New Labor Law", Yale Law Journal 126, No. 1(October 2016): 2-100.
[46] 45 USC § 152 General duties.

다. 연방노동관계법이 그러한 활동을 위법한 '2차 보이콧 secondary boycott' 행위로서 위법으로 규정했기 때문이다.[47]

다수 사용자 또는 초기업 단위 교섭 사례[48]

＞ 화물운송 산업 Trucking Industry

전체 산업에 적용되는 기준을 설정하는 전국 다수 사용자 교섭 단위의 가장 유명한 사례 가운데 하나는 1960년대에 지미 호파가 교섭한 화물운송기본협약 Teamsters Master Freight Agreement 이다. 그것이 처음 채택되었을 때, 협약은 45만 명 이상의 화물차 기사에 적용되었는데, 문자 그대로 수백 명의 사용자들이 서명했고, 화물차 운송업 전체에 적용되는 기준을 정했다. 그러나 협약은 그 산업에서 합병과 탈규제가 시작되면서 훼손되었다. 그럼에도 불구하고 화물차기사노동조합 Teamsters 은 수만 명의 운송산업 노동자들에게 적용되는 기준을 개선하는 전국 단위 협약을 교섭할 수 있다.

화물운송기본협약은 전국적으로 200여 개 지역에서 약 2만 4,000명의 화물차 기사, 항만 노동자 및 단순 사무 노동자를 고용하고 있는 사업자들에게 적용된다. 또한 화물차기사노동조합은

---

47 29 USC § 158(b)(4).
48 https://files.epi.org/pdf/193649.pdf

ABF 화물운송사와 전국 단위 단체협약을 체결하고 있는데 150개 지역 8,000명 이상의 노동자에게 적용되고 있으며, UPS 화물운송사와 체결한 협약은 1만 2,000명 이상의 운송 기사와 항만 노동자에게 적용되고 있다. 또한 화물차기사노동조합은 UPS의 400개 지점 약 30만 노동자를 대표하는데, 미국에서 가장 큰 민간 부문 단체협약이다. 제품 운송 물류산업에서 화물차기사노동조합은 DHL 화물운송사 50개 지부에 약 5,000명의 노동자에게 적용되는 전국 단위 단체협약을 유지하고 있다.

> ### 전자통신업 Telecommunications

수십 년간의 조직화와 투쟁 이후 전국통신노동조합 Communication Workers of America (CWA)은 AT&T와 전국 단위 단체협약을 체결했는데, 전자통신 산업의 50만 노동자를 대표하여 노동조합이 교섭한 것이다. 그러나 규제 완화와 'Ma Bell(AT&T의 애칭)'이 8개 지역 회사('baby bells')로 분사한 이후, 1980년대에 전국 단일 사용자 단위 협약은 파기되었고, 비노조 기업들은 영업을 개시하면서 탈규제의 이익을 재빠르게 취했고 노동기준을 악화시켰다. 현재 CWA는 11명의 개인과 지역적으로 분산되어 있는 교섭단위를 위해서 AT&T와 교섭해야 한다. 전통적인 전신서비스에 노동자 6명, 무선통신서비스에 4명, 그리고 DSL 고객서비스에 1명만이 있다.

CWA는 다른 지역의 통신회사와 분리하여 교섭하는데 버라이즌 Verizon과 센추리링크 CenturyLink 이다. 또한 전국에 걸쳐서 AT&T

노동자 약 10만 명을 대표하며, 나머지 다른 지역 통신사의 노동자 약 5만 명을 대표한다. 모든 전자통신 사업자는 동일한 광대역 시장을 두고 비노조 통신사와 경쟁하는데, 그것은 교섭력을 약화시키고 있다.

> **제지산업** Paper Industry

철강노동조합은 인터내셔널 페이퍼 International Paper(IP)와 전국 단위 교섭 관계를 구축하기 위해서 노조의 조직률과 힘을 사용했다. 과거에 노동조합과 IP의 관계는 대립적이고, 교섭은 많은 지역과 지부로 파편화되어 있었지만, 현재는 2개의 전국 단위 협약으로 임금과 부가급여에 관해 교섭한다.

17개 제지공장 5,800명의 노동자에게 적용되는 단체협약 한 개와 전국에 걸쳐 55개 상자 생산 공장 4,700명의 노동자에게 적용되는 단체협약 하나가 있다. 특정 사업장 쟁점 site-specific issues 은 그 지부 수준에서 교섭한다. 노동조합은 IP 제지공장 노동자의 약 70%, 상자 생산 공장 노동자의 60%를 대표한다. 그와 달리, 노동조합은 킴벌리클라크 Kimberly Clark 공장 노동자 18명 중에서 4명만 대표하는데, 아직 킴벌리클라크 공장에서 전국 단위 교섭을 확보하지 못했다.

> **철도산업** Railroads

철도노동법하에서, 교섭대표 선거에서 승리하여 단체교섭권을 획득한 노동조합은 철도 또는 항공사와 전국적 교섭단위에 적용되는 단체협약을 교섭한다. 때때로 노동조합은 다른 사용자가 준수하는 기준을 정할 수도 있다. 예를 들어 화물철도(class 1)에 대한 단체협약이 체결되고, 노동조합 조직률이 높은 경우에, 노동조합이 있는 통근열차와 더 작은 철도회사에 대한 모범안을 정한다.

> 제조업 Manufacturing

노동조합 연합체인 교섭조정협의회 coordinated bargaining council가 제너럴 일렉트릭(GE)과 단체교섭을 실시했다. 1980년대에 4-5만 GE 노동자를 적용 대상으로 했고, 단체협약은 다른 전자부품, 장비 제조업체 및 공급업체에 적용되는 모범안 pattern이 되었다. 기업 변동, 인원 축소, 아웃소싱과 거래로 일자리가 없어지면서 현재 GE에서 약 6,600명 정도만이 단체협약의 적용을 받고 있다.

> 자동차산업의 패턴교섭

전미자동차노조(UAW)와 지엠, 포드 및 피아트-크라이슬러는 패턴교섭[49]을 통해서 단체협약을 체결한다. 세 개 자동차 제조사와 교섭을 거친 단체협약은 수만 명의 자동차 노동자들 임금과 부가급여를 정할 뿐 아니라, 노조가 있는 기업과 경쟁하는 비노

---

49 패턴교섭은 노동조합이 특정 기업과 모범적인 협약을 우선 체결하고 이 협약을 다른 사업장에 적용하는 교섭 방식을 말한다.

조 기업들의 임금 수준에도 영향을 주고 있다. 자동차노조는 패턴교섭 방식으로, 보편적인 근로조건의 기준을 설정하고 세 개 대형 제조사 모두와 교섭한다.

2019년에 UAW가 패턴교섭 상대로 정한 것은 지엠이었다. 유효기간 만료로 합의에 실패한 이후에 4만 9,000명의 지엠 근로자들은 2019년 가을 6주 동안 파업을 했다. 파업의 결과로, 건강보험을 지키고 기본임금base wage 인상의 방식으로 실질임금substantial pay을 높였으며 신규 노동자의 최대임금top pay을 높였다. 이 협약은 전체 산업에 모범 기준이 되었고, UAW는 포드에 이어 피아트-크라이슬러와도 협약을 체결했다.

UAW가 직면한 어려움은 단체협약 구속력 범위 외부에 새로운 공장을 설립하여 단체협약 내용을 훼손하는 사용자들의 시도이다. 예를 들어, 지엠은 LG화학과 합작으로 로드스톤 모터스Lordstown Motors를 설립했는데, UAW-지엠 사이 협약이 적용되는 로드스톤 공장이 아니라 그 공장 옆에 새로운 공장을 건설하기 위한 것이었다.

> **호텔업의 패턴교섭**

호텔 및 접객업 노동조합 유나이트 히어UNITE HERE는 주요 호텔 체인과 패턴교섭을 발전시켰는데, 전국 단위 교섭을 한 것이다. 이 방식으로 2018년 가을 메리어트에서 조합원을 확보할 수 있었다. 7개 지역―디트로이트, 보스턴, 샌프란시스코, 오클랜드, 산호

세, 샌디에고, 하와이—유나이트 히어 7개 지부는 개별적으로 단체협약을 체결했지만, 이전 단체협약들이 동시에 만료되면서, 노동자들은 단일 지역에서 단체교섭을 하면 그 결과에 적용받을 수 있는 수단을 확보했다.

각 지역의 메리어트호텔 근로자들이 파업했는데, 임금과 부가급여 인상을 요구했다. 근로자들은 연금을 개선하고 실질적으로 인상시켰으며, 무엇보다 성희롱에 대한 강력한 보호 정책을 획득했다. 메리어트에서 종사하는 유나이트 히어 조합원 2만 명 중 7,000명이 그 협약의 적용을 받았다. 협약은 전국에 걸친 메리어트 사입장의 근로자를 적용 대상으로 했기 때문에 그 산업의 기준을 정한 것이 되었는데, 7개 지역의 다른 기업에 고용된 근로자 수천 명이 동일하거나 유사한 개선을 확보했기 때문이다.

〉항공우주산업

항공우주 제조 및 서비스 산업에서, 기계공노동조합$^{machinists\ union}$은 보잉 및 록히드마틴과 주요한 전국 단위 단체협약 체결을 위해 교섭했는데, 그 내용은 기계공노조가 다른 제조사에서 요구하는 임금, 근로시간 및 근로조건의 기준이 되었다.

노동조합은 사용자 또는 사용자단체와 본협약$^{master\ contracts}$을 교섭하고, 새롭게 조직된 사용자들과 개별 협약을 교섭하기보다는 본협약에 서명하도록 요구한다. 이런 관계는 건설과 연예 산업에서 보편적이지만 다른 산업의 노동조합들도 활용하고 있다.

다수 사용자 교섭 사례

여러 산업에서 노동조합들은 사용자단체 또는 집단과 교섭 관계를 갖고 있는데, 그 산업 또는 지리적 영역 전체에 걸친 임금 및 부가급여 기준을 교섭할 수 있는 관계이다.

> **건설업** building trades

다수 사용자 교섭이 가장 보편적인 산업은 건설업이다. 오랜 전통과 관행에 따라 건설업 노동조합은 그 직종에서 사용자단체와 다수 사용자 본협약을 먼저 체결한다. 새롭게 조직한 사용자들을 포함하여 개별 사용자들과는 본협약 적용에 동의하는 내용으로 교섭한다. 개별 협약 대부분은 개별 건설노조와 그 상대 사용자단체가 지부 또는 지역 단위로 교섭한다. 예를 들어 전국전기공노동조합연맹(IBEW)이 전국전기사업수급자연합(NECA)의 지부와 본협약을 교섭한다. 교섭은 양측 전국 단위 조직이 승인하는 표준협약 내용을 통해서 조정이 된다.

또한 전국 단위 건설노동조합은 AFL-CIO 건설업 부문을 통해 건설 및 유지보수업 수급 사업자들과 전국 단위 협약을 교섭한다. 현재 34개 주 state에 걸쳐 301개 현장 projects에 적용되는 전국 단위 협약이 있고, 118개 사업자가 서명 당사자이다.

> **청소노동자**

SEIU 32BJ 지부는 노동자와 노동조합에게 노조 조직률과 교섭력이 있을 때 다수 사용자 교섭을 달성할 수 있다는 사례를 보여주었다. 노동조합―워싱턴DC와 12개 주에서 노동자들 대표―은 다수 사용자 교섭, 집단교섭group bargaining, 본협약 교섭과 교섭을 촉진하는 정책 수단을 통해서 부동산 관리 업무property services 노동자를 위해 주요한 성과를 이루었다. 최근 노동조합은 동부 연안 지역에 걸쳐서 상업용 건물 청소노동자 약 7만 5,000명을 위한 교섭을 완료했다. 뉴욕시 협약만 2만 2,000명의 청소노동자에게 적용된다. 노동조합이 다수 사용자 단체 또는 사용자 집단과 교섭한 협약은 노동조합의 지부가 있는 모든 도시에서 협약 당사자인 사용자에게 구속력이 있다.

뉴욕시 협약에서, 뉴욕시의 사용자들은 필라델피아 단체협약을 준수하기로 합의했는데, 필라델피아에서 영업을 하는 사용자들인 경우에 그러하다. 최근 교섭에서 SEIU 32BJ 지부는 실질적 임금 인상, 연금 개선, 성희롱 예방 조치 등을 확보했다. 또한 마이애미 청소노동자의 교섭대표 인증 과정을 거치면서 단체협약의 적용 대상이 확대되었다.

> **식료품 판매 노동자**Grocery workers

전국식품판매노동조합연합(UFCW)은 남부 캘리포니아에서 주요한 식료품 체인과 다수 사용자 교섭에 참여했다. 그 교섭은 더 많은 판매 사업자로 확대되었지만, 기업의 합병 등으로, 현재는 2개의 주요 체인—랄프스Ralphs와 앨버트선즈Albertsons—만 교섭에 참여한다. 2019년 가을, 노동조합은 500개 이상 매장 4만 6,000명의 노동자에게 적용되는 단체협약을 체결하였다.

단체협약은 임금인상, 건강보험 유지, 노동시간 보장을 확보했고, 직무 분류job classification 직무들 간에 임금 격차를 줄이는 데 기여했다. 단 2개의 주요 사업자만 교섭에 참여했지만 단체협약은 표준을 정하고 다른 식료품 체인—겔슨스, 스테이터 브로스, 슈퍼 A 푸드 포함—이 자신의 노동자들과 교섭할 때 그와 비슷하거나 더 나은 내용의 협약을 체결하게 했다.

노동조합의 어려움은 노동조합이 있는 사업자가 새로운 기업과 영업양도 혹은 합자 계약을 체결하여 교섭단위를 훼손하는 경우에 발생한다. 예를 들어 단체협약 적용 범위의 노동자들이 수행했을 업무를 인스타카트Instacart 같은 기업으로 하도급하는 경우, 또는 노동조합이 있는 사업자가 자신의 식음료업 계열사에는 더 낮은 노동조건을 적용하는 경우인데, 대표적으로 크로거Kroger가 자회사인 푸드포레스Food 4 Less에 했던 방식이다.

> **자동차 판매 노동자와 자동차 수리 매장**

기계공노동조합은 시카고, 샌프란시스코, 뉴욕 및 기타 도시에 있는 수백 개의 자동차 판매 대리점과 자동차 수리 매장에 적용되는 여러 지역 다수 사용자 협약을 유지한다.

> **식품 통조림업**Food canneries

화물차기사노동조합Teamsters은 오랫동안 통조림사업자협의회cannery council와 다수 사용자 교섭 관계를 구축해왔는데, 협의회는 델몬트del monte와 하인즈heinz를 포함하여, 중부 캘리포니아에 공장이 있는 식품가공업자들의 단체이다. 최근 단체협약은 협약이 적용되는 1만 2,500명의 노동자 임금을 10% 이상 인상했다. 그러나 식품 통조림업 내의 기업 통합과 자동화의 진전으로, 통조림사업자협의회 단체협약cannery council agreement이 적용되는 사용자와 노동자는 예전보다 많이 줄었다.

공급체인 교섭supply chain bargaining

현재 노동조합이 사용자의 공급자suppliers와 하도급 사업자subcontractors 소속 근로자의 고용조건에 대한 단체교섭을 사용자에게 요구하는 것은 한계가 있다.

현행 연방노동관계법하에서 공동 사용자 원리만으로는 도급인 기업(원청)과 수급인 기업(하청) 모두를 단체교섭의무가 있는 사용자로 정하지 못한다. 일부 예외가 있기는 하다. 기계공노동조합의 경우인데 교섭에서 도급인인 정부와 수급인 기업 모두를 상대로 교섭을 진행하였고, 양측 사용자 소속 근로자에게 적용되는 단체협약을 체결하기도 했다. 이런 방식은 동일한 시설에서 사업하는 복수의 기업과 개별적으로 교섭하는 것보다 효율적이며, 동일한 현장에서 노동하는 도급인과 수급인의 근로자들에게 공통되는 기준을 설정하는 효과도 있다.

지방정부 정책(조례) 제정을 통한 초기업 교섭 확보

> 항공서비스업

필라델피아에서, 노동조합 SEIU 32BJ 지부는 필라델피아국제공항에서 도급인의 근로자를 위한 유급병가일과 최저임금을 정하는 지자체 조례ordinances 제정 활동을 하여 성과를 거두었다. 그 때 노동조합은 1,400명 근로자의 교섭대표로 인증certification을 획득했는데, 프로스펙트 에어포트 서비스Prospect Airport Services와 프라임플라이트 에이비에이션 서비스PrimeFlight Aviation Services에서 화물처리 기사, 휠체어 수행원, 기내 청소인 등으로 일하는 근로자들이었다. 노동조합은 최저 근로조건 조례에 근거하여 유급병가일 조례가 정한 기준보다 높은 유급병가 수준을 단체협약으로 정하는 데 성공했다.

> 가사노동자Domestic employees

노무중개업체에 고용되지 않는 한 가사노동자(아이돌보미, 청소도우미와 정원사 등)는 연방노동관계법의 적용 대상이 아니다. 최근에 노동조합 SEIU 32BJ 지부는 가사노동자의 최저임금, 식사시간 및 휴일을 설정하는 시애틀 시정부 조례 제정에 성공했다. 또한 그 조례에 따라 가사노동자 관련 권고와 표준을 논의하기 위한 목적으로 사용자들, 가사노동자 및 노동자단체들로 구성된 가사노동자근로조건위원회가 설립되었다. 조례의 적용 대상은 대략 3만 3,000명에 이른다.

연방노동관계법 개정안(2021) 방향

연방노동관계법 개정안Protecting the Right to Organize Act(PRO Act)은 노동조합 조직에의 장애 요소를 제거하고 사용자가 노동조합의 조직 활동을 방해할 수 없도록 하여 위반한 사용자에게 상당한 벌칙을 정하고 있다.

개정안은 교섭대표 선거 전체 과정에서 사용자의 개입을 배제하여 사용자가 노동조합의 조직 활동을 방해하기 위해 교섭단위 구성에 개입하는 것을 방지하고자 한다. 또한 교섭장에 관련 사용자들 모두 참여할 수 있게 하는 공동 사용자 기준을 강화하고 있다. 새롭게 구성된 노동조합과 사용자들이 첫 번째 협약을 성공적으로 교섭할 수 있는 절차도 신설한다.

다수 사용자 교섭단위를 허용하고, 여러 교섭단위를 함께 다수 사용자 단위로 하여 하나 이상의 노동조합이 교섭할 수 있도록 해야 한다. 이 교섭은 (어떤 산업 내에서) 수평적이거나 수직(공급체인을 포함하는)적인 것일 수 있다.

현행 연방노동관계법하에서 다수 사용자 교섭은 사용자의 선택에 달려 있다. 노동조합뿐 아니라 연방노동위원회도 다수 사용자 교섭을 강제할 수 없다.

하원을 통과(2021. 3. 10)한 연방노동관계법 개정안[50]은 바이든 정부에 대한 노동조합의 최우선 입법 요구 사항이었지만 기업의 로비에 막히고 있었다. 상원의 필리버스터를 넘어야 하는 어려움이 있지만 225 대 206으로 하원을 통과했다(공화당 의원들은 대부분 당의 방침에 따라 투표했다). 코로나 팬데믹 상황에서 많은 근로자들이 안전한 근로조건에서 배제되어 있다는 인식이 높아졌다. 민주당 소속의 낸시 펠로시 하원의장은 노조할 권리를 강화하는 것은 악화되고 있는 중산층의 경제 기반을 지지하여 심화되는 미국 사회의 경제 불평등 완화에 기여할 것이라고 밝히기도 했다. 그에 반해 미국 상공회의소 같은 기업 로비단체들은 그로 인해 기업 활동이 위축되어 일자리만 줄어들 것이라고 반대하면서 상원에서 폐기될 것이라고 전망했다.

개정안(H.R. 842)의 주요 내용은, 사용자가 노동조합의 조직 활동을 방해하는 것을 금지하고 근로자 파업권의 실효적 행사를 보장하며, 노조가 있는 사업장에서 조합비 내지 수수료 agency fee

---

[50] Protecting the Right to Organize Act(H.R. 842)(PRO Act).

의 일괄 공제 여부check-off를 근로자가 선택할 수 있도록 하는 소위 '일할 권리right to work'를 정한 주법state laws을 무효로 하는 것이다.51

또한 개정안은 사업장에서 근로자에게 반노조 메시지를 강제로 청취하도록 하는 강제 연설회captive audience meeting 개최를 금지한다. 또한 부당노동행위를 한 기업에 대해 벌금형을 부과하고, 단체협약에 이르지 못한 경우에 중재를 명할 수 있는 권한을 연방노동위원회에 부여한다.

개정안은 기업 외부에서 교섭대표 선거를 실시할 수 있게 하고 이메일 또는 전자투표를 사용할 수 있게 허용한다. 또한 독립 수급인 지위independent contractor인 여객운송사(우버, 리프트Lyft 등)와 음식배달사Food delivery 긱노동자gig workers들의 연방노동관계법상 근로자 지위 증명을 수월하게 했다. 현재 긱노동자들은 법률상 독립 수급인이 아니라 근로자인 경우에만 단결권과 단체교섭권을 행사할 수 있는데, 개정안에 따르면 노동조합을 결성하여 사용자의 보복 행위로부터 연방노동관계법의 보호를 받을 수 있다.

개정안은 앱 기반 서비스 노동자app-based worker를 위한 캘리포니

---

51 연방노동관계법상 교섭대표라도 조합비(조합원) 내지 수수료(비조합원) 일괄 공제 협약 체결을 위한 권한을 가지려면, 즉 그 단체협약 조항이 유효하려면, 별도의 찬반 투표(연방노동위원회 실시)를 거쳐야 된다. 하지만 주법률로 아예 금지하는 것이 가능하다고 허용하고 있기 때문에 일부 주정부는 연방노동위원회 실시의 찬반 투표를 거쳤다 하더라도, 교섭대표노조가 개별적으로 근로자의 동의를 받아야 한다고 정했다. 이게 지금 미국에서 논란인 일할 권리 보장 법률에 대한 논쟁이다.

아주 AB5법^{California Assembly Bill 5}과 동일하게 노동자의 고용상 지위를 결정하는 정확한 기준도 채택했다. 상원의 공화당 의원들은 개정안에 반대할 것임을 밝혔다. 노동조합이 커지면 개인의 자유가 줄어든다는 이유이다. 노동조합 지도자들은 상원에서 투쟁할 것이라고 하지만 필리버스터 규정이 개정되지 않는 한 법안 통과가 어려울 것으로 보인다. 왜냐하면 법안에 대한 논쟁을 끝내고 투표에 부치기 위해서는 60표가 필요하기 때문이다(연방노동관계법 개정안[H.R. 842, PRO Act]은 2023년 회기에 논의될 예정이다).

미국에서 특고 종사자의 노동법상 지위 설정을 위한 새로운 국면: 미국 뉴욕주 노동법 개정안(S6699A)

미국 노동법에서 '독립 수급인^{independent contractor/self-employed}' 쟁점은 한국의 특고 종사자 논의와 같은 맥락을 갖고 있다. 즉 최저임금과 최장근로시간, 휴가, 산업안전, 산업재해 및 단체교섭 등을 규율하는 연방노동관계법이 그 적용 범위를 '사용자와 근로자' 관계로 한정하고, 사용자와 특고 종사자^{independent contractor} 관계는 제외하고 있기 때문에 발생하는 쟁점이다.

미국에서 특고 종사자와 근로자의 지위를 둘러싼 논쟁을 시작한 것은 연방국세청(IRS)이었다. 연방소득세 원천징수를 회피할 목적으로 근로자를 특고 종사자로 오분류^{misclassification}했는지 여부를 다루었는데 그 결과가 고용관계와 노사관계 당사자 지위에까지 영향을 준 것이다.

연방국세청이 근로자와 특고 종사자 오분류 여부를 판단하기 위해 구성한 것이 소위 'ABC 기준'이다.[52] 이와 같은 ABC 기준은 연방 및 주의 노동법 적용과 해석에도 영향을 주었고, 연방노동부는 연방노동관계법 적용과 관련하여 그 기준을 차용하기도 하고 '경제적 현실(종속)economic realities test'이라는 독자적 기준을 제시하기도 했다.

2018년 캘리포니아주는 노동법 적용에서 특고 종사자 지위 판단의 국면을 급격하게 전개시켰다. 2018년 주대법원은 특고 종사자 지위 판단의 기준을 단순화했다. 즉 임금소득자wage-earning worker는 원칙적으로 노동법이 적용되는 근로자로 간주되어야 하며 그 추정을 깨뜨리는 증명책임은 채용 당사자가 부담해야 하는 것이다. 소위 ABC 기준에 해당하는 내용을 증명해야 한다.[53]

캘리포니아 주의회는 그와 같은 내용을 명시한 노동법 개정안 Assembly Bill 5을 발의하여 통과시켰다.[54] 최종 소비자customer와 직접 가격 협상을 하고 노무를 수행하는 특고 종사자 직종은 전면적 또는 일정한 조건으로 적용 제외시킨 것이 특징이다. 그렇게 적용

---

52 (A)노무 제공에 있어서 사실상 그리고 계약상 사용자의 지휘통제를 받지 않아야 하고, (B)사용자 사업의 통상적인 과정 바깥에서 노무가 수행되어야 하며, (C)노무의 내용과 동일한 성격의 독립적인 직종, 직업, 전문직 또는 사업에 일상적으로 참여하는 개인이 법률상 독립 계약자라는 것이다.
53 Dynamex Operations West, Inc. v. Superior Court of Los Angeles, 4 Cal. 5th 903(Cal. 2018).
54 Worker status: employees and independent contractors(Labor Code S. 2750.3). https://leginfo.legislature.ca.gov/faces/billCompareClient.xhtml?bill_id=201920200AB5

제외되는 직종은 100여 개에 이른다. 이 개정안에 대해서는 사업자들뿐 아니라 화물운송기사연합과 언론 관련 프리랜서(기자, 작가 및 사진기사) 같은 당사자인 특고 종사자 단체들을 포함하여 다양한 반발이 있었다. 특히 개인 여객운송 중개업체인 우버와 리프트, 음식 배달 중개업체인 도어데시와 포스트메이츠의 로비와 소송이 줄을 이었다.

결국 2020년 개정 노동법에서 앱 기반의 개인 여객기사와 배달기사의 적용 제외를 포함한 개정안$^{proposition\ 22}$이 주민투표$^{ballot\ initiative}$에 부쳐졌고 59%의 찬성으로 통과되었다. 이에 따르면 개인 여객운송 중개업체와 배달 중개업체는 자신이 고용한 기사^{drivers}에 대해서 연장근로수당, 유급병가, 건강보험, 실업보험 및 단체교섭의 의무를 부담하지 않는다. 그러나 2022년 캘리포니아 주대법원은 개정안 22가 위헌이라고 판결했다.

2021년 5월 뉴욕주 노동법 개정안(S6699A)은 특고 종사자 지위에 대한 새로운 접근을 보여줬다. 뉴욕주 법안이 캘리포니아 개정 노동법과 크게 구별되는 것은 세 가지이다. 첫째, 개인 여객운송 중개업과 배달업만 적용 대상으로 하는 점이다. 둘째, 개별 근로조건 보호가 아니라 단체교섭을 통한 집단적 관계를 설정하는 점이다. 마지막으로 새로운 법적 지위를 만드는 방법으로 특고 종사자의 지위 논란을 회피한 것이다.

이 법안의 핵심 개념은 '네트워크 기업'과 '네트워크 노동자' 그리고 '네트워크노동관계위원회$^{Network\ Worker\ Relations\ Board}$'이다. 그에 따르면, 네트워크 기업을 통해서 실제로 노무를 제공하고 있는 네트워크 노동자의 최소 10% 이상의 수권을 받은 단체(또는 노동조합)는 그 산업의 모든 네트워크 노동자를 대표하여 해당 네트워크 기업과 교섭할 수 있다. 또한 교섭에서 네트워크 기업과 노동자 단체 사이에 성립한 합의가 네트워크노동자위원회의 승인을 받으면 뉴욕주의 법령이 되는 구조이다. 연방노동관계법의 근로자, 노동조합, 단체교섭 및 단체협약 제도와는 다른 구조를 택한 것이다. 나아가 네트워크 기업은 네트워크 노동자의 운송 또는 배달마다 건당 수수료representation fee를 공제하여 네트워크 노동자를 대표하여 교섭하는 단체에 송금하고, 네트워크 노동자의 산재보상과 실업보험 재원을 주정부에 납부해야 한다. 그러나 교섭이 결렬된 경우에 네트워크 노동자와 단체의 파업권은 보장되지 않으며, 주정부의 산업위원회를 구성하도록 하고 있다.

이 법안에 대하여 미국의 노동조합은 찬성과 반대로 입장이 나뉘어 있다. 찬성하는 쪽은 AFL-CIO와 그 산하 운송노동조합(TWU)이다. 반면에 대부분의 노동운동 단체들은 강력히 반대하고 있다.[55] 특고 종사자의 법적 지위는 연방노동관계법의 근로자이고, 단체교섭과 관련해서는 연방노동관계법이 관련 주법에 앞서 적용

---

55 https://onlabor.org/lawmakers-should-oppose-new-yorks-uber-bill-workers-need-real-sectoral-bargaining-not-company-unionism/; https://www.nelp.org/blog/ubers-new-gig-worker-bill-is-the-same-old-trick-deregulation-and-special-treatment-for-exploitive-companies/

되기 때문에 주의회가 법률로 제정하더라도 무효가 될 것이라고 주장한다. 그런데 이 법안의 운명이 불확실한 또 다른 이유가 있다. 연방독점금지법federal antitrust laws과의 관계 문제이다. 연방 및 주법상 근로자 지위가 인정되지 않은 특고 종사자는 개인사업자self-employed이므로 사업자 간 담합행위를 금지하는 연방독점금지법의 적용 대상이 될 것이기 때문이다. 2015년 워싱턴주 시애틀 시정부가 개인 여객운송 중개업체의 단체교섭의무를 명시한 조례ordinance를 제정했으나 연방독점금지법 위반으로 무효가 되었던 선례가 있기도 하다.[56]

---

[56] 특고 종사자의 개인사업자 지위에도 불구하고 단체교섭제도에 포함시킬 경우에 가격담합과 같은 시장 독점을 제한하는 독점금지 법리와 충돌할 수 있음을 인식하고, 근로자와 노동조합의 경우와 같이 독점금지법의 예외로 규정하려는 시도는 유럽연합 노동법에도 존재한다(https://www.etui.org/publications/collective-bargaining-and-self-employed-workers).

우리 제도에 대한 함의:
제도 비교에서 교섭창구단일화 절차 검토[57]

단체교섭 구조와 성격 비교

　노동조합 및 노동관계조정법(이하 '노조법' 내지 '노동조합법') 제29조의 2 교섭창구단일화 절차는 우리 단체교섭제도에 질적인 변화를 불러왔다. 헌법 제33조 노동3권에 근거한 노동조합 중심의 단체교섭법제에 교섭대표노조를 추가한 것이다. 노조법의 단체교섭제도는 노동조합이 주체가 되는 기본 골격은 유지하면서, 부분적으로 북미식 교섭단위와 교섭대표제를 도입한 새로운 형태가

---

57 김미영, 「한국과 미국의 단체교섭법제 비교: 교섭단위와 교섭대표제를 중심으로」, 『노동법학』 제40호, 2011. 12, pp. 205-246.

되었다. 미국의 연방노동관계법은 교섭단위에서 근로자들이 교섭대표를 선출하는 구조이다. 노조법 제29조의 2 이하는 단체교섭권이 있는 노동조합들 중에서 교섭대표노조를 선출하는 절차이다. 교섭대표를 구성하는 방식에는 차이가 있다. 그러나 근로자가 결성하거나 가입한 노동조합 이외에 단체교섭만을 목적으로 별도의 대표 지위를 설정하는 기본 구조는 유사하다.

단체교섭권과 단체교섭의무 주체를 기준으로 보면 한국과 미국의 단체교섭법제는 그 유형이 구별된다. 우리 노조법은 근로자단체employee's association인 노동조합이 단체교섭권의 주체이다. 단체인 노동조합이 주체가 되는 단체교섭법제라 할 수 있다. 미국 연방노동관계법은 그와 같은 근로자단체가 아니라 별도의 절차로 선출한 근로자대표employee's representative가 단체교섭권과 그 의무의 주체이다. 교섭대표제라고 할 수 있다. 캐나다도 이 유형에 포함될 것이다.

■ 노동조합제는 노동조합이 단체교섭권의 주체이다. 기본 전제는 근로자가 법률상 노동조합을 설립하거나 가입하는 방식으로 자신의 단체교섭권을 행사하는 것이다. 사용자의 단체교섭의무는 노동조합의 단체교섭권 행사를 수인하는 성격이다. 법률에 그 의무를 명시하지 않아도 법 체계적으로 그 존재가 전제된 것이다. 노동조합제는 근로자가 설립하거나 가입한 노동조합은 당연히 단체교섭권의 주체이며 그에 대해 사용자는 단체교섭의무를 부담하는 구조

이다. 노동조합이 사업장 내 근로자 다수결로 조직되었는지는 사용자의 단체교섭의무 성립에 영향을 주지 않는다.58

■ 단체교섭에서 노동조합은 자신의 의사인 단체 의사로 행위하는 주체이다. 노동조합의 대표자chairperson or president는 단체인 노동조합의 기관이지 개별 조합원의 대표employee's representative가 아니다. 단체 의사는 노동조합 내부의 민주적 의사 결정을 통해서 정해진다. 노동조합제에서 노동조합 내부의 민주적 의사 결정은 절차가 아니라 실체적인 것이며, 노조법상 단체협약의 기준적 효력을 정당화시키는 기반이다.

교섭대표제는 정치 민주주의 원리인 대의제representative system 구조이다. 근로자, 교섭단위, 교섭대표의 관계는 유권자, 선거구, 국회의원의 관계와 같다. 법률상 단체교섭권은 개별 근로자의 권리이다. 근로자는 임금, 근로시간 및 기타 근로조건을 위한 단체교섭에서 자신의 이익을 대변할 대표자를 선출하는 방식으로 그 권리를 행사하는 제도이다.

---

58 1980년대에 윌리엄 B. 굴드 4세William B. Gould IV는 맥아더 군정이 1937년 연방노동관계법을 일본에 이식한 이래 일본의 제도 환경에서 그 구조가 어떻게 변했는지를 연구했다. 연방노동관계법과 다르게 전개된 여러 특징의 하나로 법률이 단체교섭의무를 법정하지 않으면서 단체교섭을 거부하는 행위를 부당노동행위로 처벌하는 방식을 들었다. 이는 헌법상 노동3권 조항이 없는 연방노동관계법 체계에서는 설명이 안 되는 방식이기 때문이다(William B. Gould IV, Japan's Reshaping of American Labor Law〔1988〕, pp. 25-26).

■ 교섭대표 지위는 교섭단위에 속한 근로자의 다수결 지지로 결정된다. 교섭대표는 자신이 대표하는 구성원들의 권리와 의무를 만들거나 폐지하는 결정에서 국회의원과 같은 지위에서 재량 권한을 갖는다. 교섭단위에서 다수결 지지를 확보한 교섭대표가 확정되면 단체교섭을 위한 대표 행위에서 그 권한을 부분적으로 제한하는 방법은 없다. 다만 이의가 있는 근로자는 교섭대표의 다수결 지위 자체를 다투거나 유니언숍 협약에 따른 교섭대표의 권한을 박탈하는 선거를 연방노동위원회에 신청할 수 있다. 교섭단위 내 근로자 30%의 서명으로 신청할 수 있다.

■ 교섭대표는 사용자와 마찬가지로 단체교섭의무도 부담한다. 노사 당사자의 단체교섭의무는 교섭단위와 교섭대표 지위가 확정된 이후에 성립한다. 근로자가 설립하거나 가입한 노동조합 자체는 단체교섭권이나 그 의무의 직접적인 주체가 아니다. 이 때문에 노동조합과 그 내부 사항은 단체교섭법제를 정한 연방노동관계법이 규율하지 않는다. 교섭대표가 행하는 대표 의사의 민주성은 교섭단위 내 다수결 지위 확정으로 충족되는 것이다. 따라서 노동조합 내부의 민주성과 단체협약의 기준적 효력을 연계할 필요가 없다.

단체협약의 효력 비교

노동조합제에서 법률이 정한 단체협약의 기준적 효력은 근로자가 단체교섭을 목적으로 하는 노동조합을 임의로 설립하거나 가입한다는 의사에 정당성 근거가 있다. 따라서 노조자유설립주의와 단체협약의 규범적 효력은 상호 필연적인 기본 원리이다. 노동조합의 조합원은 다른 절차를 거칠 필요 없이 단체협약이 정한 근로조건을 자신의 개별적 권리와 의무의 기초로 할 수 있다. 단체와 그 구성원 관계에 따라 노동조합의 조합원 범위는 원칙적으로 단체협약의 구속력 범위가 된다. 법률에 의한 효력 확장은 예외적인 성격을 갖는다.

■ 노동조합제에서 단체협약의 특징은 근로자와 사용자에 관한 부분과 노사 당사자에 관한 부분을 나누어 효력을 구성한다는 것이다. 단체협약이 정한 개별적 권리에서 노동조합과 근로자는 별개의 법적 주체라는 관점을 반영한 것이다. 이러한 효력 구성 방식은 단체교섭제도를 수용한 시기와 관련이 있다. 미국과 유럽에서 노동조합과 단체교섭제도는 2차대전 이전에 이미 합법성을 인정받고 있었다. 따라서 한국과 일본은 그 제도를 그대로 수용할 수 있었다. 전통적인 계약법 또는 불법행위법과 단체교섭제도 사이의 논리적·제도적 충돌에 따른 문제 해결 과정이 생략된 것이다. 즉 미국 노동운동사에서 나타난 사법부가 노동조합의 법인격이나 단체협약의 계약 효력을 부인하는 역사적 단계를 거치지 않았다.

■ 이에 따라 협약 당사자 사이에서 단체협약의 계약적 효력은 당연히 전제되었다. 따라서 전통적인 계약적 효력으로 구성이 안 되

는 개별 근로자에 대한 규범적 효력만 법정할 필요가 있었던 것이다. 전통적인 계약 효력론으로는 사용자가 개별 근로자에 대해 부담하는 이행 의무를 논리적으로 끌어내기 어려웠기 때문이다. 그러나 단체교섭제도의 법적 주체가 노동조합인 이상 개별적 근로조건 부분에 대한 노동조합의 권리를 배제하는 구성이 제도적으로 필수적인 것은 아니다. 이는 미국 연방노동관계법의 교섭대표제가 잘 보여주고 있다.

교섭대표제는 단체협약의 효력을 이중으로 나누지 않고 포괄적·집단적으로 구성한다. 미국에서 단체협약 효력은 계약관계로 구성할 수 없었기 때문에 연방노동관계법을 제정하여 창설한 것이다. 20세기 초까지 미국 사법부는 노동조합의 법인격을 부인하거나, 노사 당사자 사이의 단체협약의 계약적 효력까지 부인했다. 단체협약이 정한 근로조건이 근로자와 사용자 사이에 효력이 없다고 한 것은 당연했다. 이는 사법부의 반노동조합 정서가 강했다는 것만 이유는 아니었다. 당시 일반법원들이 전통적인 계약 법리와 본질적으로 충돌하는 단체교섭제도를 논리적으로 구성하는 데 어려움을 겪었던 것이다. 이러한 제도적 충돌을 입법으로 해결한 것이 1935년 연방노동관계법이었다. 근로조건의 집단적 결정을 목적으로 하는 단체교섭제도를 창설하는 것이기 때문에 노사 당사자와 고용관계 당사자 사이 효력을 나누어 구성할 필요가 없었다. 협약 당사자든 근로자와 사용자든 일반법원이 적용할 계약

법리에 의한다면 단체협약의 효력을 인정받지 못했기 때문이다.

■ 연방노동관계법 제9조(a) 배타적 교섭대표제 조항 자체가 단체협약의 일반적·집단적 효력의 근거이다. 근로자는 단체협약이 정한 근로조건의 이익을 향유할 뿐 아니라 인사 규정이나 중재 절차 같은 규정을 준수할 의무도 부담한다. 이는 지역구 대표가 의회에서 제정한 법률이 모든 시민에게 일률적으로 적용되는 것과 같다. 그러나 사용자가 단체협약 이행 의무를 부담하는 상대는 개별 근로자가 아니라 협약 당사자인 교섭대표bargaining representative이다. 이는 연방노동관계법 제301조(a)가 정하고 있다. 이에 따르면, 단체협약 위반 소송은 연방법원이 관할한다. 원래 연방법원은 일반적인 계약법과 불법행위법 사안은 관할하지 않는다. 이는 일반법원인 주법원state courts의 관할 사항이다. 그럼에도 제301조(a)를 정한 것은 단체협약의 이행 또는 불이행에 관한 분쟁이 일반 계약법리의 적용을 받지 않도록 의도한 것이다.

■ 개별적인 근로조건 분쟁이라도 단체협약에 기한 분쟁의 당사자는 교섭대표와 사용자이다. 다만 근로자가 교섭대표의 공정대표의무 위반을 입증하면 사용자를 상대로 개별적 권리를 직접 청구할 수 있다. 교섭대표제에서 단체협약에 관한 개별적 분쟁이 있는 근로자는 원칙적으로 교섭대표를 통해서만 사용자에게 주장할 수 있다. 사용자는 개별 근로자에게 단체협약상 어떤 의무도 부담하지 않는 체제이기 때문이다. 이는 우리 노조법의 단체협약 효력

구성과 큰 차이점이다.

단체협약의 구속력 비교

노동조합제는 단체 원리에 기초해서 노동조합은 단체교섭에서 자신의 조합원만 대표하는 것을 전제한다. 단체협약 효력의 구속력 범위는 원칙적으로 노동조합의 조합원 범위가 된다. 단체협약 구속력 범위를 확정하기 위해서 사용자 동의나 연방노동위원회가 개입하는 별도의 단계를 필요로 하지 않는다. 노동조합이 조직 범위를 결정할 단체 자유와 단체협약의 효력을 일체로 구성하는 것이기 때문이다. 따라서 한 노동조합이 다른 노조의 조합원까지 대표하여 교섭하고 협약을 체결하는 교섭단위제는 노동조합제에 근본적인 문제를 제기한다. 노동조합제의 기본 전제인 단체 자치와 단체 선택의 자유와의 충돌 문제이다. 노동조합이 자신이 임의로 결정하고 통제할 수 있는 범위에 포섭되지 않은 근로자까지 대표해서 교섭할 의무를 부담하는 구성이 되기 때문이다. 또한 근로자는 자신이 선택하지 않은 노동조합이 체결한 단체협약의 적용을 받아야 한다.

■ 교섭단위제 bargaining unit system 는 노동조합제와 구별되는 교섭대표제의 주요한 특징이다. 교섭대표제에서 교섭단위는 노사 당사자

의 단체교섭의무 성립 자체를 결정짓는 필수 제도이며, 결과적으로 단체협약의 구속력 범위가 된다. 노동조합이 단체교섭권의 주체가 아니기 때문에 필요한 요소이다. 일정한 교섭단위를 정하고 그 단위에서 노조의 다수결 지위 여부가 확인되면 단체교섭 관계가 성립한다.

교섭단위 확정을 연방노동위원회에 신청하는 것이 당사자의 의무는 아니다. 노동조합이 제시한 단위에 사용자가 동의하면 노사가 합의로 정할 수 있다. 일반적으로 노동조합은 사업장 내 직종이나 직부에 속한 근로자들이 서명한 수권카드로 다수결 지위를 입증한다. 사용자가 그 교섭단위와 다수결 지위에 이의를 제기하지 않고 교섭에 임하면 단체교섭이 이루어진다. 노사는 그에 관한 협약을 체결하기도 한다. 이를 사용자 임의 승인voluntary recognition이라고 한다. 임의 승인 이후 첫 번째 교섭을 실시했거나, 임의 승인 협약 체결 이후에는 사용자가 그 노동조합과 단체교섭을 거부할 수 없다. 단체교섭을 거부하면 부당노동행위가 성립한다. 사용자의 임의 승인이든 연방노동위원회 결정이든 교섭단위가 정해지는 과정에서 개별 근로자의 의사가 개입할 수 있는 해석론적 단계는 없다.

■ 이는 노동조합제가 노동조합에 가입한 근로자의 자유의사에 기반해서 단체교섭권과 단체협약 효력을 연계하는 것과는 다른 구성

이다. 교섭단위는 근로자 의사와 관계없이 정해진다. 노사 당사자 또는 연방노동위원회 결정으로 근로자는 교섭단위에 배치되고 다수결 의사로 교섭대표를 선택한다는 전제이다. 교섭대표제에서 근로자는 교섭단위를 선택할 수 없고 교섭대표 선출에 반대했다고 해도 다수결로 확정된 이후에는 임의로 벗어날 수도 없다. 노동조합제에서 근로자가 노동조합을 탈퇴하여 단체교섭제도에서 이탈할 수 있는 구조와 크게 다른 점이다.

노동조합제에서 노동조합의 조합원 지위는 단체협약의 구속력 범위와 직결된다. 이와 관련하여 비조합원의 무임승차$^{free\ ride}$ 문제를 비교할 수 있다. 노동조합제에서 무임승차 문제는 현실적으로 존재하지만 단체교섭제도 안에서 해결할 수 없는 것이다. 원칙적으로 단체협약 구속력 범위 외부에 있는 비조합원 근로자의 근로조건에 관한 문제이기 때문이다. 무임승차 문제는 사용자가 임의로 비조합원 근로자에게 단체협약과 동일한 근로조건을 부여하면서 나타난다. 이 경우에 법률관계는 단체협약이 아니라 근로계약에 기한 것으로 구성된다. 이에 따라 무임승차에 관한 쟁점은 단체교섭제도 범위를 벗어나게 된다. 이 때문에 비조합원 근로자가 노동조합에 수수료를 납부하게 하는 단체협약의 효력이 제도적으로 승인되기 어렵다고 보는 것이다. 또한 유니언숍 협약의 효력은 근로자의 단체 선택 자유와 단체교섭제도 사이에 해석상 절충이 필요하기 때문에 무임승차 문제를 해결하는 수단이 되지 못한다. 결국 노동조합제에서 노동조합이 단체교섭제도 안에서 무임승차 문제에 대처할 수 있는 제도적 수단은 없는 것이다.

■ 교섭대표제에서 무임승차 문제는 단체교섭제도 안에서 나타난다. 교섭단위 내 비조합원도 단체협약이 정한 근로조건을 적용받는 것이기 때문이다. 단체교섭 과정에는 교섭대표인 노동조합의 시간과 노력, 비용이 들어간다. 그 비용은 대부분 조합원이 납부한 조합비에서 충당하는 것이다. 따라서 비조합원도 단체교섭에 관련해서는 그 비용을 부담해야 한다는 전제가 가능했다. 그에 따라 노동조합이 비조합원에게 조합비에 준하는 정도의 수수료를 받도록 정한 단체협약의 효력은 제한 없이 인정될 수 있었다. 그래서 교섭단위 내 근로자에게 수수료를 부과하는 단체협약 조항은 주정부가 법률로 금지할 수 없다는 연방대법원 판단도 가능했다.

■ 교섭대표제에서 교섭단위를 신속하게 확정하는 것은 중요한 의미가 있다. 교섭단위는 단체교섭 관계 성립의 기초이기 때문이다. 그 확정이 지연되면 노사 분쟁은 법제도 바깥에 놓이게 된다. 이는 연방노동관계법이 교섭단위제를 채택한 주요 목적에서 벗어나는 것이다. 그러나 현실적으로 교섭단위는 신속하게 결정되지 못하고 있다. 교섭단위는 노사 양측의 핵심적 이해관계가 얽혀 있는 지점이다. 임의 승인이든 연방노동위원회 절차든 노사 당사자가 자신에게 유리한 교섭단위 구성을 위해 시간을 끄는 것은 당연하다. 연방노동관계법은 노동조합이 제시하는 수권카드나 조합원 수 증명

에 대해 사용자의 단체교섭의무를 성립시키는 효력을 인정하지 않는다. 결국 노동조합은 사용자의 임의 승인을 획득하기 위한 활동에 많은 시간을 보낼 수밖에 없다. 연방노동위원회 절차도 교섭단위를 신속하게 확정하지는 못한다. 교섭단위 확정과 선거까지 실시하면 그 기간은 더 길어진다. 이 때문에 사용자는 자신이 기피하는 노동조합이 임의 승인과 교섭을 요구하면 연방노동위원회 절차를 통해서 그 확정을 지연시키는 전략을 흔히 사용한다.

■ 교섭단위 적정성에 관한 일률적·통일적 판단 기준을 설정하기 어렵다는 것도 교섭단위제의 문제이다. 단체교섭을 위해 사용자의 단일 사업장이 적정한지 아니면 그 하부 단위가 적정한지 여부는 법률 해석이 아니라 사실의 문제이다. 따라서 유사한 사업장이라도 사안별로 적정교섭단위 판단은 달라질 수 있다. 이 때문에 연방노동위원회 결정이 최소한의 일관성을 유지하지 않는다면 노사 당사자가 교섭단위 적정성을 수긍하기 어려운 것이다. 그러나 집권 정당이 바뀔 때마다 연방노동위원회에서 최종적으로 심판을 담당하는 연방노동위원회의 기준은 쉽게 번복되었다. 1935년 법 제정 당시에는 연방노동위원회를 법원과 같이 정치적으로 중립적인 판정 기구로 상정했다. 그러나 1980년대 이후로 노사 당사자 대표와 공익 대표로 구성되는 형태로 변모했다. 대통령이 심판위원과 법무총장을 지명하기 때문에 사실상 심판위원의 정치 성향은 집권 정당에 따른다. 문제는 심판위원의 정치성은 연방노동위원회의 결정 방향에 직접적인 영향을 준다는 것이다.

■ 대표적으로 산업별 노사관계의 제도적 형성과 쇠퇴에 결정적 영향을 미친 연방노동위원회의 입장 변경을 들 수 있다. 1930년대까지 미국은 AFL의 영향하에 사업장 내 근로자를 직종 단위로 조직하는 직종 노조가 주류였다. 1932년 처음으로 산별노조를 지향하는 CIO가 결성되었다. 루스벨트 정부의 연방노동위원회는 산별 단위 교섭 관계를 선호해 다수 사용자를 포함하는 산업별 교섭단위가 적정하다는 결정을 자주 했다. 적정성 판단 기준은 산별노조의 조합원 범위였다. 이 시기에 CIO의 조직률은 급격히 높아졌다. 그런데 1947년 연방노동관계법이 개정되며 교섭단위 적정성 판단에서 연방노동위원회의 재량권을 제한했다. 연방노동위원회 결정에 크게 영향을 준 것은 두 가지였다. 하나는 노조의 조합원 범위를 교섭단위 적정성의 결정적 기준으로 할 수 없게 한 것이다.

■ 다른 하나는 교섭단위의 최대 범위를 사용자 단위로 한정한 것이다. 이를 계기로 산업별 교섭단위에 대한 연방노동위원회 결정은 급변했다. 다수 사용자가 포함된 단위는 사용자들의 동의가 있어야 인증되었다. 또한 적정교섭단위 판단에서 산별노조인 CIO의 조합원 범위를 반영하지 않았다. 이로 인해 산별 교섭 관계를 추구하던 CIO는 단체교섭제도 밖으로 축출되는 결과를 맞이했다. 사업장 내에 조합원이 많지 않았던 CIO는 교섭대표 선거에서 자주 패배했다. 이는 CIO의 조직력 약화로 이어졌다. 그에 더해 정치적으로 반공주의 열풍까지 겹치면서 CIO는 오래 버티지 못하고 1955년 AFL에 합병되었다.

공정대표의무 비교

공정대표의무 duty of fair representative 는 교섭대표제의 필연적 구성요소이다. 노동조합이 비조합원까지 대표해야 하는 조건과 근로자가 단체협약의 구속력 범위가 되는 교섭단위를 선택할 수 없는 조건 때문이다. 교섭대표의 단체교섭 권한 남용 가능성을 제어하는 장치인 것이다. 공정대표의무를 법률이 명시하고 그 위반을 처벌하는 구조는 아니다. 연방노동관계법 제159조(a)[59]가 정한 교섭대표의 배타적 교섭 권한에는 공정대표의무가 전제된다는 연방대법원 판결로 구성되었다. 그 이래로 연방법원은 공정대표의무 위반을 불법행위 tort 로 판결해왔다. 그러나 단체교섭법제에서 공정대표의무 위반이 독자적으로 불법행위 사안으로 작동할 여지는 거의 없다. 단체협약 이전 단계인 교섭 과정에 개별 근로자가 참여할 수 있거나 그 의견을 반영하는 절차를 만드는 것까지 요구하는 것은 아니기 때문이다.

■ 교섭대표는 합리적 기준이 있다면 일부 근로자에게 불리한 차등적인 근로조건을 교섭하거나 합의할 수 있는 재량권이 인정된다. 합리적 기준이란 작업 형태, 숙련도, 선임권 등 모든 근로자에게 일률적으로 적용되는 기준이다. 또한 단체협약으로 중재 절차를

---

59 29 USC § 159(a).

정했다면 교섭대표는 근로자가 제기하는 개별적 분쟁을 절차에 회부할 것인지도 재량으로 결정할 수 있다. 다만 그 분쟁을 중재 절차에 회부하지 않거나 중재 절차를 중단하는 경우에 합리적인 이유를 입증하지 못하면 공정대표의무 위반이 될 수 있다.

교섭대표제와 비교하면 노동조합제에서 노동조합이 공정대표의무를 부담한다는 것이 필연적인 논리는 될 수 없다. 노동조합제에서 노동조합은 자신의 조합원만 대표하는 것이 원칙이다. 노동조합은 비조합원의 근로조건을 결정할 수 없으며, 절차적·실체적 의무를 유효하게 설정할 수 없는 구조이다. 7와 같은 내용의 단체협약은 비조합원에게 규범적 효력을 갖지 못한다. 따라서 단체교섭제도 안에서 노동조합이 비조합원의 근로조건을 차별한다는 것은 논리적으로 성립하지 않는다. 노동조합제에서 조합원 지위를 이유로 단체협약이 차별적 근로조건을 정했다면 그 책임은 사용자가 부담하는 것이다. 비조합원과 사용자 사이에는 단체협약이 아니라 근로계약만이 존재하기 때문이다.

■ 또한 노동조합이 비조합원의 근로조건에 어떤 형태의 책임이나 의무를 부담해야 하는 금전적·비금전적 대가를 보장하는 원리도 노동조합제에는 없다. 우리 노조법은 단체협약을 비조합원 근로자에게 확장 적용하는 절차를 정하고 있다. 그러나 그 적용을 받는 근로자가 노동조합에 대해 일정 비용을 부담하는 장치는 없다.

노동조합은 조합원이 부담하는 금전적·비금전적 투자로 유지되는 단체이다. 단체협약 체결을 위한 교섭 과정에 투여되는 비용과 노력을 조합원이 부담하고 그 혜택과 위험을 감수하는 것이다. 이런 구조에서 비조합원에 대한 노동조합의 권한과 의무를 구성하기가 어려운 것이다.

■노동조합제에서 근로자는 노동조합을 설립·가입하거나 탈퇴하여 결과적으로 단체협약의 구속력 범위를 선택할 수 있는 것이 기본 전제이다. 이는 근로자가 교섭단위를 선택할 수 없다는 전제 위에 공정대표의무를 구성한 교섭대표제와 다른 점이다. 그러나 노동조합제에서 노동조합의 권한 남용 가능성이 없는 것은 아니다. 다만 그 형태가 소수 조합원의 근로조건을 차별하는 문제와 같이 노동조합 내부에서 나타날 수 있다. 사실 노동조합이 소수 조합원에게 불리한 근로조건에 합의한다면 그 조합원들은 노조를 탈퇴하는 것 외에 달리 구제받을 수 있는 절차가 없다.

결론

노조법 제29조 이하는 노동조합제인 노조법의 단체교섭법 원리를 다시 생각하게 한다. 노조법은 근로자가 노동조합을 설립하거나 가입하는 방식으로 기본권인 단체교섭권을 행사한다는 전제 위에 있다. 근로자단체인 노동조합을 배제하고 별도의 교섭대표를 선출하는 장치는 필요하지 않았다. 그러나 제29조의 2 이하 교섭창구단일화 절차는 그 전제에 중요한 예외를 추가했다. 이 예외는 노동조합의 단체교섭권, 사용자의 단체교섭의무, 부당노동행위 그리고 단체협약의 효력으로 이어지는 체제에 구조적인 변화를 초래한다.

■ 헌법과 노조법의 연결 구조에서 그 노동조합에 대한 사용자의 단체교섭의무는 당연히 전제되었다. 그러나 교섭창구단일화 절차에 진입하면 단체교섭권과 단체교섭의무 작동 방식은 극적으로 달라진다. 단일 사업장 내에 복수노조 조건에 놓인 노동조합은 단체교섭권을 행사하기 위해서 추가적인 단계를 거쳐야 하기 때문이다. 먼저, 사용자에게 단일화 절차를 배제해줄 것인지 동의를 구하는 단계가 있다. 이 단계는 노동조합의 단체교섭권과 사용자의 단체교섭의무 성립 여부를 결과적으로 사용자의 의사에 의존하게 만들었다. 사용자의 동의를 얻지 못하면, 노동조합들이 자율적으로 교섭대표노조를 정하는 단계가 있다. 이 단계의 문제는 자율적인 교섭대표노조를 정하지 못해서 교섭이 지연되는 책임을 온전히 노동조합만 부담한다는 것이다. 노동조합들이 자율적으로 합의하지 못하면 그 절차에 참여한 노조의 전체 조합원의 과반수를 조직한 노동조합이 교섭대표노조로 확정된다. 결국 소수 노조가 할 수 있는 선택은 임의로 단체교섭권을 포기하거나, 아니면 법률에 의해 강제로 박탈당하는 것 사이에 있다.

■ 교섭창구단일화 '절차'라는 규정이 헌법과 노조법상 소수 노조의 실체적 권리인 단체교섭권을 박탈하고, 과반수 노조만 그 권리를 갖게 하면서 다른 노조의 조합원까지 대표할 의무를 부과하는 구조가 되었다. 과반수 노조가 없다면, 다음 단계는 노동조합들이 함께 공동교섭단을 구성하는 것이다. 그 공동교섭단에는 전체 조합원 100분의 10 이상인 노동조합만 참여할 수 있다. 조합원 비율이 그 이하인 소수 노조는 현실적으로도 단체교섭권의 실효성이 없을 수도 있다. 그러나 법률이 소수 노조가 공동교섭단에 참여하지 못하게 하여 결과적으로 해당 근로자의 단체교섭권을 박탈하는 것은 현실적인 실효성과는 별개 문제이며 헌법과 노조법의 해석 문제가 된다. 노동조합들이 자율적인 공동교섭단을 구성하지 못하면, 마지막으로 연방노동위원회에 구성을 신청하고 조합원 비율을 고려한 결정에 따라야 한다. 즉 노조법 제29조의 2 교섭창구단일화 절차는 노동조합이 사용자의 단일화 배제 동의, 자율교섭대표노조, 과반수 노조, 공동교섭단, 연방노동위원회 결정의 비례대표노조라는 복잡한 단계를 거치게 만든다. 그 과정에서 단체교섭권 주체인 노동조합은 단체교섭권을 잃거나 다른 노조 조합원까지 대표해야 하는 의무를 진다. 또한 교섭대표노조나 공동교섭단을 구성할 의무도 진다.

교섭창구단일화 절차에는 단체교섭의무의 주체인 사용자에 대해 어떤 의무나 책임을 부여하는 장치가 없다. 한 사업장에 노동조합이 복수로 존재하는 조건은 개별 근로자, 노동조합 또는 사용자가 선택하거나 통제할 수 있는 것이 아니다. 노조법의 교섭창구단일화 절차는 근로자, 노동조합의 단체교섭권과 사용자의 단체교섭의무를 우연적이고 외부적인 조건을 이유로 차별적으로 구성하고 있다. 단일노조 조건이면 근로자는 자신이 가입한 노동조합을 통해서 노조법의 원칙적인 단체교섭권을 행사한다. 그러나 복수노조 조건이면 근로자는 자신의 노동조합이 교섭창구단일화 절차에 진입해야 단체교섭권을 행사할 수 있다. 전체 조합원 100분의 10 미만인 노조의 조합원 근로자는 단체교섭권을 완전히 박탈당할 수도 있다.

■ 반면에 복수노조 조건에서 사용자는 교섭대표노조 또는 공동교섭단이 확정될 때까지는 단체교섭의무를 부담하지 않는다. 단일노조 조건에서 조합원 수에 관계없이 사용자의 단체교섭의무가 성립하는 일반 원칙에 비해서 복수노조 조건의 사용자는 교섭 관계에서 유리한 입장에 서는 것이다. 특히 공동교섭단이 구성되는 경우에 사용자는 전체 조합원 100분의 10 미만 노동조합에 대해서는 단체교섭의무를 면제받는다. 앞서 지적했듯이 교섭창구단일화 절차에서 사용자는 단일노조 조건의 사용자에 비해서 더 많은 책임이나 의무를 부담하지 않는다. 그럼에도 각각의 사용자가 부담하는 단체교섭의무 내용은 그 절차로 인해 질적으로 달라진다. 교섭창구단일화 절차는 복수노조 조건에 있는 사용자에게 일방적으로

유리한 지위를 부여하고 있다.

제29조의 2는 단체협약의 규범적 효력 구성에도 영향을 준다. 노조법 제33조의 단체협약의 기준적 효력은 근로자가 노동조합을 자유롭게 설립하고 가입했다는 전제와 연결되어 있다. 그러나 제29조의 2가 작동하면 그 구성은 달라진다. 노동조합이 단일화 절차에 참여하고 근로자가 선택할 수 없는 교섭대표노조가 단체협약을 체결하기 때문이다. 결국 노조법은 단체협약 효력 구성에서 두 가지 전제를 갖게 되었다. 하나는 근로자가 단체협약 체결이 예정된 노동조합을 자유의사로 선택했다는 것이다. 다른 하나는 근로자의 의사와 관계없이 그 노동조합이 참여하거나 배제될 수도 있는 절차가 작동했다는 것이다.

■ 제29조 제1항에 따라 체결된 단체협약과 제2항에 따라 체결된 단체협약의 효력은 같은 원리로 구성할 수 없는 다른 성격을 갖는다고 보아야 한다. 단일화 절차를 거쳐서 교섭대표노조의 대표자가 체결한 단체협약의 효력 근거는 노조법 제33조가 아니라 제29조의 2가 될 수밖에 없다. 근로자가 단체협약으로 자신의 근로조건을 결정하기 위해서 노동조합에 가입했다는 노동조합제의 일반원리는 교섭창구단일화 절차 이후 교섭대표노조와 그 단체협약에는 적용되지 않기 때문이다. 교섭창구단일화 절차는 복수노조 조건에서 법률이 강제하는 절차이고, 그에 따른 단체협약은 별도의

효력 구성을 필요로 한다. 이를 제29조 제3항 단체교섭 권한 위임으로 체결된 단체협약과 같이 구성할 수는 없다. 단체교섭 권한 위임은 근로자가 집단적으로 행위하는 임의의 단체 의사라는 전제가 있는 것이다. 그러나 제29조의 2 교섭창구단일화 절차는 법률이 강제하는 절차이다. 어떤 형태든 근로자의 의사라는 논리가 개입할 수 있는 단계가 없으며, 그나마 노동조합의 단체 의사도 제한적으로 반영된다.

■ 노조법 제29조의 3은 교섭단위는 교섭대표를 결정할 단위이고, 이는 '하나의 사업 또는 사업장'이라고 한다. 교섭단위가 하나의 사업 또는 사업장인 것은 조합원의 근로조건을 직접 결정할 수 있는 단일 사용자 단위를 상정한 것이다. 교섭단위는 하나의 사업장에 노동조합이 복수로 존재하는지 판단하는 기준 단위가 된다. 그런데 교섭 창구를 단일화한다는 목적과 교섭단위의 최대 범위를 사용자 단위로 제한하는 것 사이에 논리적 연관성이 있는지는 의문이 있다.

■ 극단적으로 가정해서 각 노조의 교섭력에 따라서 조합원들 사이에 근로조건 격차가 발생할 수는 있다. 그러나 단체교섭법제는 단일 사용자의 사업(장) 내 근로조건 결정을 노사 자치 영역으로 만드는 것이다. 복수노조 상황이라는 사실적이고 우연적인 조건만으로 일률적인 단체교섭권 단일화 절차를 강제하는 것은 법률이 지나치게 노사 자치에 개입하는 것이다. 사실 복수노조 조합원들의 근로조건 격차는 사용자보다 노동조합에게 더 부담이 큰 문제가

될 것이다. 단체교섭에서 사용자가 선호하는 노동조합에 따라 차별적 대응이 있을 수 있고, 조합원들은 더 나은 근로조건을 얻어낸 노동조합으로 이동할 것이 예상되기 때문이다. 그러나 사용자가 여러 노조와 빈번하게 교섭해야 하는 것만큼이나 그 문제도 법률이 후견적으로 해결해야 하는 사안은 아니라고 생각한다.

공정대표의무는 교섭대표제에서 배타적 교섭대표의 단체교섭 권한을 제한하는 제도이다. 노동조합제는 노동조합 내부의 민주적 절차에 따라 대표자의 권한을 제한하는 구성이기 때문에 공정대표의무 논리가 필요하지 않았다. 노동조합이 비조합원이나 다른 노조 조합원에 대해 어떤 권한과 의무를 부담하는 구조가 아니기 때문이다. 교섭대표제의 공정대표의무는 단체협약에 기한 개별적 권리까지 교섭대표의 권한 범위이고 근로자가 일반법원에서 그 권리를 다툴 수 없는 구조에서 그 필요성이 있는 것이다. 따라서 노조법에서 노동조합은 개별적 권리까지 독점하지 못한다. 근로자는 사용자를 상대로 단체협약에 기한 청구를 직접 할 수 있다. 그 한도에서 공정대표의무 논리가 당연히 필요한 것은 아니다.[60]

---

60 현행 교섭창구단일화제도하의 공정대표의무에 대한 견해가 아니라 근본적으로 공정대표의무는 노동조합이 단체교섭권의 주체인 노동조합제하에서 이질적인 제도라는 의미이다.

2장

독일의 단체교섭 및 단체협약 법리

박귀천
(이화여자대학교 법학전문대학원 교수)

단체교섭권의 법적 토대

노동3권의 보장

독일에서 근로자의 단체교섭권은 우리의 헌법에 해당되는 독일기본법^{Grundgesetz}(기본법)에 규정되어 있는 기본권인 단결의 자유^{Koalitionsfreiheit}에 의해 보장되는 것으로 해석된다.[1] 그 밖에 독일에서 단체교섭 및 단체협약에 관해 규율하는 법률은 단체협약법^{Tarifvertragsgesetz}(TVG)이다. 독일의 경우 집단적 노사관계에 관해 규율하는 현행법은 기본법과 단체협약법뿐이다.

---

1 Liukkunen, Ulla(Editor)/Wass, Bernd, Collective Bargaining in Labour Law Regimes, Springer, 2019, p. 284.

기본법 제9조 제1항은 독일 국민의 결사의 자유^{Vereinigungsfreiheit} 에 대하여 규정하고 있고, 제9조 제3항은 국적에 관계없이 모든 사람^{jedermann}에게 단결의 자유가 보장된다는 점을 다음과 같이 규정하고 있다.

노동 및 경제 조건의 유지 및 향상을 위하여 단체를 설립할 권리는 모든 사람과 모든 직업에 대해 보장된다. 이러한 권리를 제한하거나 또는 방해를 도모하는 합의는 무효이고 이를 목적으로 하는 조치는 위법하다. 노동 및 경제 조건의 유지 및 향상을 위하여 제1문상의 단체에 의해 행해진 쟁의행위에 대해 기본법 제12조의a,[2] 제35조 제2항 및 제3항,[3] 제87조의a 제4항[4] 및 제91조[5]에 따른 조치가 행해져서는 아니 된다.

기본법상 단결의 자유는 각 개인이 누구나 향유할 수 있는 자유로 인정되고, 따라서 근로자뿐만 아니라 사용자도 단결의 자유를 가지는 것으로 해석된다는 것이 독일기본법상 단결의 자유의 특징이라고 할 수 있다.[6] 또한 단결권의 독일기본법적 목적을 실

---

2 복무 의무 관련 조항.
3 연방 및 지방 정부의 법적, 행정적 지원 관련 조항.
4 국방, 경찰 관련 조항.
5 국방, 경찰 관련 조항.
6 Ulrich Preis, Arbeitsrecht Praxis-Lehrbuch zum Kollektivarbeitsrecht, 2003, p. 31.

현하기 위한 중심적 매개체가 되는 단결체, 곧 조직 자체도 독일 기본법 제9조 제3항의 보호를 받는다. 즉 독일 연방헌법재판소에 따르면 독일기본법상 단결의 자유의 내용은 개인적인 단결의 자유와 집단적 단결의 자유에 관한 내용을 포함하는 것으로 해석한다는 점에서 이른바 '이중기본권^{Doppelgrundrecht}'이라고 지칭된다.[7]

개인의 단결의 자유에 의해 단결체를 조직할 자유, 기존 조직에 가입할 자유, 조직에 머무를 자유 등의 적극적 단결의 자유가 보장됨은 물론이고 지배적 학설과 판례에 따르면 단결하지 아니할 자유 내지 조직으로부터 탈퇴할 자유, 즉 소극적 단결의 자유도 포함하는 것으로 해석된다.[8]

실정법상 단체행동권 내지 단체행동에 관한 정의 규정은 존재하지 않지만 근로자의 파업권은 기본법 제9조 제3항을 법적 근거로 하여 헌법상 보장되는 권리라는 점이 연방헌법재판소에 의해 인정되고 있다.[9] 판례와 학설을 통해 정립되어 있는 노동쟁의^{Arbeitskampf}의 개념에 따르면 노동쟁의 당사자들^{Arbeitskampfparteien}이 특정한 목적을 달성하기 위하여 집단적 수단에 의해 노동관계^{Arbeitsbeziehungen}를 저해하는 것이다. 그리고 쟁의 당사자에는 근로자, 사용자 및 그들의 단체가 모두 포함되며, 노동쟁의에는 노동

---

7 BVerfG v. 18.11.1954-1 BvR 629/52, Liukkunen, Ulla(Editor)/Wass, Bernd, a.a.O., p. 284.
8 Liukkunen, Ulla(Editor)/Wass, Bernd, a.a.O., p. 284.
9 BVerfG v. 26.06.1991-1 BvR 779/85.

조합의 파업, 보이콧, 사용자 측의 직장폐쇄가 포함된다. 다만 판례를 통해 형성되어 인정되고 있는 쟁의행위에 관한 법리에 따르면 파업은 협약 체결 능력이 있는 단체, 즉 노동조합에 의해 수행될 것을 전제 조건으로 한다. 이는 쟁의행위가 협약 자치를 돕기 위한 수단이라고 보기 때문이다.

단체협약법에서는 단체협약 당사자, 단체협약의 규범적 효력, 유리한 조건 우선의 원칙, 단체협약의 일반적 구속력, 단체협약 당사자가 연방노동사회부에 단체협약 체결 또는 변경에 대해 송부할 의무 및 단체협약 실효 시 통지할 의무, 단체협약 관련 법적 분쟁에 대한 노동법원의 관할, 유사 근로자에 대한 단체협약법 적용 등에 대한 내용을 규정하고 있다.

단체협약법의 구성
제1조 단체협약의 내용과 형식
제2조 단체협약 당사자
제3조 단체협약의 적용
제4조 단체협약의 효력
제4조의a 단체협약의 충돌
제5조 일반적 구속력
제6조 단체협약 명부
제7조 송부 및 통지 의무
제8조 단체협약의 공고

제9조 법적 효력의 확인

제10조 단체협약과 단체협약령

제11조 시행규칙

제12조 상급 단체

제12조의a 근로자와 유사한 자

제13조 발효

한편 프리랜서로 일하는 사람들freie Mitarbeiter에게도 단체교섭권과 단체행동권이 보장되는지가 문제되는데, 이는 프리랜서들로 조직된 노동조합이 교섭력Tarifmacht, bargaining powers을 가지고 있는지와 관련하여 판단하게 된다. 특히 미디어 및 예술 분야의 프리랜서들과 관련하여 문제가 되었는데, 이들은 단체협약법 제12조의a에서 말하는 유사 근로자arbeitnehmerähnliche Personen로서 단체교섭권과 단체행동권이 보장된다.[10] 단체협약법 제12조의a는 유사 근로자의 정의에 대해 "경제적으로 종속되고 근로자와 유사하게 사회적 보호의 필요성이 있는 자로서 고용계약 또는 도급계약에 의해 노무를 제공하고, 이를 본인이 직접 또는 일반적으로 다른 근로자의 도움 없이 행하는 경우"라고 하면서 이에 더하여 다음과 같은 a) 또는 b)의 요건을 갖추어야 한다고 규정하고 있다(제

---

10 Klumpp, Münchener Handbuch zum Arbeitsrecht, Bd. 3: Kollektives Arbeitsrecht I, 4. Auflage 2019, Rn. 30.

12조의a 제1항 제1호).

a) 주로 1인을 위하여 활동하거나 또는

b) 보수 활동으로 취득하는 전체 보수의 평균적으로 1/2 이상을 1인으로부터 받는 경우; 이를 예측할 수 없는 경우에는 단체협약에서 이와 다르게 정하지 않는 한 산정에 있어서 직전 6개월, 이보다 짧은 기간인 경우에 그 기간이 기준이 된다.

다만 연예 활동, 학술 활동 또는 언론 활동에 기한 급부를 제공하는 자 또는 그러한 급부의 기술적 형성에 직접적으로 기여한 자에 대해서는 보수 활동으로 취득하는 전체 보수의 평균적으로 최소한 3분의 1을 1인으로부터 받으면 된다(단체협약법 제12조의a 제3항).

근로조건 결정의 이원적 구조

독일에서 근로자대표 조직은 노동조합과 종업원평의회의 이원적 모델 Dual Model 을 취하고 있다.[11] 즉 독일의 사업장 내 근로자 조직은 산별노조, 직종별 노조 등의 초기업노조와 사업장을 연결하

---

11 Liukkunen, Ulla(Editor)/Wass, Bernd, a.a.o., 281.

는 매개체로서의 '노조 신임자Gewerkschaftliche Vertrauensleute'와 사업조직법Betriebsverfassungsgesetz에 근거하여 종업원 5인 이상의 사업장에 설립되는 '종업원평의회Betriebsrat'의 이원적 구조로 설명할 수 있다. 전자는 독일기본법 제9조 제3항에 근거하여 인정되는 제도인 반면, 후자는 사업조직법에 의해 설립되는 조직으로서 설립 근거, 법적 지위, 목적, 기능, 과제, 운영 등에서 차이가 있지만, 담당 업무나 구성원 등에서는 공통점 내지 유사점도 있고 실제로는 노조 신임자와 종업원평의회 위원이 서로 긴밀하게 협업을 하기도 한다.

독일에서의 근로조건 및 노사관계에 관한 준칙은 '협약 자치'와 '사업장 내 근로자대표제도'라는 두 개의 기둥이 떠받치고 있는 집단적 질서를 중심으로 지탱된다. 독일에서는 근로조건 및 경제적 조건Wirtschaftsbedingungen에 관한 규정으로서 단체협약과 더불어 사업조직법상 공동 결정을 통해 마련되는 사업장 협정에 의한 집단적 규칙이 형성되고 있다. 이러한 의미에서 독일의 근로관계와 근로조건은 이원적dual 시스템에 의해 규율된다고 할 수 있다.

단체교섭의 주체

노동조합의 요건

단체협약법 제2조는 단체협약 당사자^{Tarifvertragsparteien}를 노동조합, 개별 사용자 및 사용자단체라고 규정하고 있다.

단체협약법 제2조
1) 단체협약 당사자는 노동조합, 개별 사용자 및 사용자단체이다.
2) 노동조합과 사용자단체의 연합체가 이에 가입된 단체로부터 수권을 받은 경우에는 그에 가입한 단체의 이름으로 단체협약을 체결할 수 있다.
3) 단체협약의 체결이 연합단체의 정관에 따른 임무에 속하는 경우

에, 연합단체는 그 자신이 단체협약 당사자가 될 수 있다.

4)제2항 및 제3항의 경우에는 연합단체뿐만 아니라 이에 속한 단체도 단체협약 당사자의 쌍무적 의무 이행에 대해 책임을 진다.

그런데 독일 실정법에서는 노동조합의 성립 요건에 대하여 아무런 규정을 두고 있지 않고 다만 판례를 통하여 노동조합의 요건에 관한 법리가 발전되어왔다. 이에 따르면 노동조합은 단결체로서 그들 구성원의 이익을 대표하여 행동할 것을 규약상의 과제로 삼아야 하고, 단결체는 자유롭게 결성되고 초기업적 토대 위에서 상대방의 참여를 배제하고, 상대방으로부터 독립적으로 조직되어야 한다. 또한 단결체는 원칙적으로 어느 때라도 단체협약을 체결할 수 있을 정도로 상대방에 대하여 각 경우에 상당한 압력을 가할 수 있어야 하며, 압력을 가할 수 있기 위해서는 그 상대방이 근로조건의 집단적 규율 체결에 관한 교섭에 응하여 단체협약을 체결하려고 스스로 노력하도록 영향력을 행사할 수 있을 정도로 자신에게 부과된 과제를 적절하게, 즉 힘과 능력을 가지고 수행할 수 있어야 한다.[12]

조합원 자격에 관해서도 별도의 성문화된 규정이 존재하지 않고 일반적으로 근로자는 규약에 의한 가입 인정과 가입비 납부 등의 절차를 통해 노동조합에 가입할 수 있다. 노동조합 결성, 가

---

12 BAG 3.15.1977-1 ABR 16/75, AP Nr. 24 zu Art. 9 GG.

입 자격과 관련하여 문제되는 대표적인 경우는 이른바 관리직 사원leitende Angestellte의 경우이다. 이들은 현재 자신들의 노동조합을 결성하여 활동하고 있는데, 예컨대 화학산업 종사 연구직 사원 및 관리직 사원 연합Verband angestellter Akademiker und leitender Angestellter der chemischen Industrie e.V., Köln(VAA), 간부연합Die Führungskräfte VAF VDF, Köln 등 다수의 관리직 노동조합들이 존재한다. 관리직 사원, 간부 사원 등이 결성한 이러한 단체들이 법적으로 노동조합으로 인정되는지에 대해서는 논쟁이 있다. 연방노동관계법원은 관리직 단체 중 하나를 노동조합으로 인정한 바 있고,[13] VAA의 경우 특히 연구직 사원들을 위한 단체협약을 여러 개 체결하고 있다. 그럼에도 불구하고 여전히 남는 문제는 관리직 사원이 한편으로는 자신이 가입한 노동조합의 조합원으로 활동하면서 다른 한편으로는 다른 근로자들에 대해 사용자 측에서 단체교섭을 수행하는 자로 활동하는 경우 이 두 가지 기능은 원칙적으로 양립할 수 없다는 것이다. 이 경우 이해관계의 충돌을 피하기 위해서는 엄격한 양립불가 규율을 통한 해결이 필요하다.[14]

독일의 산별 노동조합 체계는 독일노동조합총연맹Der Deutsche Gewerkschaftsbund(DGB) 소속 산별노조들을 중심으로 구축되어 있다. 절대 다수의 조합원들이 소속되어 있는 DGB 외에 독일공무

---

[13] BAG 16.11.1982 AP zu § 2 TVG=DB 82, 2518=BB 82, 2047.
[14] Henssler·Willemsen·Kalb, Arbeitsrecht Kommentar, 3. Aufl. (Köln, 2008), p. 2256.

원노동조합총연맹Beamtenbund und Tarifunion(DBB)과 기독교노동조합연맹Christlicher Gewerkschaftsbund Deutschlands(CGB)이 있다. DGB 소속 산별노조 및 그 조합원 수 현황은 다음과 같다.

노동조합	설립 연도	조합원 수(명)	주요 분야
금속노조(IG Metall)	1949	2,262,571	금속, 전기, 철강, 섬유, 의류, 세탁, 목재가공, 자동차, 전자, 위생 등
통합서비스노조(Ver.di)	2001	1,955,080	공공서비스, 상업, 은행 및 보험, 보건, 교통, 항만, 미디어, 사회복지, 교육서비스, 인쇄, 소방 등
광산·화학·에너지노조(IG BCE)	1997	618,321	화학, 제약, 광산, 에너지 등
건설·농업·환경노조(IG BAU)	1996	240,146	건설, 건물청소, 농업 등
교육·학술노조(GEW)	1948	280,343	교사, 보육교사, 대학 교원
철도·교통노조(EVG)	2010	185,793	철도, 선로교통
식품·요식업노조(NGG)	1865	197,791	식품, 제분, 숙박, 식당
경찰노조 Polizeigewerkschaft	1950	194,926	경찰
DGB 전체	1949	5,934,971	

● ─ DGB 소속 산업별 노동조합(2019년 기준).[15]

---

15 DGB 홈페이지(https://www.dgb.de/uber-uns/dgb-heute/mitglieder-zahlen/2010) 자료 및 이승현, 「독일의 단체협약 체계와 단체행동 현황」, 『국제노동브리프』 2015년 5월호, 한국노동연구원, 40쪽.

교섭 능력 및 교섭 권한

> 교섭 능력과 교섭 권한의 의미

　노동조합과 사용자단체가 단체협약의 당사자가 되기 위해서는 각각 교섭 능력$^{Tariffähigkeit,\ collective\ bargaining\ capacity}$과 교섭 권한$^{Tarifzuständigkeit,\ collective\ bargaining\ competences}$을 가지고 있어야 한다. 구체적으로 교섭 능력과 교섭 권한을 인정받기 위하여 어떤 요건을 갖추어야 하는지에 관한 법리는 실정법적 규정이 아닌 판례에 의해 형성되어온 것으로서 일종의 법관법이라고 할 수 있다.

　근로자들의 단체가 교섭 능력을 갖추기 위한 요건에 관하여 판단한 연방노동관계법원 판례의 입장[16]에 따르면 조합원들의 이익 보장을 규약상의 임무로서 정하고 있어야 하고 단체협약을 체결할 의사를 가지고 있어야 하며 자유롭게 결성되어야 하고 상대방으로부터 자유롭고 독립적이어야 하며 사업장을 초월하는 단위로(초기업적으로) 조직되어야 하고 유효한 협약법에 구속된다는 것을 인정해야 한다.

　또한 판례와 학설에 따르면 교섭 능력을 인정받기 위한 전제 조건으로는 일반적으로 ①조직의 민주성, ②협약 체결 의사^{Tarifwilligkeit}, ③현행 단체협약법에 대한 인정, ④사회적 세력 등이

---

16 BAG 14.12.2004 EzA TVG § 2 Tariffähigkeit Nr. 1=EzA TVG § 2 Nr. 2=NZA 2005, 697.

인정되어야 한다.

조직의 민주성을 인정받기 위해서 내부 조직은 구성원들의 의사 결정에 대하여 적정한 영향을 미치는 것을 보장하기 위해 특정한 최소한의 조건을 충족하고 있어야 한다. 예컨대 정기적인 임원 선거, 모든 조합원들에게 보장되는 동등한 참여권과 동의권, 소수파에 대한 적정한 보호 등을 민주성의 요건으로 볼 수 있다. 협약 체결 응낙성은 대개 노동조합이 단체협약의 체결을 규약에 의해 해당 조합의 임무로서 인정하고 있어야 함을 의미한다. 또한 연방노동관계법원은 노동조합이 현행 단체협약법을 비롯해 쟁의행위와 조정에 관하여 인정되고 있는 법리들을 인정해야 한다고 밝히고 있으므로 이 또한 교섭 능력의 요건으로 볼 수 있다. 연방노동관계법원[17]과 연방헌법재판소[18]는 사회적 세력의 존재를 교섭 능력 인정의 요건으로 보고 있다. 이는 해당 조직이 자신들의 구조에 의해 사회적 상대방에 대해 일정한 힘을 내보일 수 있는 능력을 의미한다. 이 경우 적어도 한 조직이 사회적인 상대방에 대하여 협상 제안을 한 경우 이러한 제안이 상대방에 의해 무시될 수 없다는 것이 보장되어야 한다. 판례에 의하면 사회적 세력의 존재 여부를 판단하는 기준으로 조합원 수가 어느 정도인지, 해당 조직이 이미 단체교섭 타결에 성공한 바 있는지, 단체협약

---

17 BAG 15.03.1977 AP Nr. 24 zu Art. 9 GG.
18 BVerfG 20.10.1981 AP Nr. 31 zu § 2 TVG.

체결 경험이 있는지 등이 제시된다.

교섭 권한은 해당 조합 내부 또는 사용자단체 내부에서 단체협약을 체결할 수 있는 영역을 결정한다.[19] 이는 사업장별, 전문 분야별, 장소별 영역 등을 의미한다. 지배적 견해에 따르면 협약 당사자의 교섭 권한은 단체협약 효력의 전제 조건이다. 즉 협약 당사자들은 교섭 권한 영역 밖에서 단체협약을 체결할 수 없다. 교섭 권한은 협약 체결 시점에 존재하고 있어야 한다. 단체협약 체결을 위해 교섭 권한이 필요하다고 보는 근거는 교섭 권한을 벗어나는 경우에는 협약상 규율의 무효를 야기하게 되고, 이 경우 근로자와 사용자를 구속하게 되는 일종의 법규범인 단체협약을 인정하는 헌법적 정당성은 더 이상 존재하지 않게 된다는 점이다. 교섭 권한은 노조와 사용자단체의 자치적인 규약에 따라 정해진다. 이들은 자신의 교섭 권한 영역을 특정 지부, 특정 지역 또는 특정 근로자들에게만 한정해야 한다는 법적 제한을 받지 않는다. 즉 교섭 권한 영역은 노조와 사용자단체의 자치적인 결정에 의해 정해질 뿐이다. 따라서 교섭 권한의 구체적 내용을 알기 위해서는 각 노동조합 규약의 해석이 필요하다. 각 노조들은 각각 자치적으로 자신의 교섭 권한을 산별 조직 원칙 또는 직업별 조직 원칙에 따라 정하기 때문에 때로는 여러 노조들의 교섭 권한이 중복되는

---

[19] 노조 또는 사용자단체의 자체 규약에 따라 교섭 권한이 미치는 영역이 정해지는 것이다.

문제도 발생될 수 있다.

교섭 능력 및 교섭 권한이 있는 당사자가 상대방에 대해 교섭을 청구할 권리Verhandlungsanspruch 및 상대방이 교섭을 해야 할 의무Verhandlungspflicht는 법률에 규정되어 있지 않고, 연방노동관계법원은 당사자들이 교섭을 청구하고 이에 응하는 것은 협약 자치에 맡겨져 있다는 입장을 취하고 있다.[20] 다만 현실적으로는 교섭 능력 및 교섭 권한이 있는 노동조합으로부터 교섭을 요구받은 사용자 또는 사용자단체가 이에 응하지 않는 경우, 노동조합은 파업권을 행사할 수 있다는 점에서 사실상 교섭의 관철을 압박할 수 있으므로 교섭 청구권의 필요성은 크지 않다고 한다.[21] 또한 실무적으로는 협약 당사자들이 단체협약 또는 사전계약 등에서 교섭 및 협약 체결 청구권과 교섭 및 협약 체결 의무를 명시해놓기도 한다.[22]

> **교섭 능력 유무가 문제된 경우**

종종 기독교노동조합연맹 산하의 노동조합들이 교섭 능력을 가지는지, 특히 사회적 세력의 요건을 구비하고 있는지 여부가 문제된다. 사회적 세력은 사용자단체가 노동조합을 단체협약 당사

---

20 BAG 25.9.2013 - 4 AZR 173/12.
21 Klumpp, Münchener Handbuch zum Arbeitsrecht, Bd. 3: Kollektives Arbeitsrecht I, 4. Auflage, 2019, § 234 Abschluss des Tarifvertrags, Rn. 5-7.
22 Klumpp, Münchener Handbuch zum Arbeitsrecht, Bd. 3: Kollektives Arbeitsrecht I, 4. Auflage, 2019, § 234 Abschluss des Tarifvertrags, Rn. 8.

자로 인정함으로써 근로조건이 일방적으로 결정되지 않게 하고 노조의 교섭 제안을 최소한 무시할 수 없도록 보장해준다. 사회적 세력이 인정되지 않는 노조는 교섭 능력을 인정받지 못한다.

기독금속노동조합Christliche Gewerkschaft Metall(CGM)의 교섭 능력 유무가 다투어진 사건에서 연방노동관계법원은 2006년 3월 28일 판결을 통해 CGM을 교섭 능력이 있는 노동조합이라고 판단한 바 있다.[23] 이 사건은 역시 금속산업 종사 노동자들을 조직 대상으로 하고 있고 독일 산별노조 중 상당히 막강한 힘을 가지고 있는 금속노조(IG Metall)가 기독금속노동조합은 노동법적 의미에서의 노동조합에 해당되지 않는다고 주장하며 그 확인을 구하면서 벌어졌다. 원심인 바덴뷔르템베르크지방노동법원과, 연방노동관계법원이 CGM의 교섭 능력을 인정한 주요 근거는 ①규약에서 노동자로서의 성격을 가진 조합원들의 이익을 보장하고 단체협약을 체결할 의사를 가지고 있다고 정하고 있으며 자유롭게 결성되었고 유효한 협약법을 인정하고 있다는 점, ②초사업적으로 조직되어 있고 상대방으로부터 자유로우며 상대방으로부터의 독립성을 확보하고 있다는 점, ③사회적 세력 요건을 갖추고 있다는 점이었다. 특히 사회적 세력 요건에 관한 판단에 관하여 좀 더 살펴보면 다음과 같다. 먼저, CGM의 조합원 수와 관련하여 CGM의 조직률은 약 1.6% 정도로, 다만 CGM은 전국적으로 8만 8,044명

---

23 BAG 28.03.2006-1 ABR 58/04=NZA 2006, 1112.

의 조합원이 있다고 주장한 데 비해 바덴뷔르템베르크지방노동법원은 약 5만 명의 조합원이 있다고 확인하는 등 조합원 수에 관한 주장에서 차이가 있고 CGM의 특정한 지역적·분야별 영역이 있는지 여부가 확인되지 않는 등의 사실관계하에서 이 정도의 조직률만으로 CGM이 협약 관철력을 가지고 있음을 긍정하기에 충분한지에 관해서는 의문시되는 것으로 보인다고 설시했다. 그러나 과거 CGM이 광범위한 영역에서 협약과 관련하여 적극적으로 참여했다는 점, CGM에 의해 550개의 단체협약이 체결되었다는 점이 입증되었고, 이러한 단체협약들은 수공업 영역에서 CGM이 사용자와 독자적인 규율에 합의할 수 있음을 보여주는 것, 즉 다시 말해 CGM의 협약 관철력을 보여주는 것이라고 판단했다.

한편 베를린노동법원은 2009년 4월 1일 결정에서 '시간제 근로 및 인력 서비스 에이전시의 기독노동조합Tarifgemeinschaft Christlicher Gewerkschaften für Zeitarbeit und Personalserviceagenturen(CGZP)'이 단체협약법상 의미에서의 교섭 능력을 갖지 못한다고 판단한 바 있다. 어떠한 노동조합이 교섭 능력을 인정받기 위해서는 해당 노동조합이 협약 상대방에 대하여 요구 사항을 관철할 수 있는 힘, 즉 '사회적 세력Sozialmächtigkeit'을 가지고 있어야 하는데 CGZP는 이러한 사회적 세력을 가지고 있지 못하다고 보았기 때문이다.[24] 이 사건은 CGZP 소속 근로자들의 사용자에 해당되는 베를린주[25]가

---

24 Az. 35 BV 17008/08.

CGZP의 교섭 능력 유무에 대해 확인해달라고 신청하며 벌어졌다. CGZP는 일련의 단체협약을 체결하기는 했지만 법원은 다른 일반적인 경우와 달리 이러한 사실이 CGZP가 사회적 세력을 가지고 있다는 간접적인 정황증거로서의 효력으로 연결되지는 않는다고 판단했다. 이 사건에서 문제가 된 시간제 근로자들은 근로자파견법의 적용을 받는 자들이었는데 근로자파견법 제9조 제2호에 따르면 파견 근로자들은 사용 사업체에 고용되어 있는 근로자들과 임금 및 근로조건에서 동등한 대우를 받아야 하고, 다만 예외적으로 단체협약에 의해 다르게 규율할 수 있다고 규정되어 있다. 따라서 단체협약 체결을 통해 법상 요구되는 동일 임금 원칙 내지 동등 대우 원칙의 적용을 받지 않을 수 있기 때문에 단체협약 체결은 오히려 사용 사업체 고용 근로자들에 비하여 파견 근로자들에게 낮은 근로조건을 적용하기 위한 한 방법이 될 수 있는 것이다. 이 때문에 법원은 CGZP의 상대방 사용자가 CGZP에 의해 협약 체결의 압력을 받을 필요가 없음을 의미한다고 보았고, 따라서 CGZP의 사회적 세력을 인정할 수 없으므로 교섭 능력이 없다고 보았다. 이 사건은 독일 근로자파견법의 적용을 받는 파견 근로자들의 특수한 상황이 반영된 경우라고 할 수 있다.

---

25 사용 사업주였다.

교섭 실태

독일의 집단적 노사관계는 산업별 노동조합^{Industriegewerkschaft}과 사용자단체^{Arbeitgeberverband}를 당사자로 하는 산업별 단체협약^{Flächentarifvertrag}을 중심으로 운영되고 있다. 단체협약이 산업별 노동조합의 교섭을 통해 체결되지만 그 교섭단위가 전체 연방과 전체 직종에서 단일교섭 체계로 통합되어 진행되는 것은 아니다. 하나의 산업별 노동조합 내에서도 지부^{Ort}-지역^{Bezirke}-주^{Land}-연방^{Bund}의 지역적 단위로 나누어진 중층적 조직 구조로 구성되어 있어 지역별로 교섭단위를 분리하기도 한다. 또한 하나의 산업별 노동조합 내에서도 직종별로 별도의 교섭을 진행하여 단체협약을 체결하기도 하며, 단일 산업별 노조 내에서도 여러 개의 단체협약이 체결되는 경우가 발생한다.[26]

그런데 독일의 집단적 노사관계와 단체협약 체계에서 나타나고 있는 변화 중 하나는 기업 단위로 체결되는 단체협약이 증가하고 있다는 것이다. 다만 독일의 기업별 단체협약상 당사자 관계는 반드시 기업별 노동조합이 전제가 되는 것은 아니다. 단일 기업, 즉 단일 사용자와 체결되는 단체협약이면 기업 단위 단체협약으로 인정되고, 해당 사용자가 사용자단체에 가입하고 있거나 노

---

26 이승현, 「독일의 단체협약 체계와 단체행동 현황」, 『국제노동브리프』 2015년 5월호, 한국노동연구원, 42쪽.

동자 측 당사자가 산업별 노동조합인 경우에도 기업별 단체협약으로 인정될 수 있다. 하나의 사용자가 여러 노동조합과 단체협약을 체결하는 경우에도 기업별 단체협약에 해당된다. 예를 들어 금속노조와 폭스바겐 그룹이 체결한 단체협약이나 광산·화학·에너지노조와 대형 정유사 간에 체결한 단체협약은 기업별 단체협약에 해당한다.[27]

---

27 이승현, 「독일의 단체협약 체계와 단체행동 현황」, 『국제노동브리프』 2015년 5월호, 한국노동연구원, 44쪽.

단체협약

단체협약의 종류

독일에서 체결되는 단체협약의 종류로는 먼저 산별노동조합이 사용자단체와 체결하여 해당 산업 전체에 적용하는 산업별 단체협약이 있다. 그러나 하나의 산업 내에 다양한 업종이 있기 때문에 각 산업 내에는 다양한 업종별 부문이 형성되어 있다. 반면 사용자단체가 아닌 개별 사용자가 노동조합과 별도의 단체협약을 체결하는 경우도 있는데, 이를 사내 단체협약Haustarifvertrag 혹은 기업별 단체협약Firmentarifvertrag이라고 한다.

전통적으로 독일에서 산업별 단체협약은 임금 및 근로조건을 규율하는 가장 중심적인 역할을 맡아왔는데, 1990년대 중반 이후

이른바 단체교섭의 분권화Dezentralisierung 현상으로 인해 사용자들이 산업별 단체협약의 구속력에서 벗어나 기업별 단체협약을 체결하는 경향이 나타나고 있다.[28]

개별 사용자가 사용자단체로부터 공식적으로 협약 구속력에서 벗어나는 것을 인정받는 이른바 '비협약 회원OT(ohne Tarifbindung)-Mitgliedschaft'에 해당되는 사용자들이 등장했는데, 비협약 회원은 산업별 단체협약의 구속력에서는 벗어나지만 사용자단체가 제공하는 여타의 서비스는 사용자단체 회원으로서 이용할 수 있다는 특징이 있다.

비협약 회원인 사용자는 노동조합과 기업별 단체협약을 체결하는 경우가 있는데, 단체협약법 제2조 제1항은 사용자단체뿐만 아니라 개별 사용자도 단체협약의 당사자가 될 수 있다고 규정하고 있기 때문에 개별 사용자가 단체교섭 및 단체협약 체결 주체가 되는 것이 가능하다. 다만 기업별 단체협약의 체결은 노동조합 역시 이에 동의하는 경우에만 할 수 있다.[29] 연방노동관계법원은 사용자단체가 개별 사용자에게 비협약 회원의 자격을 인정하는

---

28 Amlinger, Marc·Bispinck, Reinhard, Dezentralisierung der Tarifpolitik: Ergebnisse der WSI-Betriebsrätebefragung 2015, WSI Mitteilungen, Düsseldorf, 3/2016, 211쪽.
29 Waas, Bernd, Decentralizing Industrial Relations and the Role of Labor Unions and Employee Representatives in Germany, Decentralizing Industrial Relations and the Role of Labor Unions and Employee Representatives: 2006 JILPT Comparative Labor Law Seminar, JILPT REPORT No. 3, 2006, p. 22

것이 원칙적으로 유효하다고 판단하고 있다.[30]

단체협약법 제6조에 따라 등록되어 있는 독일의 단체협약은 2020년 기준으로 총 8만 1,582개이고, 그중 산업별 단체협약은 총 3만 306개이며, 기업별 단체협약은 5만 1,276개이다. 1990년에는 기업별 단체협약이 9,185개, 산업별 단체협약이 2만 4,934개로 산업별 단체협약이 기업별 단체협약에 비해 2배 이상 많았으나 1990년대 중후반부터 기업별 단체협약이 증가하여 2009년에는 산업별 단체협약이 3만 5,573개, 기업별 단체협약이 3만 6,224개, 2010년에는 산업별 단체협약이 3만 6,684개, 기업별 단체협약이 3만 7,275개가 되어 기업별 단체협약의 수가 산업별 단체협약의 수보다 많아졌다. 이후 매해 기업별 단체협약의 수는 증가하고 있다.[31]

한편 독일의 단체협약은 그 내용의 측면에서 볼 때, 장기간 조합원들에게 공통적으로 적용될 수 있는 해고, 근로시간 등에 관한 기본적, 일반적인 근로조건에 대해 규정하는 '기본협약Manteltarifvertrag', 구체적 임금 수준, 금액 등에 대해 규정하는 '임금협약Vergütungstarifvertrag', 기본적 근로조건에 관한 내용을 포함하는 단체협약Tarifvertrag mit Mantelbestimmungen, 기존 단체협약의 내용 일부를 변경하는 것을 내용으로 하는 수정단체협약Änderungstarifvertrag,

---

30 BAG 18. 7. 2006-1 ABR 36/05.
31 https://www.wsi.de/de/tarifvertraege-bestand-und-neuregistrierungen-32708.htm

별개의 다수 노동조합이 동일한 사용자 또는 사용자단체와 동일한 내용의 단체협약을 체결하는 평행단체협약^{Paralleltarifvertrag}으로 분류된다.[32]

'협약자치강화법' 제정에 따른 단체협약의 일반적 구속력 조항 개정

> 개정의 배경[33]

2014년 8월 제정된 '협약자치강화법^{Tarifautonomiestärkungsgesetz}' 제1조는 '최저임금법^{Mindestlohngessetz}(MiLoG)' 제정에 관한 규정이고, 제5조는 '단체협약법' 중 일반적 구속력 조항 개정에 관한 규정이다. 최저임금제도 도입과 일반적 구속력 조항 개정은 2013년 총선 이후 형성된 대연정이 작성한 연정협약에 포함된 내용이다.

'협약자치강화법'의 목적은 협약 자치를 강화함과 동시에 근로자들을 위해 적정한 근로조건을 보장하는 데에 있다.[34] 기존 단체협약법상의 일반적 구속력 제도가 저임금 근로자를 제대로 보호하지 못한다는 현실에 대한 대응책으로서 마련된 것이다.[35] 즉 독

---

32 이승현, 「독일의 단체협약 체계와 단체행동 현황」, 『국제노동브리프』 2015년 5월호, 한국노동연구원, 42-43쪽.
33 이 부분은 박귀천, 「독일 '최저임금법' 제정의 배경과 의의」, 『노동법연구』 제40호, 서울대노동법연구회, 2016, 217-218쪽 내용을 중심으로 정리했음.
34 Deutscher Bundestag, Drucksache 18/2010, 9쪽.
35 Deutscher Bundestag, Drucksache 18/2010, 1쪽.

일 내 저임금 근로자가 증가했지만 협약 당사자들이 더 이상 저임금 근로자들을 보호할 수 없게 되었고, 단체협약법상 일반적 구속력 제도가 있기는 하지만 이 제도만으로는 저임금 근로자를 보호할 수 없다고 본 것이다.[36]

이처럼 단체협약에 의한 저임금 근로자 보호의 실효성이 낮아지는 상황에서 독일이 택한 보완책은 전국적으로 전 산업에 대해 적용되는 '최저임금법' 제정과 단체협약법의 일반적 구속력 조항 개정이었다. '최저임금법' 제정과 '단체협약법' 개정을 협약 자치의 강화를 위한 법제 정비라는 큰 테두리 속에 함께 포함시킨 것은 법정 최저임금제도의 도입이 협약 자치의 원칙을 침해하는 것이라고 보는 입장의 공격을 고려한 대응으로도 보인다.

> **개정 조항의 내용 및 평가**

2014년 개정 전의 '단체협약법' 제5조 제1항에 따르면 첫째, 협약의 적용을 받는 사용자가 협약의 적용을 받는 근로자의 100분의 50 이상을 고용하고 있고, 둘째, 공공의 이익을 위해 일반적 효력이 요구되는 것으로 판단되는 경우 협약 당사자의 신청이 있으면 연방노동사회부는 사용자의 연합단체를 대표하는 자 및 근로

---

36 2013년 총선 결과 기독민주당(CDU), 기독사회당(CSU), 사회민주당(SPD)의 연정이 구성됨에 따라 체결된 연정협약에서는 "협약 구속력이 줄어듦에 따라 협약 지형의 공백이 증가되었고, 일반적인 구속력을 갖는 최저임금제의 도입을 통해 근로자들에 대한 최소한의 적절한 보호가 보장될 것이다"라고 밝히고 있다.

자의 연합단체를 대표하는 자 각 3명으로 구성된 위원회의 동의를 얻어 단체협약의 일반적 구속력을 선언할 수 있었다. 그런데 이 조항은 2014년 '협약 적용 근로자 100분의 50 이상 고용 요건'을 삭제하는 것으로 개정되었다. 개정된 제1항을 포함한 '단체협약법' 제5조는 다음과 같다.

연방노동사회부는 협약 당사자들의 신청에 따라 공공의 이익öffentliches Interesse을 위해 일반적 구속력이 필요하다고 보이는 경우, 사용자의 연합단체를 대표하는 자 및 근로자의 연합단체를 대표하는 자 각 3명으로 구성된 위원회의 동의를 얻어 단체협약의 일반적 구속력을 선언할 수 있다. 통상적으로 공공의 이익을 위해 일반적 구속력이 필요하다고 보이는 경우는 첫째, 단체협약이 그 적용 범위 내에서 근로조건 형성에 관하여 지배적인überwiegende 의미를 가지게 되었거나, 둘째, 비정상적인 경제 상황의 결과에 대항하여 협약상 규정의 유효성을 보장하기 위해 일반적 구속력이 요구되는 경우이다(제5조 제1항).
일반적 구속력 적용을 위한 협약 당사자들의 신청에 대해 결정하기에 앞서 이해관계가 있는 노동조합, 사용자단체 및 주의 최상급 노동관청에 대해서는 서면에 의한 의견 표명 또는 공개 토론에서 구두로 의견을 표명할 기회가 주어진다(제5조 제2항).
일반적 구속력이 적용될 주의 최상급 노동관청이 협약 당사자들의 일반적 구속력 신청에 대해 이의를 제시한 경우에는 연방노동사회

부가 연방정부의 동의를 얻은 경우에만 일반적 구속력을 허용한다 (제5조 제3항).[37]

또한 개정 단체협약법에 신설된 제5조 제1항의a에 따르면 단체협약이 법에서 정한 사항들(①휴가, 휴가수당 또는 추가적인 휴가수당, ②기업연금법에서 말하는 사업장 내 노령급부^{Altersversorgung}, ③견습생에 대해 지급되는 보수 또는 초기업적 교육시설에서의 직업훈련, ④근로자의 추가적인 기업 내에서의 재산 형성 또는 초기업적 재산 형성, ⑤휴업^{Arbeitszeitausfall}, 근로시간 단축 또는 근로시간 연장의 경우 임금 정산)에 대해 공동의 제도를 통한 기여금 징수와 급부 보장에 대해 규정하는 경우, 연방노동사회부는 그러한 단체협약에 대해 협약 당사자들의 공동 신청에 근거하여 협약위원회의 동의를 얻어 일반적 구속력을 선언할 수 있다.

한편 일반적 구속력 선언에 의해서 단체협약상의 규정은 그 전까지 단체협약이 적용되지 않았던 단체협약의 적용 범위 내에 있는 사용자와 근로자에 대해서도 적용되는데(제5조 제4항 제1문), 이에 덧붙여 제5조 제1항의a에 의해 일반적 구속력이 선언된 단체협약에 대해서는 단체협약법 제3조[38]에 의해 다른 단체협약의 적용을 받고 있는 사용자 역시 준수해야 한다는 내용이 신설되었

---

37 이 내용은 개정 전 단체협약법에도 있었다.
38 단체협약법 제3조 제1항은 "단체협약 당사자들 중 일원인 자와 그 자신 스스로가 단체협약의 당사자인 사용자는 단체협약에 구속된다"고 규정하고 있다.

다(제5조 제4항 제2문).

법 개정 이전에는 '협약의 적용을 받는 사용자가 협약의 적용을 받는 근로자의 100분의 50 이상을 고용하고 있어야' 한다는 근로자 수에 관한 요건이 있었고, 협약 당사자 중 일방이 신청할 수 있는 것으로 규정되어 있었으나 개정법에서는 근로자 수에 관한 요건을 삭제한 대신 노사협약 당사자가 공동으로 신청하도록 요건을 변경했다. 독일에서는 사용자단체에 소속되어 협약의 적용을 받고자 하는 사용자단체 회원의 수가 줄어들고 있기 때문에 근로자 100분의 50 이상 고용 요건을 갖추는 것이 과거에 비해 어려워진 상황이었다.[39] 그러나 '협약자치강화법' 제정 당시 '최저임금법' 제정에 대해 워낙 관심이 집중되었기 때문에 일반적 구속력 조항 개정은 상대적으로 그다지 주목을 받지 못했다.[40]

한편 독일 내 단체협약 적용률은 2000년에 68%였으나 2020년에는 51%로 하락했고,[41] 법 개정 이후에도 하락하는 추세여서 법 개정이 단체협약 적용률 제고에 별다른 기여를 하지는 못한 것으로 보인다.

---

[39] Jöris, Heribert, Die Allgemeinverbindlicherklärung von Tarifverträgen nach dem neuen § 5 TVG, NZA, 2014, 1313-1314쪽.
[40] Forst, Gerrit, Die Allgemeinverbindlicherklärung von Tarifverträgen nach dem sogenannten Tarifautonomiestärkungsgesetz, RdA, 2015, 25쪽.
[41] https://www.wsi.de/de/tarifbindung-15329.htm

'협약단일화법' 제정에 따른 단체협약법 개정의 쟁점

> 법 개정의 배경

독일에서는 독일노동조합총연맹(DGB)을 중심으로 확립되어 온 산별노조 조직의 전통[42]에 따라 하나의 사업장에는 하나의 노조, 하나의 단체협약만 존재해야 한다는 원칙이 자리 잡았고, 이러한 원칙의 합법성은 오랫동안 연방노동관계법원 판례를 통해 지지를 받았다.[43] 그럼에도 불구하고 하나의 사업장 내에서 복수의 단체협약의 존재가 문제되는 경우가 종종 발생했는데 이러한 경우는 크게 단체협약의 경합^{Tarifkonkurrenz}과 단체협약의 병존^{Tarifpluralität}으로 나눠볼 수 있다. 전자는 하나의 근로관계에 대하

---

[42] 독일에서는 오랫동안 산별노조 또는 직업별 노조 등 초기업노조 조직의 전통이 확립되어왔고, 특히 대규모의 강력한 산별노조들이 조직되어 있다는 점은 세계적으로 유명하다. 더 나아가 2001년에는 '통합서비스노조$^{Vereinte\ Dienstleistungsgewerkschaft}$(Ver.di)'라는 거대 초산업적 단위노조를 조직하여 산별노조의 한계를 넘어서고자 했다. 역사적으로 독일의 노동조합들은 1933년까지 직업별 내지 산업별 단체 체제에 따라 조직되었고, 이 중 특히 산업별 단체 체제는 오늘날의 독일 노동조합과 사용자단체의 산별 조직 전통으로 이어지게 되었다. 2차대전 이후 독일 노동운동계는 과거 정파별로 분열되었던 노동조합들로 인하여 나치즘을 막아내지 못했다는 반성하에 특정 정파를 지향하지 않는 중립적인 산별노조를 조직한다. 노조의 분열이 어떠한 파국과 폐해를 맞게 되는지 2차대전을 통해 경험하면서 전후 독일 노동계는 1949년 설립된 독일노동조합총연맹을 중심으로 산별노조의 전통을 확립한 것이다(이상호, 『독일 노동운동의 자기정체성 모색과 현실적 딜레마』, 한국노동연구원, 2005 참조). 다만 이 시기 독일 노조들은 연합군 국가들의 영향하에 새롭게 조직되는 모습을 보였는데, 예를 들어 미군 점령지역에서는 주로 산별노조들이 설립되었고, 영국군 점령지역에서는 산별노조들과 더불어 직업별 노조 시스템에 따른 사무원노동조합^{Angestelltengewerkschaft}이 설립되었다(Schaub, Günter·Treber, Jürgen, Arbeitsrechts-Handbuch, 17. Auflage, § 190. Koalitionen und Koalitionsverbandsrecht, 2017, Rn. 1).

[43] BAG 29.03.1957-1 AZR 208/55, BAG, 25.09.1996-1 ABR 4/96 등.

여 다수의 단체협약이 적용되는 것을 말하고, 후자는 하나의 근로관계에 대하여 하나의 단체협약이 존재하지만 하나의 사업장에 다수의 단체협약이 존재하는 것을 말한다.[44] 즉 단체협약법상 규정에 대한 해석 및 적용에 관해서 '1사업장 1협약 원칙ein Betrieb, ein Tarifvertrag'이 중요한 원리로 적용되었다.

단체협약의 경합이란 하나의 근로관계에 대하여 다수의 단체협약이 적용되는 것을 말한다. 예컨대 동일한 노동조합이 산업별 단체협약의 적용을 받는 가운데 기업별 단체협약을 체결한 경우, 산업별 또는 기업별 단체협약과 일반적 구속력 선언이 이루어진 단체협약이 충돌하는 경우, 사용자가 가입된 여러 사용자단체의 단체협약들이 단체협약법 제3조 제2항[45]의 규정에 기초하여 적용이 이루어지는 경우 등 하나의 근로관계에 복수의 단체협약이 적용되는 경우이다. 이 경우에 기존 독일의 판례와 지배적 학설은 단일협약 원칙을 인정하고 있는데, 그렇다면 우선 적용되는 단체협약은 어떻게 정할 것인가에 대하여는 유리한 규정 우선의 원칙, 특별규정 우선의 원칙 등에 의해 해결하자는 견해들이 제시되었다.[46]

---

44 유성재, 「단체협약의 경합·병존과 단일단체협약의 원칙」, 『노동법학』, 제29호, 한국노동법학회, 2009, 261-262쪽.
45 "사업 내의 문제 및 '사업조직법'상의 문제에 관한 단체협약의 법규범은 협약의 적용을 받는 사용자의 모든 사업에 대해 적용된다."
46 이에 관한 보다 상세한 소개에 대해서는 유성재, 「단체협약의 경합·병존과 단일단체협약의 원칙」, 『노동법학』 제29호, 한국노동법학회, 2009, 271쪽; 이승현, 「독일 단일단체협약 원칙의 법제화 과정과 내용」, 『국제노동브리프』 2015년 11월호, 한국노동연구원, 80쪽 참조.

먼저 유리한 규정 우선의 원칙에 의하여 해결하자는 견해에 따르면, 유리한 규정 우선의 원칙은 노동법에 일반적으로 인정된 원칙으로서 노동법의 법원法源들 간의 충돌 문제에는 언제나 이 원칙을 적용할 수 있다. 이에 따르면 근로자는 예컨대 산별노조가 체결한 단체협약과 지부·분회 등 하부 조직이 체결한 단체협약 중 자신에게 유리한 규정의 적용을 요구할 수 있다. 다음으로 특별규정 우선의 원칙에 의하여 해결하자는 견해는 현재 통설이자 연방노동관계법원의 입장인데, 이에 따르면 공간적, 사업적, 전문적 근접성이 있는 단체협약이 근접성이 적은 단체협약에 우선한다. 즉 개별 기업이나 개인의 특성 또는 요구가 더 많이 반영된 단체협약이 그렇지 않은 단체협약에 우선해야 한다는 것이다. 이 원칙에 의하면 산별노조가 체결한 단체협약보다 지부나 분회가 체결한 단체협약이 해당 사업장에 우선 적용된다. 즉 중앙 조직이 체결한 단체협약보다 지역적으로나 인적으로 제한된 하부 조직이 체결한 단체협약이 우선 적용되는 것이다. 한편 단체협약 경합 상황에 있어서 적용되는 단일 협약 원칙은 개별 근로관계 수준에서만 적용되는 것이 아니라 오히려 하나의 사업장 내에서는 항상 하나의 단체협약만이 유효하다는 점에 중점을 두게 된다. 이 점은 아래에서 보는 단체협약 병존의 경우에도 마찬가지이다.[47]

　단체협약의 병존은 하나의 사업장 단위에 복수의 단체협약이

---

47 Henssler·Willemsen·Kalb, 앞의 책, 3092쪽.

존재하는 경우로서 소속된 단체의 구별을 통해 개별 근로관계에 적용될 단체협약을 구분할 수는 있지만, 동일한 유형의 근로관계로서 적어도 부분적으로는 각 단체협약의 적용 범위가 중복되는 상황을 말한다. 대표적인 예로 동일한 조직 대상인 철도 기관사들이 산업별 노조인 철도·교통노조(EVG) 소속과 직종별 노조인 철도기관사노조(GDL)로 나뉘어 별개의 단체협약을 체결하고 있는 상황, 하나의 병원 내에서 통합서비스노조(Ver.di)와 전문의가 소속된 직종별 노조인 마부르거연맹Marburger Bund이 별도의 단체협약을 체결한 사례 등이 단체협약의 병존 상황에 해당한다.[48]

연방노동관계법원은 본래 단체협약 경합에 대하여 적용하는 단일 협약 원칙을 단체협약 병존에 대해서도 적용했다. 연방노동관계법원은 그 정당성의 근거로서 법적 안정성, 법적 명확성 등을 들고 있고 그 밖에 소속 노동조합에 따른 근로조건의 차별적 보장의 실무적 어려움, 하나의 기업에 복수의 기업 질서에 관한 규정을 적용할 수 없다는 점 등을 언급하고 있다. 또한 단체협약 경합의 경우와 마찬가지로 특별규정 우선의 원칙에 의하여 적용될 단체협약을 선정한다.

기존 연방노동관계법원 판례에 의하면 하나의 사업장 내에 적용될 하나의 단체협약이 선정되면 나머지 단체협약은 완전히 배

---

48 이승현, 「독일 단일단체협약 원칙의 법제화 과정과 내용」, 『국제노동브리프』 2015년 11월호, 한국노동연구원, 80쪽.

제된다. 즉 나머지 단체협약은 그 사업장에서 효력을 상실하는 것이다. 따라서 효력을 상실한 단체협약의 체결 주체인 노동조합 조합원으로서 해당 사업장 내에서 근무하고 있는 근로자는 더 이상 사업장 내에서 단체협약에 의한 보호를 받지 못하게 된다. 또한 판례에 따르면 향후 효력을 인정받을 수 없는 단체협약을 이유로 하는 파업은 허용되지 않는 것으로 해석된다.[49] 학설은 단체협약 병존의 경우에 대해서 단일 협약 원칙을 고수하는 판례에 대해 찬성하는 견해와 반대하는 견해가 대립되었다. 찬성하는 견해는 법 해석이나 법 형성은 실무에서 활용 가능한 결론을 도출해야 하기 때문에 법 해석과 법 형성에서는 실용성을 함께 고려해야 한다고 본 것이다. 반면 반대하는 견해는 연방노동관계법원의 법 형성이 법관에 의한 법 형성의 한계를 벗어났다는 점을 비판했다. 이러한 비판적 견해의 논거는 연방노동관계법원의 법 형성이 법 형성의 권한이 없는 사안에 대하여 법 형성을 했다고 하거나 법 형성의 내용이 기본법이 보장한 단결권을 침해하여 그 정당성이 인정될 수 없다는 점 등이다. 이 원칙이 단결권과 협약 자치의 원칙을 침해하는 것이 아닌가에 대한 의문은 계속 제기되었지만 특히 본격적으로 논쟁이 격화된 것은 2000년대 중반 이후이다.[50] 이 시기 독일에서는 거대 산별노조가 특수한 직종에 종사하

---

49 LAG Rh.-Pf. 22.06.2004-11 Sa 2096/03, AP Nr. 169 zu Art. 9 GG Arbeitskampf.
50 이에 관한 상세한 내용은 유성재, 앞의 글 참조.

는 근로자들의 구체적, 개별적인 문제와 이해관계를 제대로 대변하지 못한다는 불만이 커졌고, 이에 산별노조에 비해 소규모인 직업별 노조들이 산별노조의 단체협약이 적용되는 사업장을 대상으로 독자적인 단체협약을 체결하면서[51] 하나의 사업장 내에서 동일한 조직 대상에 대해 복수의 단체협약이 충돌하는 상황이 발생했다.

이러한 상황에 대해 1사업장 1협약 원칙이 고수되어야 하는지, 복수의 협약이 모두 적용되도록 인정해야 하는 것인지에 대해 많은 논란이 있었고,[52] 2010년 연방노동관계법원은 그간 1사업장 1협약 원칙을 취해온 판례의 입장과는 달리 하나의 사업장 내에서 복수의 단체협약의 적용을 인정하는 판결을 내렸다. 이 판결은 전문의가 소속된 직종별 노조인 마부르거연맹이 이끌어낸 결과였다. 문제가 발생한 병원은 통합서비스노조(Ver.di)가 연방(TVöD) 및 주(TdL) 정부, 지자체 사용자연합(VKA)과 공공서비스 종사자를 대상으로 한 단체협약의 적용 범위에 포함되어 있었다. 또한

---

[51] 독일에는 하나의 사업장에 복수노조가 존재한다 하더라도 우리와 같이 교섭창구 단일화를 강제하는 법이 없기 때문에 각 노조는 사용자와 개별적으로 교섭할 수 있다.
[52] 과거 독일의 '단일단체협약 적용 원칙'은 구舊 '독일 단체협약, 근로자위원회 및 노동쟁의의 조정에 관한 규칙Verordnung über Tarifverträge, Arbeiterund Angestelltenausschüsse und Schlichtung von Arbeitsstreitigkeiten' 제2조 제2항에 규정되어 있었는데, 동 규정에 의하면 일반적 구속력Allgemeinverbindlichkeit으로 인하여 하나의 근로관계에 대해 다수의 단체협약이 적용되는 경우에는, 해당 사업장의 다수 근로자에게 적용되고 있는 단체협약이 사업장 내 모든 근로자에 적용되었다. 이 규정은 1969년 8월 25일 독일 단체협약법이 제정되면서 삭제되었지만 그럼에도 불구하고 독일 연방노동관계법원은 2010년 판결이 나오기 전까지 '단체협약의 경합'의 경우는 물론 '단체협약의 병존'의 경우에 대해서도 단일단체협약의 원칙을 적용했다(유성재, 앞의 글, 270쪽).

해당 병원은 마부르거연맹이 지자체 사용자연합 및 주정부가 전문의를 대상으로 체결한 단체협약의 적용 범위에도 포함되었다. 마부르거연맹은 병원에 자신들이 체결한 단체협약에 기초하여 휴가비 지급을 청구했으나 병원 측은 단일단체협약 원칙에 따라 자신들에게 적용되어야 할 단체협약은 통합서비스노조와 체결한 것이라는 이유로 해당 청구를 거절했다. 이 사안에 대해 연방노동관계법원은 결국 단체협약의 병존에 대해서는 단일단체협약 원칙의 적용을 포기한다는 판결을 내렸다.[53] 연방노동관계법원은 법원에 의해 하나의 단체협약이 다른 단체협약을 배제하도록 하는 것은 법관에 의한 법 형성이며, 단체협약법과 나아가 기본법 제9조 제3항에서 보장하고 있는 집단적 단결권 및 개별적 단결권을 부당하게 침해하는 것이라고 본 것이다.

이 판결에 반대하는 측에서는 노조의 분열과 그로 인한 산업평화 저해 등을 우려하는 목소리가 높아졌다.[54] 하나의 사업장 내에 복수의 단체협약이 적용되면 평화의무가 적용되는 기간이 각기 달라 사업장 내 평화가 저해될 수 있다는 우려가 컸는데, 실제로 2007년 이후 기존 산별노조가 체결한 단체협약을 거부하고 직종별 노조의 단체협약 체결을 요구하는 철도기관사노조, 항공기

---

53 BAG 7.7.2010-4 AZR 549/08. 이 판결의 사실관계는 이승현, 「독일 단일단체협약 원칙의 법제화 과정과 내용」, 『국제노동브리프』 2015년 11월호, 한국노동연구원, 82쪽에 소개된 내용을 인용했다.
54 이에 관한 상세한 내용은 하경효, 「독일 협약단일화법의 쟁점과 시사점」, 『고려법학』 제79호, 고려대학교 법학연구원, 2015 참조.

조종사노조 등은 파업을 자주 실시했다.

> **2015년 단체협약법의 개정**

2010년 연방노동관계법원 판결이 나온 이후 독일노동조합총연맹과 독일사용자총연맹Bundesvereinigung der Deutschen Arbeitgeberverbände e. V.(BDA)을 중심으로 협약 단일화 원칙 내지 산별노조 원칙 등을 법에 명문화하자는 주장이 제기되었다. 2013년 독일 총선 결과 이루어진 대연정의 연정협약에서도 협약 단일화 원칙 법제화에 대한 합의가 이루어져 결국 2015년 7월 '협약단일화법 Tarifeinheitsgesetz'이 제정되었고,[55] 동법에 따라 기존 단체협약법에 단일 협약 적용에 관한 조항(제4조의a)을 도입하게 되었다.[56, 57] 그 내용은 다음과 같다.

---

[55] Deinert, olaf·Kittner, Micahel, Die arbeitsrechtliche Bilanz der Großen Koalition 2013-2017, RdA, 2017, 342, 343-346쪽.

[56] 협약단일화법 제정의 배경 및 경위, 규정의 구체적 내용, 입법 당시 학계의 논쟁 등에 관해서는 이미 국내의 선행 연구들에서 소개되었다(대표적으로 하경효, 앞의 글, 이승현, 「독일 단일단체협약 원칙의 법제화 과정과 내용」, 『국제노동브리프』 2015년 11월호, 한인상, 「독일법상 단체협약 병존시 단일단체협약 원칙」, 『노동법포럼』 제7권 제7호, 노동법이론실무학회, 2011 등). 따라서 이 글에서는 협약단일화법의 내용에 대해서는 간단히 검토하고 협약단일화법에 대한 연방헌법재판소 결정 내용과 결정에 대한 평가를 살펴보는 데 좀 더 집중한다.

[57] 단체협약법 개정 내용이 협약단일화법의 하나의 조항으로 포함되어 있는 것이다. 협약단일화법은 3개 조항으로 이루어져 있고, 제1조는 단체협약법의 개정, 제2조는 노동법원법의 개정, 제3조는 법 시행일을 규정하고 있다. 여러 개의 법률을 동일한 목적을 위해 개정해야 할 때 이를 포괄하는 형식으로 하나의 법률을 제정하고, 그 제정된 법률의 내용은 개정되어야 하는 각 법률의 개정 조항을 기재해놓는 것이다. 협약단일화법 제1조에 의해 신설된 조항이 단체협약법 제4조의a이다. 이와 같이 독일에는 어떤 법률을 개정해야 할 때 'OOO법'이라는 법률을 제정하고, 그 법률에서 어떤 법률들을 어떠한 내용으로 개정한다는 내용을 규정하는 경우들이 있다.

제4조의a 제1항: 단체협약의 법규범^{Rechtsnormen}의 보호 기능, 분배 기능, 평화 기능, 규율 기능의 보장을 위해 사업장 내에서의 협약의 충돌^{Tarifkollisionen}을 방지한다.

제4조의a 제2항: 사용자는 각기 다른 노동조합의 복수 단체협약에 구속될 수 있다. 다양한 노동조합의 내용이 동일하지 않은 단체협약의 적용 범위가 중복되는 한에서는(단체협약의 충돌$^{kollidierende\ Tarifverträge}$), 가장 최근에 체결된 충돌되는 단체협약 체결 당시 해당 사업장에서 근로관계에 있는 조합원 최다수를 보유하고 있는 노동조합의 단체협약 규범만 사업장 내에서 적용될 수 있다.[58]

그러나 사업장 내에 복수의 단체협약이 존재하는 경우, 다수 노조가 체결한 협약을 적용시키도록 하고 있는 협약단일화법은 제정 당시부터 소수 노조의 단체교섭권 및 파업권에 대한 침해, 협약 자치에 대한 침해를 야기한다는 논쟁을 불러일으켰고, 연방헌법재판소에 협약단일화법의 위헌성 판단을 구하는 헌법소원이 제기되었다. 연방헌법재판소는 2017년 7월 11일 협약단일화법에 대해 추가적인 입법 조치를 전제로 하는 한정합헌 결정을 내렸다.

---

[58] 이 조항은 복수의 단체협약이 존재하고 그 내용이 상이한 경우의 문제에 관한 규정이다. 따라서 우선적으로는 소수 노조 조합원들에게 다수 노조 단체협약상 근로조건이 적용된다는 의미이다. 그리고 일반적 구속력 요건이 충족된다면 규범적 부분은 사업장 내 비조합원들에게도 적용될 수 있다.

단체협약법 제4조의a에 대한 독일 연방헌법재판소 결정

> '협약단일화법'에 대한 헌법소원의 개요

 협약단일화법 제정으로 인해 거대 산별노조에 비하여 소규모인 직업별 조합의 단체협약은 무가치한 것이 되어버렸다는 비판과 논란이 제기되었고, 의사노조, 항공기조종사노조 등의 직업별 노조들은 법 제정 직후 동법의 위헌성을 주장하면서 헌법재판소에 헌법소원을 제기했다. 또한 헌법소원 결정은 1년 이상 걸리기 때문에 우선적으로 협약단일화법 적용 중지 가처분도 신청했다. 직업별 노조들은 협약단일화법이 단결권과 파업권을 보장하는 독일기본법 제9조 제3항을 위반하는 것이라고 주장했다.

 우선 연방헌법재판소는 협약단일화법 적용 중지 가처분신청을 기각했다.[59] 본안 사건에 대한 결정이 내려질 때까지 동법을 계속 적용함으로써 돌이킬 수 없는 불이익이나 수정하기 대단히 어려운 불이익이 초래될 것이라는 점을 확인할 수 없다고 본 것이다. 연방헌법재판소는 협약단일화법을 통해 청구인들의 협약 정책상의 교섭력이 약해진다고 보는 한에서는 청구인들의 불이익이 존재하지만 동법은 협약 정책상의 활동 그 자체를 금지하는 것이 아니고, 또한 노동조합은 자신들의 이익을 요구하기 위해 파업권을 계속 사용할 수 있다는 점, 즉 협약단일화법은 기본법 제9조

---

59 BVerfG 06.10.2015-1 BvR 1571/15, 1 BvR 1588/15, 1 BvR 1582/15.

제3항에 의해 보호되는 노동쟁의의 허용을 직접적으로 규율하는 것이 아니라는 점을 지적했다. 또한 본안 사건의 결정이 내려지기까지 청구인들의 존립 위험 정도를 예상할 수 없다고 했다. 본안에 대한 결정이 내려질 때까지 청구인 노조의 조합원들이 탈퇴할지 여부, 몇 명이 탈퇴할지의 여부에 대한 현실적인 예측은 제출되지 않았다는 것이다.

본안 사건의 경우 의사노조, 항공기조종사노조, 공무원노조 및 근거리교통노조, 항공기승무원노조 등 직업별 노조와 통합서비스노조(Ver.di)가 청구인으로서 헌법소원을 제기했기 때문에 총 5개의 사건이 병합되었다.

2017년 7월 11일 연방헌법재판소는 헌법소원 본안 사건에 대해서 협약단일화법이 원칙적으로 기본법과 합치된다는 결정을 내렸다.[60] 단체협약을 체결하지 못하는 것은 기본법이 보장하고 있는 결사의 자유에 관한 기본권을 침해받는 것이지만, 입법자인 정부에게는 사업장 내 모든 종업원의 이해관계를 공정하게 조정하는 구조를 마련해야 하는 권한이 주어져 있는 것 또한 사실이라는 점, 소수 노조를 배제하는 절차와 방식에 대해 제한적으로 해석할 것과 협약 체결 후 사후 서명 권한에 대한 폭넓은 해석을 가능토록 하는 등의 세부 사항에 대한 보완이 이루어진다는 전제

---

60 BVerfG, 11.07.2017-1 BvR 1571/15, 1 BvR 1477/16, 1 BvR 1043/16, 1 BvR 2883/15, 1 BvR 1588/15.

하에서 단체협약법상의 단일 협약 원칙으로 인해 받게 될 소수 노조의 부담은 전체를 비교 형량했을 때 감당하지 못할 정도에 이르지 않는다는 점 등을 근거로 들었다.

다만 연방헌법재판소는 이미 단체협약이 존재하고 있는 상황에서 개별 직업 그룹 또는 지부 소속 구성원들의 이익이 일방적으로 무시되는 것에 대한 예방책이 결여되어 있다는 점에 한해서는 기본법에 합치되지 않는다고 했다. 이 문제를 해결하기 위해 2018년 12월 31일까지 새로운 입법이 이루어져야 하고, 그 전까지는 하나의 사업장 내에서 복수의 협약이 존재하는 경우 다수 조합이 자신들의 단체협약에서 소수 조합 구성원의 이익을 진지하고 유효하게 고려한다는 점을 설득력 있게 제시하는 경우에 소수 조합의 협약이 배제될 수 있다고 밝혔다.

> **청구인의 주장 및 연방정부, 노사 단체 등의 의견**

연방헌법재판소 결정문에 적시되어 있는 청구인의 주장 및 정부, 노사 단체, 법조인 단체 등의 의견을 통해 협약단일화법을 둘러싸고 입법 당시부터 문제되었던 여러 쟁점과 주장들을 정리해 볼 수 있다. 아래에서는 청구인 및 각계의 주장 내용을 살펴본다.

청구인들의 주장

청구인 노동조합들의 주장 내용을 정리해보면 다음과 같다.[61]

① 기본법 제9조 제3항은 무엇보다도 자율적인 단체교섭을 보

장하고 있고 문언상으로도 이러한 기본권은 모든 사람과 모든 직업에 대해 보장되는 것이기 때문에 협약단일화법은 기본권의 보호 영역을 침해하고 있다.[62]

②협약 충돌의 상황에서 소수 노조의 단체협약을 배제시키는 점, 그러한 점으로부터 야기되는 쟁의행위의 제한, 사업장 내에서 다수 노동조합임을 증명하기 위해 조합원 상황을 공개해야 하는 불가피함으로 인해 협약 자치가 직접적으로 침해된다. 또한 입법자는 독립적인 단체교섭에 대한 권한과 노동조합의 조직에 대한 자치권Organisationshoheit을 사실상, 간접적으로 침해한다. 소수 노조는 자신의 의사에 반하여 전략적으로 조직에 대한 결정을 해야 할 것이 강제된다. 그 경우 입법자는 단결체 자체의 조직에 대해 사전에 정해진 구조를 부여하는 것이 되고, 그들의 기회의 평등에 영향을 미치는 것이다. 입법자는 협약단일화법에 의해 지부별로 통일된 노동조합을 불분명한 이상형으로 표준화하고 있고, 따라서 입법자는 국가의 중립의무를 위반한 것이다.[63]

③입법자는 부분적으로만 합법적인 목적을 추구하고 있기 때문에 협약단일화법에 의해 기본법 제9조 제3항에 대한 침해가 이루어지는 것은 정당화될 수 없다. 단체협약법 제4조의a는 단체협약의 보호 기능, 평화 기능, 분배 기능, 규율 기능을 언급하면서

---

61 연방헌법재판소 결정문에는 각 청구인별로 주장 내용들이 적시되어 있다.
62 결정문 Rn. 30.
63 결정문 Rn. 31.

이러한 기능을 보장하기 위해 협약 충돌을 피해야 한다고 밝히고 있다. 그러나 보호 기능과 평화 기능은 합법적인 목적인 반면, 분배 기능과 규율 기능은 합법적인 목적이라고 볼 수 없다. 분배 기능은 단결체에 의해 협상될 수 있는 것이고, 사업장 내 근로관계들을 통일적으로 규율하는 것은 기본법 제9조 제3항의 보호 범위를 변경하는 것이다.[64]

④협약의 병존과 입법자가 주장하는 기능 간에는 인과관계가 존재하지 않는다. 협약 병존의 부정적 영향에 대해 단지 추상적으로 예측한 가능성이 아니라 실제로 협약 자치에 대해 장기간에 걸쳐 구체적으로 부정적인 영향이 있어야 하는 것이다. 그러나 협약 병존으로 인한 사업장 내에서의 부정적 결과에 대한 경험상의 증거가 없다.[65]

⑤협약단일화법은 입법자의 목적을 달성하는 데 적합하지 않다. 사용자는 경쟁하는 여러 노동조합과의 단체교섭 및 교섭 요청으로부터 벗어나는 것이 아니다. 노동조합은 조합원을 놓고 공격적인 경쟁을 할 것이 예상된다. 지금까지 기능하고 있는 협조 관계가 위태로워질 것이다.[66]

⑥민주주의에서 다수의 의사에 대항하여 소수를 보호하는 데 기여하는 자유권[Freiheitsrecht]과 다수결 원칙은 이미 어울리지 않는

---

64 결정문 Rn. 33.
65 결정문 Rn. 34, 41.
66 결정문 Rn. 42.

다. 다수결 원칙은 사적 자치 및 협약 자치에 있어서는 이질적인 원리이다. 다수 노조 협약 내용을 원용하여 소수 노조가 협약을 체결할 수 있는 권한에 관한 규정(단체협약법 제4조의a 제4항)은 소수 노조 보호에 적합하지 않다. 사용자가 협약 체결을 거부한다면 소수 노조는 이 규정을 이용할 수 없을 것이기 때문이다.[67]

⑦협약단일화법이 아니더라도 협약 자치를 지원하고 단결의 자유를 덜 침해하는 다른 방법으로 규율할 수 있기 때문에 협약단일화법은 필요하지 않다. 예를 들어 특별법 우선의 원칙 적용, 다수 노조와 사용자의 단체교섭에 소수 노조를 편입시키는 방법, 경합하고 있는 단체협약의 유효 기간을 일치시키는 방법, 강제 중재 등을 이용할 수 있다.[68]

⑧협약단일화법은 다수 노조와 소수 노조라는 카테고리에 의해 노동조합의 권한을 바꾸고 교섭 지형에 중대한 사전적 영향을 준다. 직업별 노조는 구조적으로 명백하게 불리해졌다. 이는 기본법 제9조 제3항에서 '모든 직업'이라는 부분을 삭제하는 헌법 개정이 있어야 가능한 변화이다. 기본법 제9조 제3항의 단결권은 모든 사람과 모든 직업에 대해 단결권을 보장한다고 규정하고 있기 때문이다.[69]

---

67 결정문 Rn. 35.
68 결정문 Rn. 36.
69 결정문 Rn. 37.

연방정부의 의견

연방정부 의견의 주요 내용은 다음과 같다.

①협약단일화법은 협약 정책에 있어서 법적·사실적인 기본 조건의 변화에 대응한 것이다. 즉 법적인 측면에서 볼 때 연방노동관계법원은 2010년 판례를 통해 단일 협약 원칙을 포기했고, 사실적인 측면에서 볼 때 그동안은 (근로자들 혹은 노동조합 간의) 협조적인 모델을 통해 이익 대변이 이루어졌는데, 이러한 협조적인 모델이 각 직업 그룹이 자신들의 이익을 대립적으로 강화하는 경쟁적인 모델에 의해 밀려나게 됨으로써 야기되는 위험에 대해 협약단일화법은 간접적인 조정 방식을 통해 대응한 것이다.[70]

②기본법 제9조 제3항의 기본 이념은 (노동자들의) 연대에 의해 이익 관철을 하는 것이지, 경쟁에 의해 이익을 관철하는 것이 아니다. 다만 협약단일화법은 경쟁을 제한하는 것이 아니라 장래에 경쟁이 이루어지게 될 법적 조건을 변경하는 것이다.[71] 협약단일화법의 규정들은 단체협약 시스템의 기능 유지에 기여한다. 반면 노조들의 경쟁이 격화되는 것은 단체협약 시스템의 유지를 위험하게 한다.

③협약단일화법의 중심적인 조정의 목적은 협약 충돌을 피하는 것이고, 그렇게 함으로써 복수의 협약에 의해 야기되는 단점이

---

70 결정문 Rn. 72.
71 결정문 Rn. 78.

저지될 수 있기 때문이다.

④기본법 제9조 제3항에 의해 보장되는 협약 자치라는 것은 주관적·자유권적인 내용ein subjektiv-freiheitsrechtlicher Gehalt과 객관적·제도적인 내용ein objektiv-institutioneller Gehalt이 교차되는 기본권이고, 입법자는 협약 시스템의 기능을 활용하도록 해야 할 의무를 다양한 방법으로 이행할 수 있기 때문에 협약 단일화 방식으로 시스템을 결정하거나 혹은 그에 반대되는 방식으로 시스템을 결정할 수도 있는 것이다.[72]

⑤협약단일화법이 취한 사업장 내에서의 다수결 원칙은 적절한 수단이고, 소수 노조의 권리는 노동법원법을 통한 보완 조치와 다수 노조의 협약 내용과 동일한 내용을 포함한 협약을 체결할 수 있는 권리를 통해 보장된다.[73]

독일노동조합총연맹 및 독일사용자총연맹의 주장

독일노동조합총연맹은 지부 전체에 통일적으로 적용되는 단체협약을 통한 '연대적 협약 정책'을 강조했다. 사용자 앞에서 노동자들이 다양한 종업원 그룹별로 서로 다른 이해관계를 주장한다면 이는 결국 노조를 약화시킬 것이고 사업장 내에서 종업원들의 분열과 약화를 초래할 것이라고 주장했다. 종업원들의 조직상의

---

72 결정문 Rn. 77.
73 결정문 Rn. 83-84.

통일성을 달성하기 위해서 협약단일화법을 통한 경쟁의 최소화가 결정된 것이라고 주장했다.[74]

한편 독일사용자총연맹은 하나의 사업장 내에서 노동조합의 수가 증가하면 단체협약의 평화 기능이 저해될 것이고, 사업장 내에 복수의 단체협약이 존재하면 여러 근로관계를 모순 없이 규율하기 어려워진다고 하면서 노동조합 간의 경쟁은 사업장 내에서 구성원들 간의 불화를 야기할 것이라고 주장했다.[75]

노동법원 법관 단체 및 변호사 단체 의견

노동법원 판사들의 단체인 BRA는 협약단일화법이 쟁의행위에 대해서는 영향을 미치지 않는다고 보았지만 노동법원법에 새로 도입된 다수 조합 확인 절차의 미흡함에 대해서 문제를 제기했다. 즉 종업원 개인의 입장에서는 다수 조합을 확인하기 위한 절차의 신청을 제기할 수 없고, 사용자는 오직 협약 당사자에 해당될 때만 다수 조합 확인을 위한 신청이 가능하다는 점에서 법적 보호가 미흡한 제도라고 보았다.[76]

그에 비해 연방변호사회(BRAK)는 양 당사자에 의한 구속에 근

---

[74] 결정문 Rn. 92 이하.
[75] 결정문 Rn. 96 이하.
[76] 결정문 Rn. 89. 연방헌법재판소는 이 문제에 대해 사실상 대부분의 실제 사건은 조합원 개인이 개별적 노동관계상의 근로조건에 대해 다투는 과정에서 다수 조합의 협약인지, 소수 조합의 협약인지를 밝혀야 하는 문제가 발생하고 그 과정에서 조합원 개인이 다수 조합 또는 소수 조합 여부를 확인할 수 있다고 설시했다.

거하여 적용되는 단체협약을 배제하는 것은 단결의 자유를 침해하는 것으로 정당화될 수 없다는 점에서 협약단일화법의 합법성에 대해 의문을 제기했다.[77]

> **연방헌법재판소 결정 이유의 주요 내용**

연방헌법재판소는 문제된 조항들은 필요한 해석과 집행에 있어서 기본법 제9조 제3항에 따른 노동조합 및 그 조합원들의 기본권과 합치된다고 하면서 (1)문제된 조항들로 인해 기본법 제9조 제3항의 보호 내용이 침해되지만, (2)문제된 조항들이 과도하지 않은 것으로 증명되는 한에서는 침해가 정당화되며, (3)입법자는 협약단일화법을 개선해야 할 의무가 있다고 설시했다. 아래에서는 그 주요 내용을 살펴본다.[78]

문제된 조항들로 인한 기본법 제9조 제3항의 기본권 침해
  ⊙자유권으로서의 단결권과 협약 자치의 중요성

우선 기본법 제9조 제3항의 기본권(단결권)은 자유권^{Freiheitsrecht}이다. 이 기본권은 근로조건과 경제 조건을 지원하기 위해 단결체를 결성하고, 이러한 목적을 함께 추구하며, 또한 단결체에 참석하지 않거나 혹은 단결체를 떠날 개별적인 자유를 보호한다. 참여

---

77 결정문 Rn. 90.
78 연방헌법재판소 결정의 주요 내용을 가능한 한 직역했다. 각각의 소제목들은 설시 내용을 토대로 필자가 임의로 구분해 적어놓은 것이다.

자들은 이에 대해 국가의 개입으로부터 자유롭게 스스로 자신의 책임에 의해 결정할 수 있다. 단결권은 무엇보다도 협약 자치를 포함하고, 협약 자치는 단결체의 목적 추구를 위해 단결체에게 주어진 여러 가능성 중에서 중심에 있다.[79]

⊙협약단일화법에 의한 기본권 침해의 정도: 파업권에 대한 침해는 없다고 판단[80]

문제되는 협약단일화법의 조항들은 단결권을 침해한다. 단체협약법 제4조의a 제2항은 노동조합의 협약 자치 활동의 성과물(단체협약)을 배제하고, 단체협약에서 합의된 규범을 조합원들에게 적용할 수 없게 하며, 조합원들이 단체협약상 합의된 내용을 청구할 수 없게 만든다.

어느 노조가 체결한 단체협약이 배제될 수 있다는 가능성과 한 사업장 내에서 소수 조합의 지위에 있다는 법원의 확인은 노동조합이 쟁의행위를 위해 조합원에게 홍보를 하고 조합원을 동원하는 것과 관련하여 노조의 힘을 약화시킬 수 있고 협약 정책의 이행과 전략을 위한 결정에도 영향을 미칠 수 있다. 다른 노조와 협력할 것인지 여부, 협력을 한다면 어느 정도 협력을 할 것인지 여부와 같이 기본권으로 보호되는 결정에 대해서도 영향을 미친다.

---

79 결정문 Rn. 130.
80 결정문 Rn. 134 이하.

이러한 영향도 사전에 자유로운 기본권의 보장을 침해한다.

그러나 입법자는 문제된 조항들에 의해 노조의 설립과 존속에 대해 직접 영향을 미치는 요구를 하거나 노조의 형태를 일률적으로 단일화하여 규정하고 있지는 않다. 또한 무엇보다도 기본법상 보호되는 권리인 노조가 협약 체결을 성공하기 위해 쟁의행위를 통해 상대방에게 압력을 가할 수 있는 권리가 문제된 조항들로 인해 침해되는 것은 아니고, 파업권이 제한되거나 파업에 수반되는 책임의 위험이 증가되는 것도 아니다.[81]

다만 증가하는 파업에 대해 기업과 대중을 보호하고자 하는 것이 입법자의 동기가 되었을 수는 있다. 그러나 단체협약법 제4조의a에서 정한 협약 충돌에 대한 규정이 쟁의행위 허용에 대해 영향을 미치는 것은 아니다. 사업장에서 적은 수의 근로자들로 조직될 수 있는 노동조합의 파업권 역시 그대로 유지된다. 이는 사업장 내 다수 조합이 이미 공개된 경우에도 마찬가지이다. 이는 단체협약법 제4조의a 제4항에 따라 소수 조합이 다수 조합의 단체협약을 원용하여 단체협약을 체결할 것을 사용자에게 요구할 수 있다는 점에 근거한다. 이러한 방식의 단체협약 체결 역시 노조의 요구를 통해 쟁취되어져야 하기 때문이다. 어쨌든 다른 단체협약과 중첩되는 단체협약 체결을 지향하는 쟁의행위는 위법이 아니고 불균형하지도 않다.

---

81 결정문 Rn. 138.

침해의 정당성 인정[82]

단결의 자유는 유보 없이 보장된 다른 모든 기본권과 마찬가지로 헌법적 수준의 다른 목표를 위해 제한될 수 있다. 첫째, 입법자가 단체교섭에 의해 공정한 조정을 가능하도록 하기 위한 구조적인 요건들을 형성하거나 보장하기 위해 경쟁하고 있는 노동조합의 관계를 정하는 경우, 이는 원칙적으로 단결의 자유에 대한 제한을 정당화할 수 있다. 둘째, 문제된 조항들은 무엇보다도 이러한 합법적 목적을 추구하고, 모든 면에서 그러한 것은 아니지만 비례성의 원칙에 대한 요구를 충족한다.

◉ 협약 당사자의 재량과 입법자의 재량

협약 자치의 구조적 조건에 관해 규율함에 있어서 입법자에게는 평가를 내릴 권한과 넓은 행위의 재량이 인정된다. 협약 자치에 대한 헌법적 보장에 의해 근로자와 사용자는 자신의 책임하에 이해관계의 대립을 해결할 수 있는 재량을 보장받게 된다.[83]

이러한 자유가 인정되는 근거는 당사자 간에 해결하는 것이 국가가 개입하여 중재하는 것보다 다툼의 당사자들의 이익에 보다 부합되고 '공공복리^{Gemeinwohl}'에도 부합된다는 역사적 경험에서 발견할 수 있다. 따라서 단체협약에 대해서는 '정당성의 추정

---

82 결정문 Rn. 141 이하.
83 결정문 Rn. 146.

Richtigkeitsvermutung'이 부여된다. 단체협약에 대해 '정당성의 추정'을 부여하는 핵심적인 이유는 집단적 협약 시스템에 의해 개별 근로자의 구조적 종속strukturelle Unterlegenheit이 극복될 수 있다는 점이다. 따라서 저해되고 있는 대등성을 복구시키기 위한 것이거나 공공복리를 위한 이유가 있는 경우에는 협약 자치의 기본적 조건을 변경하는 입법자의 재량도 인정된다.[84] 그러나 복수의 노동조합이 출현함으로 인해 사용자에게 단지 사실상의 어려움이 생긴다는 정도로는 원칙적으로 단결의 자유에 대한 제한을 정당화시키지 못한다. 또한 노조의 조직률, 조합원의 모집과 동원 등은 입법자의 책임 밖에 있는 영역이다.[85]

⊙입법자가 추구하는 목적의 합헌성[86]

협약단일화법의 목적은 단체교섭에 있어서 근로자들로 하여금 조화를 이루고 협력할 수 있도록 유인을 제공하고 협약의 충돌을 방지하고자 하는 것이다. 입법자는 협약 충돌 시 다수 노조의 협약이 우선 적용되도록 하는 규정을 통해 노동조합들이 경쟁하고 있는 상황에서 단체교섭을 위한 공정한 조건을 보장하고, 특히 사업장 내에서 중요한 위치Schlüsselposition를 점하고 있는 종업원들이 다른 종업원들의 이익을 완전히 떼어내지 않으면서 자신들의 요

---

84 결정문 Rn. 146.
85 결정문 Rn. 150.
86 결정문 Rn. 154 이하.

구를 관철하는 것을 보장하고자 한다. 입법자는 노동조합들이 서로 협력을 위해 행동하도록 하고 사업장 내에서 협약 충돌이 방치되지 않도록 하기 위해 소수 노조의 단체협약 적용 배제라는 엄격한 제재를 가한 것이다.

물론 협약 자치는 원칙적으로 자기 책임에 의해 국가의 개입 없이 규율될 수 있도록 보장되어야 하지만 단체협약법 제4조의a는 이러한 한계를 넘지 않았다. 입법자는 단체교섭을 통해 공정한 조정이 가능하도록 구조적 조건을 정할 권한이 있다.

소수 노조의 단결의 자유에 대한 침해의 중대성[87]

문제된 조항들로 인한 부담은 과도하지 않지만 관계 당사자들의 단결의 자유에 대한 침해는 중대하다. 입법자가 문제된 조항들을 통해 추구하는 목적(협약 자치의 기능 수행력 Funktionsfähigkeit과 사회적 균형에 관한 목적)과 비교 형량을 함에 있어서 협약단일화법에 대해 부분적으로 헌법상 필요한 엄격한 해석을 한다면 협약단일화법에 의한 단결권 침해는 본질적으로 과도하지 않다.

자신들의 협약이 배제될 직업별 노동조합의 조합원에 대한 보호와 관련하여 이들 직업별 노조의 구성원들이 다수 노조에 의해 무시되는 것으로부터 보호받기 위한 대비책이 없다는 점에 한해서는 협약단일화법이 헌법상 요구를 충족시키지 못하고 있다.

---

[87] 결정문 Rn. 166 이하.

소수 노조는 자신들이 체결한 단체협약이 배제됨에도 불구하고 평화의무를 부담해야 한다. 동일한 사업장 내에서 다수 노조와 소수 노조의 협약상 동일한 직업 집단에 대한 근로관계 규율의 내용을 포함하고 있는 경우, 두 협약상 규범적 부분 중 다른 내용이 있다면 소수 노조의 협약은 내용이 다른 부분에 한해서만이 아니라 원칙적으로 그 전체가 배제된다. 그러나 채무적 부분은 배제되지 않는다. 즉 소수 노조로서는 자신들이 체결한 협약상 규범적 부분의 적용은 받지 못하게 되지만 규범적 부분의 적용이 배제된 협약에 따른 평화의무의 구속은 계속 받는 것이다.[88]

사용자 측 교섭 당사자들은 소수 노조를 더 이상 교섭 상대방으로 진지하게 고려하지 않을 위험도 존재한다. 단결체 특유의 활동의 자유에 대한 또 다른 침해는 노동법원에서 다수 조합의 협약을 확인하는 절차로 인해 어느 노조의 사업장 내 조합원 수가 어느 정도이고, 따라서 사업장 내에서 어느 정도의 투쟁력이 있는지 등이 노출될 위험이 있다.[89]

한편 소수 노조의 협약상 규범적 부분에서 규정하고 있는 내용에 대해 다수 노조 협약에서는 아무런 규정을 두고 있지 않은 경우 소수 노조 협약이 배제된 상황에서는 이 부분을 어떻게 규율해야 하는지도 문제가 된다. 이는 특히 소수 노조 협약에서 조합

---

88 결정문 Rn. 168.
89 결정문 Rn. 169.

원들에게 장기간 보장해주는 내용, 예를 들어 일자리 보장에 관한 내용, 노령 보장에 관한 내용 등을 포함하고 있었던 경우 문제가 될 수 있다. 입법자는 이러한 경우에 대한 대비책을 마련해놓고 있지 않다.[90]

협약단일화법에 의한 단결의 자유 침해에 대한 제한 가능성과 침해의 적정성[91]

⊙단체협약법 제4조의a의 임의규정성에 의한 침해의 중대성Gewicht의 상대화[92]

소수 노조의 단체협약을 배제할 것인지 여부에 대해서는 당사자들이 적절히 다룰 수 있기 때문에 단결권 침해의 중대성은 상대화된다.

단체협약법 제4조의a를 협약에 의해 임의로 규율할 수 있는 것이라고 본다면 협약 당사자들이 영향을 미칠 가능성이 존재한다. 여러 학자들은 이 조항이 협약 당사자들의 처분에 맡겨져 있는 것이라고 본다. 학계의 지배적 견해에 의하면 현재는 소수 노조의 협약 배제 규정에 의해 협약 배제의 효과가 나타나겠지만 조만간 협약의 경합이 다시 문제될 것이라고 한다. 헌법상 보호되는 단결권에 비추어볼 때 이 조항은 협약 당사자들이 임의적으로 적용할

---

90 결정문 Rn. 187.
91 결정문 Rn. 174 이하.
92 결정문 Rn. 177.

수 있는 규정으로 해석해야 한다고 보고 입법자의 의도는 노조가 협약을 잃지 않기 위해 노조 스스로 조절하도록 하는 것을 목적으로 한다는 것이다.

⊙협약 적용 범위에 따른 협약 배제 효과의 제한[93]

소수 노조의 협약을 배제하는 규정에 의한 침해가 과도한 것인지 여부는 협약 배제 효과가 어느 정도인지에도 달려 있다. 소수 노조의 협약이 다수 노조 협약과 공간적, 시간적, 사업 전문적betrieblich-fachlich, 인적으로 중복되고 있는 경우에 소수 노조 협약의 배제에 관한 규정이 적용된다. 만일 두 협약의 인적 적용 범위가 겹치지 않는다면 협약의 충돌은 없는 것이고, 따라서 두 협약 모두 유효하게 적용된다.

⊙다수 노조 협약의 유효기간 만료 이후 소수 노조 협약의 효력 회복[94]

소수 노조의 협약이 배제되더라도 다수 노조 협약의 유효기간이 만료된 이후에는 소수 노조의 협약 효력이 다시 회복된다. 다만 다수 노조 협약 유효기간 만료 이후 효력 연장이나 여후효餘後效와의 관계 등에서 어떻게 해석할 것인지의 문제는 남아 있다.

---

93 결정문 Rn. 181.
94 결정문 Rn. 189.

⊙다수 노조 협약 내용을 원용한 소수 노조의 협약 체결 가능[95]

소수 노조가 다수 노조의 협약 내용을 원용하여 협약을 체결할 수 있는 선택권은 협약 배제로 인한 부담을 완화시킨다.

⊙사용자의 교섭 개시 공개 및 소수 노조의 의견 제시를 통한 기본권 침해의 감소[96]

단체협약법 제4조의a 제5항은 사용자가 어느 노조와 단체협약을 위한 교섭을 개시하면 적시에 적절한 방법으로 이를 사업장 내에서 공개해야 하고, 이 경우 다른 노조는 사용자 또는 사용자 단체에 대해 의견과 요구 사항을 표명할 수 있도록 규정하고 있다. 이러한 규정을 통해 소수 노조의 기본권에 대한 침해는 감소된다.

⊙노동법원법상 다수 노조 협약 확인 절차[97]

노동법원의 다수 노조 협약을 확인하는 절차에 의해 노조의 조직 정도가 어느 정도 드러나지만 이는 결과적으로 적정하다. 다만 법원은 절차를 진행하면서 사업장 내 노조 조합원의 수가 공개될 가능성을 가능한 한 방지하도록 노력해야 한다.[98]

---

95 결정문 Rn. 190.
96 결정문 Rn. 195.
97 결정문 Rn. 197 이하.

입법자의 법 개정 의무

단체협약법 제4조의a가 부분적으로 기본법에 위반되는 점으로 인해 이 조항이 무효가 될 정도는 아니고, 다만 기본법과 합치되지 못하고 있다는 점을 확인할 뿐이다.[99]

단체협약법 제4조의a 제2항 제2문에 따른 소수 노조 협약의 배제는 다수 노조가 자신의 협약에서 소수 노조의 이익을 진지하고 유효하게 고려했다는 점을 설득력 있게 제시할 수 있는 경우에 새로운 법 규정이 마련될 때까지 적용될 수 있다.

기본법과 합치되지 않는 법 조항은 원칙적으로 무효이다. 그러나 이 사안에서 문제된 조항들이 부분적으로 기본법에 위반되는 이유는 규율의 핵심적인 내용에 해당되지 않는다.

입법자는 헌법적으로 제기된 이의를 제거하기 위한 새로운 법을 늦어도 2018년 12월 31일까지 완성해야 한다.[100]

> **연방헌법재판소 재판관 2인의 반대의견**[101]

재판관 2인은 결정 내용 중 일부에 대해 반대의견을 제시했다. 다수의견(6인)은 문제된 조항들에 의한 기본권 침해의 중대성이

---

98 다수 노조 확인을 위해 노조 조합원이 공개될 수 있다는 점은 여전히 실무적으로도 어려운 문제인 것으로 보인다. 이 문제에 대응하기 위한 방법으로 공증제도가 활용될 수 있다. 노동법원법 제58조 제3항은 사업장 내에 근로관계를 맺고 있는 노조 조합원의 확인, 혹은 노조가 존재하고 있음을 확인하기 위해 공증을 통한 증거 제출을 할 수 있다고 규정하고 있다.
99 결정문 Rn. 215.
100 결정문 Rn. 218.

상대화될 수 있으며 제한될 수 있다고 보았는데 다수의견이 제시하는 정도의 근거에 입각하여 기본권 침해가 유효하게 조정될 수 있는 것인지에 대한 의문을 제기한 것이다.

또한 다수의견이 설시하는 바와 같이 문제된 조항들을 통해 협약 시스템의 기능 수행력에 관한 목적을 달성할 수 있을지 의문이라고 하면서 단체협약법 제4조의a와 같이 사업장 내에서 조합원의 수적 다수를 기준으로 하는 방식은 오히려 개별 사업장 내에서 더 격렬한 경쟁과 계급투쟁^{Statuskämpfe}을 유발할 가능성이 높아 보인다는 의견을 제시했다.

한편 2010년 연방노동관계법원이 협약 단일화 원칙을 인정하지 않는 판결을 내린 이후 지금까지 중요하게 언급할 수 있을 정도로 직업별 노조의 설립이 증가하는 현상은 나타나지 않았다는 점을 지적하면서 협약 단일화 원칙이 적용되지 않는 경우 노조 간의 경쟁이 격화되고 혼란이 발생될 것이라고 본 다수의견의 근거에 대해서도 의문을 제기했다.

반대의견을 제시한 재판관들은 소수 노조가 다수 노조의 협약 내용을 원용한 협약 체결이 가능하도록 규정하고 있는 것에 대해서도 우려를 표명했다. 이러한 규정은 기본법에 의해 보장되는 자

---

101 파울루스^{Paulus} 재판관과 베어^{Baer} 재판관의 의견. 참고로 독일 연방헌법재판소는 연방헌법재판소장과 부소장 1인을 포함하여 16명의 재판관으로 구성되며, 독일 연방 의회^{Bundestag}와 독일 연방상원^{Bundesrat}에 의해 선출된다. 연방헌법재판소는 8명의 재판관이 속하는 두 개의 재판부(제1재판부$^{Erster\ Senat}$, 제2재판부$^{Zweiter\ Senat}$)로 구성되어 있는데, 제1재판부는 주로 시민과 국가 간의 분쟁, 헌법소원에 대한 판단을 한다.

유권으로서의 단결권이 여러 단체들의 상이한 이해관계를 보호한다는 점과 부합되지 않고, 각 직업에 속하는 구성원들의 자기결정에 의한 협약 정책적 결속에 기반하고 있는 단결권에 반한다는 것이다.

또한 다수의견에 따르면 노동법원법상 다수 협약 확인 절차 조항과 관련하여 법원이 절차를 진행하는 과정에서 노조 조합원 수가 공개될 가능성을 가능한 한 방지하도록 노력해야 한다고 밝혔는데, 반대의견 재판관들도 이에 동의하기는 하지만 조합원 수가 공개됨으로써 투쟁을 위한 힘의 대등성이 바뀌게 되는 상황을 방지하기 위한 예방책을 입법자가 마련하지 않는 한 이 조항의 적정성은 인정될 수 없다는 의견을 제시했다.

2019년 단체협약법의 개정

연방헌법재판소는 단체협약법 제4조의a가 원칙적으로는 기본법에 위반되지 않는다고 판단했고, 다만 기본법에 합치되도록 개정할 것을 요구했다. 보다 구체적으로는 소수 노조에 해당되는 직종 노조 구성원들의 이익이 보장되는 방향으로 개정되어야 한다고 본 것이다.

입법자는 이러한 연방헌법재판소의 요구에 따라 제4조의a 제2항 제2문을 개정했다. 이는 다수 노조가 체결한 단체협약에 의한 소수 노조 배제 효과를 제한하는 방향으로의 개정이라고 할 수 있다.[102] 제4조의a 제2항 제2문은 다음과 같다.

> 사용자는 각기 다른 노동조합의 복수 단체협약에 구속될 수 있다. 다양한 노동조합의 내용이 동일하지 않은 단체협약의 적용 범위가 중복되는 한에서는(단체협약의 충돌 kollidierende Tarifverträge), 가장 최근에 체결된 충돌되는 단체협약의 체결 당시 해당 사업장에서 근로관계에 있는 조합원 최다수를 보유하고 있는 노동조합의 단체협약 규범만 사업장 내에서 적용될 수 있다(다수단체협약). 다수단체협약 성립 시, 적용될 수 없는 단체협약을 가지고 있는 근로자 집단의 이익이 진지하고 유효하게 고려되지 않았다면 해당 단체협약의 규정도 적용될 수 있다.

즉 이에 따르면 복수의 단체협약이 성립될 때 특정 단체협약을 체결한 어느 근로자 그룹의 이익이 진지하고 유효하게 고려되지 않은 경우, 이들의 단체협약이 최다수에게 적용되는 단체협약에 의해 배제될 수 없는 것이다. 여기서 중요한 것은 소수 노조의 이익이 아니라 '소수 노조에 속해 있는 근로자 그룹의 이익'이 고려되어야 한다는 점이다. 그들의 이익이 진지하고 유효하게 고려되어야 한다는 것은 다수 노조와 사용자 또는 사용자단체의 의

---

102 Franzen, Erfurter Kommentar zum Arbeitsrecht, 21. Auflage 2021, Rn. 1b.

사 형성 과정에 소수 노조가 영향을 미칠 수 있어야 함을 의미한다.[103] 의회는 법안 검토 자료에서, 예를 들어 교섭 준비 단계에서 다수 노조가 소수 노조의 요구 사항을 듣고 반영하는 경우는 진지하고 유효한 이익의 고려로 볼 수 있다고 밝혔다.[104]

한편 하나의 사업 내에 복수의 단체협약이 적용된다고 할 때, '사업'을 판단하는 기준은 사업조직법 제2조 제1항 제1문 및 제3조 제1항 제1호 내지 제3호에서의 사업을 의미한다(단체협약법 제4조의a 제2항 제4문). 즉 사업조직법상 종업원평의회가 설치되는 사업 단위를 기준으로 이해할 수 있다.

사업장 내 다수 노조 해당 여부는 노동법원법 제58조에서 정한 공증문서를 통해 확인하되 조합원의 이름을 공개할 필요는 없다.[105]

---

103 Hromadka, (Stärkerer) Minderheitenschutz bei Tarifkollision, NZA 2019, 215, S. 216.
104 Deutscher Bundestag, Drucksache 19/6146, 19. Wahlperiode 28.11.2018, S. 31.
105 Treber/Schaub, Arbeitsrechts-Handbuch, 19. Auflage 2021, § 203. Tarifkonkurrenz, Tarifpluralität und Tarifkollision, Rn. 21, 22.

쟁의행위

독일에서 근로자들의 단체행동에 관한 법리는 판례를 통해 형성된 일종의 법관법이라고 할 수 있다. 판례를 통해 형성되어 인정되고 있는 쟁의행위에 관한 법리에 따르면 파업은 단체교섭 능력이 있는 단체, 즉 노동조합에 의해 수행될 것을 전제 조건으로 한다. 이는 쟁의행위가 협약 자치를 돕기 위한 수단이고 노동조합 및 노동조합의 간부 조직만이 사용자에 대한 협약 당사자로서 고려된다는 점으로부터 도출된다.[106]

쟁의행위를 실시함에 있어서 반드시 충족되어야 하는 필수적인 전제 조건은 노동조합 내의 권한 있는 위원회 등 내부 조직의

---

106 BAG 7.6.1988-1 AZR 372/86, AP Nr. 106 zu Art. 9 GG-Arbeitskampf.

결정이다. 이러한 결정은 노조 규약에 근거하여 이루어진 파업 등 쟁의행위 실시에 관한 조합원 전원의 비밀투표^{Urabstimmug} 결과를 전제로 이루어진다. 법상 규정은 없지만 일반적으로 조합원 과반수가 파업에 찬성하면 이에 근거하여 조합 내 중앙 조직에서 파업 실시를 결정한다.[107] 예컨대 독일 금속노조의 규약(1998년 1월 1일자) 제22조에 따르면 파업 실시는 노조 수뇌부의 파업 결정에 대하여 조합원 75% 이상이 비밀투표로 찬성할 것을 요건으로 하고 있다.

파업 실시 발표^{Streikaufruf}는 노동조합 규약에 의해 권한 있는 기관을 통해 이루어져야 한다는 점이 중요하다. 일반적으로 노동조합 내 중앙 조직에서 파업 실시 발표를 한다. 이 경우 권한을 가지는 기관은 상황에 따라 파업 실시 발표에 관한 권한을 위임할 수 있다. 파업 실시 발표를 하는 경우 최소한 법률행위와 유사한 행위로서 해야 하므로 파업 실시 발표는 사용자 측에도 도달해야 한다.

한편 비노조 파업(이른바 살쾡이 파업)의 경우 개별 근로자들은 일정 기간 동안 존재한 단결체가 아니라는 점에서 독일기본법 제

---

[107] 조합원의 파업 찬반 투표는 일반적으로 노조 규약에서 요구하고 있는 요건인데 노동법학자들은 파업 찬반 여부에 대한 조합원 비밀투표가 파업의 유효성 인정을 위한 전제 조건은 아니라고 해석하는 경우가 많다. 조합원 비밀투표가 이루어지지 않은 채 파업이 이루어지는 경우 이는 조합 내부 문제일 뿐이라는 것이다. 즉 조합원 투표는 조합 대표자가 파업 실시 발표를 하기 위한 전제 조건이라고 본다(Ulrich Preis, p. 299).

9조 제3항에서 말하는 단결체^{Koalition}라고 볼 수 없다. 다만 비노조 파업은 그것이 노동조합에 의해 실시되었다면 합법적이었을 것이라는 전제하에서 교섭 권한을 갖는 노동조합에 의하여 사후적으로 수용될 수 있다. 노조 조합원들이 노동조합의 승인 없이 행하는 비공인 파업의 허용 여부에 대해서 연방헌법재판소는 교섭 능력을 가진 단체의 이른바 아웃사이더들의 쟁의단^{Kampfbündnis}은 이들의 이해관계에서 협약 체결이 문제되는 한에서는 독일기본법 제9조 제3항에 따른 단결체로 보아야 한다는 입장을 취하고 있다.[108]

---

108 BVerfG 26.6.1991-1 BvR 779/85, E84, 212.

시사점

(1)독일의 경우 기본법상의 단결의 자유에 관한 규정과 단체협약법 외에는 노동조합에 관하여 규율하는 실정법이 별도로 존재하지 않지만 연방헌법재판소와 연방노동관계법원 판례를 중심으로 형성되어온 법관법에 의해 노동조합의 조직, 운영, 단체행동 등이 규율되고 있다. 독일은 오랫동안 산별노조 조직의 원칙을 고수해오면서 노조는 당연히 초기업적 노조여야 한다는 것을 받아들여왔고, 이와 더불어 사업장 내에서의 세부적인 근로조건과 개별 근로자들의 근로환경에 관한 사항 등 사업장 내 노동문제는 사업장조직법에 의해 규율되는 종업원평의회를 통해 해결한다는 원칙이 정립되어 있다.

(2)노동조합의 내부 조직과 구조 등에 대해서는 노조의 자기결

정과 자기관리가 보장된다는 연방헌법재판소의 입장에 따라 보다 세부적인 기준을 통해 인정될 수 있는 교섭 능력을 가진 단체의 경우 노동조합으로서 단체협약을 체결하고 단체행동을 할 수 있는 지위를 인정받는다. 이에 따라 산별노조의 지부 등 하부 조직 역시 상부 단체의 위임이 있는 경우 노조로서 인정받을 수 있을 정도의 교섭 능력을 가지고 있는지 여부에 따라 독자적으로 단체협약을 체결할 수 있는 가능성이 인정된다. 우리의 경우와 비교하여 유의해야 할 점은, 독일의 경우 우리처럼 노조 설립 단계부터 노조의 요건을 엄격하게 판단하는 법제는 존재하지 않고 다만 교섭 단계에서 교섭 능력을 판단한다는 것이다.

(3) 사업장 내 근로자 대표 기구인 노동조합과 종업원평의회는 제도적으로는 분리되어 있지만 사실상 대부분의 종업원평의회 구성원이 노동조합 조합원으로 이루어질 정도로 실무상으로는 노동조합과 종업원평의회가 밀접한 관계하에 운영되고 있다. 한편 법적으로는 단체협약을 통해 규율되는 임금 기타의 근로조건이 사업장 협정의 대상이 될 수 없고 단체협약에서 보충적인 사업장 협정이 명시적으로 허용된 경우에만 예외가 인정된다고 규정되어 있는데 최근에는 사업장 협정을 통해 산업별 협약의 적용으로부터 벗어나고자 하는 법 위반 사례가 증가하고 있다.

(4) 독일의 경우 교섭 개시 단계에서는 각 노조들과 사용자단체 또는 사용자 간에 자율적인 개별교섭을 하도록 맡기고 있지만 협약 적용 단계에서 통일시키는 방식을 취하고 있다. 반면 우리나

라는 교섭 개시 단계에서부터 창구단일화 절차를 통해 소수 노조의 교섭 참여를 배제시키고 있다. 정도의 차이는 있더라도 두 제도 모두 소수 노조의 노동기본권은 침해 내지 제한될 수밖에 없기 때문에 소수 노조의 노동기본권 침해를 최소화하기 위해서 제도를 어떻게 개선할 것인지에 대해 고민해야 한다. 독일 연방헌법재판소의 결정은 한정합헌의 결론을 내리기 위해 제시된 근거들이 상당히 궁색하게 보이기는 하지만 어쨌든 복수노조 상황에서 소수 노조의 기본권 보호를 강조했다는 점에서는 나름의 의미를 찾을 수 있을 것이다. 그리고 무엇보다도 독일의 경우 소수 노조의 교섭권 자체를 배제하는 것은 아니라는 점, 즉 교섭권은 인정하되 단체협약의 적용을 배제하는 것이라는 점도 우리와는 차이가 있다.

⑸독일 입법자는 소수 노조에 소속된 근로자 그룹의 이익이 진지하고 유효하게 고려되지 않은 경우에는 소수 노조가 체결한 단체협약이 적용될 수 있다고 하면서, 예를 들어 교섭 준비 과정에서 다수 노조가 소수 노조의 의견을 듣고 반영하는 등의 절차를 통해 소수 노조 근로자들의 이익이 고려될 수 있다고 밝혔다. 우리와 같은 공정대표의무가 명시되어 있는 것은 아니지만 결국 교섭 절차에서의 소수 노조의 의견 반영 등을 통한 참여 보장을 요구한 것이라고 볼 수 있을 것이다.

⑹독일 단체협약법 제4조의a는 강행규정이 아니라 임의규정으로 해석된다는 점도 눈여겨볼 만하다. 연방헌법재판소는 이 조

항을 임의규정으로 해석함에 따라 소수 노조의 단체협약을 배제할 것인지 여부에 대해서는 당사자들이 적절히 다룰 수 있기 때문에 단결권 침해의 중대성은 상대화된다고 보았다. 단체협약법 제4조의a를 협약에 의해 임의로 규율할 수 있는 것이라고 본다면 협약 당사자들이 영향을 미칠 가능성이 존재한다. 독일 학계의 지배적 견해에 의하면 이 조항이 협약 당사자들의 처분에 맡겨져 있는 것이라고 본다. 헌법상 보호되는 단결권에 비추어볼 때 이 조항은 협약 당사자들이 임의적으로 적용할 수 있는 규정으로 해석해야 한다고 보고 입법자의 의도는 노조가 협약을 잃지 않기 위해 노조 스스로 조절하도록 하는 것을 목적으로 한다는 것이다. 교섭창구단일화에 관한 법 규정을 강행규정으로 해석하여 당사자들이 다르게 해석할 여지가 차단되어 있는 우리의 경우와는 차이가 있다.

(7) 독일 단체협약법 제4조의a는 단체협약의 규범적 부분에 대해 적용된다는 점을 유의해야 한다. 따라서 제4조의a를 적용하더라도 소수 노조의 노동조합 활동에 관한 단체협약상 채무적 부분은 효력을 가질 수 있다.

(8) 독일의 협약단일화법에 대해서는 독일 내에서 많은 논란이 있었지만 결국 연방헌법재판소는 원칙적으로 다수 노조를 중심으로 하는 사업장 내 협약 단일화 원칙이 기본법에 위반되지 않는다고 판단하여 기존의 대규모 산별 조직 체제에 대한 법적 지지가 유지될 수 있는 기반을 제공했다. 그러나 독일 정부와 연방

헌법재판소가 강조하고 있는 '노동조합 간의 협력과 연대'를 지향하기 위해 노동조합 간의 경쟁을 억제하는 방향으로 입법이 이루어지는 것이 옳은 것인지, 또한 그러한 입법이 실제 노조 간의 경쟁을 줄어들게 하고 서로 협력하는 분위기로 전환되도록 할 것인지에 대해서는 회의적이다. 소수의견을 제시한 재판관들은 근로자들이 반드시 같은 이해관계를 가져야 하는 것인지에 대해서도 의문을 제기했다. 특히 상대적으로 소수 노조에 해당되는 직업별 노조들이 과거에 비해 잦은 파업을 했다는 점, 정부는 협약단일화법 제정을 통해 이에 대처하려는 의도가 있었다는 점, 연방헌법재판소 스스로 결정문에서 이러한 점이 입법의 동기가 되었을 것이라고 적시하고 있는 점 등을 고려할 때 협약단일화법에 의해 파업권은 영향받지 않는다는 연방헌법재판소의 해석은 이론적으로는 그렇더라도 실제로는 다를 것이라고 쉽게 짐작하게 한다. 어쨌든 연방헌법재판소는 단체협약을 체결하고 있는 소수 노조의 이익이 보호될 수 있도록 법제가 개선되어야 할 필요성이 있다는 조건하에서 단일 협약 원칙에 관한 현행법이 합헌이라는 판단을 내린 것이다.

(9) 독일의 노동조합은 오랫동안 강한 산별 조직 원칙과 사업장 내 단일 협약 원칙을 유지해왔지만 2000년대 이후에는 과거에 비해 기업별 협약도 증가하고 있고, 산별노조와 대립하는 직종별 노조도 증가하는 등 산별 조직 원칙 및 단일 협약 원칙이 예전 같지 않은 모습을 보여왔다. 다만 독일의 기업별 협약은 단일 기업, 즉

단일 사용자와 체결되는 단체협약을 의미한다. 또한 2000년대 초반부터 시작된 하르츠 노동개혁 과정에서 증가된 단시간 저임금 근로자, 동구권 몰락 이후 급속하게 유입된 저임금 외국인 근로자 등의 취약계층에 대해서는 기존의 협약 시스템에 의한 보호가 제대로 작동하지 않게 되었다. 이에 대해 독일 정부는 협약 적용률 제고를 위하여 단체협약의 일반적 구속력 제도를 수정하고, 협약 단일화 원칙의 법제화를 통해 다수 노조를 강하게 지지하는 방식으로 대처했다. 협약 적용률을 높이기 위한 정책적 노력이 필요하다는 점에 대해서는 우리도 진지하게 고민해야 한다. 독일의 협약 적용률이 과거에 비해 낮아졌다고는 하지만 2020년 독일의 협약 적용률은 51%이고, 우리나라는 11.7%에 불과하다. OECD 회원국 평균 노동조합 조직률 25.1%, 평균 협약 적용률 46.1%인 것에 비해 크게 뒤떨어진다. 대체적으로 OECD 회원국들의 평균 협약 적용률은 노동조합 조직률의 약 2배 정도에 이르는데 우리는 노동조합 조직률(10.3%)과 협약 적용률이 별반 차이가 없다. 협약 적용률은 노동조합이 전체 근로자 보호 및 이익 대표를 위해 어느 정도의 역할을 하고 있는지 보여주는 하나의 중요한 기준이다.[109] 우리나라는 노동조합 조직률도 낮을 뿐 아니라 조직 근로자와 미조직 근로자 간의 근로조건 격차도 크다. 따라서 노동조

---

109 강성태·조용만·박귀천, 『초기업 협약과 근로조건 변경에 관한 외국사례 연구』, 고용노동부 연구용역보고서, 2017, 107쪽.

합 조직률이 높아져야 하는 것도 물론 중요하지만 협약 적용률을 제고할 수 있는 방향으로 제도가 개선되어야 할 필요성도 간과할 수 없다.

3장

프랑스의 단체교섭 법제:
기업 단위 단체교섭을 중심으로

조임영
(영남대학교 법학전문대학원 교수)

개관

프랑스 헌법과 노동3권

노동3권과 관련하여 프랑스의 1946년 헌법 전문[1]에서는 '우리 시대에 특히 필요한 정치적, 경제적 및 사회적 원칙' 중의 하나로 다음과 같은 규정을 두고 있다.

모든 사람은 직업단체syndicat의 활동을 통하여 자신의 권리와 이익을 방어할 수 있으며 자신의 선택으로 직업단체에 가입할 수 있다 (제6조).

---

[1] 현행 헌법인 1958년 헌법 전문에서는 1946년 헌법 전문을 승인하고 있으며, 헌법 전문은 헌법적 가치를 가지는 것으로 인정되고 있다.

파업권은 이를 규율하는 법률의 범위 내에서 행사된다(제7조).

모든 노동자는 자신들의 대표를 통해 노동조건의 집단적 결정 및 기업 경영에 참가한다(제8조).

헌법 전문 제6조에서는 단결권 내지 단결의 자유를 규정하고 있는데, 헌법재판소Conseil constitutionnel는 이는 헌법적 가치를 가진다고 판단했다. 헌법에서 단결의 자유를 보장함에 따라 그 당연한 귀결로서 복수노조주의pluralisme syndical 원칙과 노동조합들 간 평등의 원칙이 도출된다. 복수노조주의와 평등의 원칙은 후술하는 바와 같이 법률에서 노동조합들 중 대표성이 인정되는 노동조합들을 선별하고 이러한 노동조합들에 대해 단체교섭 등 단결 활동에 대한 특권을 부여함에 따라 완화되어 있다. 한편 헌법에서는 '모든 사람'에 대해 '직업단체'를 설립하고 가입할 수 있는 권리를 보장함에 따라 이러한 권리는 노동자들의 직업단체뿐만 아니라 사용자들의 직업단체에도 적용된다.

헌법 전문 제7조에서 규정하고 있는 파업권은 헌법적 가치를 가지나 절대적 권리는 아니며 그 획정이 입법자에 속하는 한계를 가진다. 헌법상 보장되는 파업권은 노동조합 또는 조합원의 권리가 아니라 원칙적으로 근로자들의 개별적 권리로 인정되고 그에 따라 단체교섭과의 관련성도 가지지 않는 것이 특징이다. 헌법에서는 파업권에 대해 법률로 규율할 수 있음을 규정하고 있으나 민간 부문의 파업권에 대한 입법은 거의 없고 판례에 의해 규율되고 있으며, 공공 부문의 대해서는 파업권 행사의 주체, 절차 및 범위 등에 대해 입법으로 규율되고 있다.

프랑스 헌법에는 단체교섭권에 관한 직접적인 규정은 없으며, 헌법상 단체교섭은 헌법 전문 제8조에서 도출되는 것으로 파악되고 있다.[2] 헌법재판소는 단체교섭권과 관련하여 사용자와 노동조합 간의 자유로운 임금 교섭은 '노동법의 기본원칙'에 해당한다고 판단하고 헌법적 가치를 부여하지 않았다. 헌법 제34조에서 "법률은 노동법, 단결권 및 사회보장의 기본원칙을 정한다"라는 규정에 근거하여 입법자가 단체교섭을 제한할 수 있다고 판단했다.[3] 노동조합의 단체교섭 독점은 역사적으로 확립된 원칙이다. 그렇지만 헌법재판소는 노동조합의 대표가 없는 영세기업에서의 단체교섭 촉진을 위해 사용자와 근로자들 간의 직접 교섭 등을 통한 단체협약의 체결을 도입한 2018년 법 개정이 자신들의 대표를 통해 노동조건의 집단적 결정 및 기업 경영에 참가한다는 헌법상의 원칙에 위반하며 단결권을 과도하게 침해한다는 주장에 대해, "노동조합이 1946년의 헌법 전문에 따라 특히 단체교섭을 통하여 노동자들의 권리와 이익의 방어를 확보하는 것이 본래

---

[2] Jean-Emmanuel RAY, La place de la négociation collective en droit constitutionnel, NOUVEAUX CAHIERS DU CONSEIL CONSTITUTIONNEL N° 45 (LE CONSEIL CONSTITUTIONNEL ET LE DROIT SOCIAL), OCTOBRE 2014.
[3] Décision du Conseil constitutionnel du 29 avril 2004; Décision du Conseil constitutionnel du 11 juin 1963. Marianne KELLER, Gérard LYON-CAEN, Source du droit du travail, Répertoire de droit du travail, 1992, No. 159-160.

의 사명이라고 하더라도, 노동조합이 단체교섭에 관해 근로자들에 대한 대표를 독점하는 것은 아니다"라며 법 개정이 헌법에 합치한다고 판단했다.[4] 한편 헌법재판소는 참여권은 헌법적 가치를 가지는 것으로 보고 있다.

프랑스 집단적 노사관계법의 주요 특징

>노동조합 설립의 자유와 노동조합의 대표성

헌법상 단결의 자유가 보장됨에 따라 노동조합은 자유로이 설립될 수 있다(노동법전 L. 2131-2조. 이하 '노동법전' 생략). 법률에 따라 노동조합을 설립하기 위해서는 직업단체에 관한 실질적 요건과 형식적 요건을 갖추어야 한다.

실질적 요건으로서 노동법전에서 직업단체의 요건으로 규정하고 있는 목적 및 직업적 연관성, 이 두 요건을 충족해야 한다. 목적과 관련하여 노동법전에서는 "직업단체들syndicats professionnels은 그 규약에서 정한 자들의 집단적·개별적인 물질적·정신적 권리와 이익을 연구하고 방어하는 것을 배타적 목적으로 한다"고 규

---

[4] Conseil constitutionnel, 21 mars 2018, n° 2018-761. 헌법재판소는 1996년 11월 6일의 결정에서 "자신들의 대표성을 확보하는 선거를 통해 지명된 근로자 또는 위임을 받은 자들은 그 관여가 대표적 노동조합의 관여를 방해하는 것을 목적으로 하거나 그러한 결과를 초래하지 않는 경우에는 또한 노동조건의 집단적 결정에 참여할 수 있다"라고 판단했다(décision n° 96-383 DC du 6 novembre 1996).

정하고 있다(L. 2131-1조). 이러한 목적성을 위반한 경우에는 소의 이익을 갖는 모든 자는 목적의 배타성을 위반한 단체의 노동조합성에 이의를 제기하고 해산을 청구할 수 있다.[5] 직업적 연관성과 관련해서는 "동일한 직업, 유사한 직종 또는 특정 상품의 생산에 관련된 직종에 종사하는 자들 또는 동일한 자유 직업을 수행하는 자들의 직업단체 또는 직업조합들syndicats ou associations professionnels 은 자유롭게 설립될 수 있다"고 규정하고 있다(L. 2131-2조). 노동조합을 설립하고자 하는 자들은 이와 같은 공통적인 특성을 가져야 한다. 곧 법률에서는 소속 업종과 관계없이 동일한 직종에 종사하는 자들 전체를 조합원으로 하는 직종별 노동조합, 종사하는 직종과 관계없이 동일한 업종에 속하는 자들을 대상으로 하는 산업별 노동조합, 직종이 다르더라도 동일한 상품의 생산에 관계되는 직종들에 속하는 자들을 대상으로 하는 연관 직종별 노동조합 등과 같은 세 형태의 노동조합의 설립을 허용하고 있다.[6] 이와 같은 동일성, 유사성 또는 연관성의 요건을 위반한 단체는 노동조합으로서의 지위를 주장할 수 없게 될 수 있다.[7] 가령 "노동 또는 활동 분야의 유형에 관계없이 모든 노동자에게" 개방된 노동조합은 노동조합에서 제외된다.[8] 다만 이러한 경우에도 노동자뿐만 아니

---

[5] Cour de cassation, 1998. 4. 10. no 97-13137.
[6] Pascal Lokiec, Droit du travail, Tome Ⅱ Les relations collectives de travail, Puf, 2011, p. 17.
[7] Bernard Teyssié, Droit du travail. Relations collectives, 12e édition, Lexis Nexis, 2020, p. 28.

라 노동조합들을 구성원으로 하는 연합단체의 설립은 금지되지 않는다.

형식적 요건으로는 노동조합을 설립하고자 하는 자들은 규약과 임원의 명단을 시청에 제출해야 한다(L. 2131-3조). 규약의 제출은 해당 노조의 존재를 제3자에게 공지하는 것을 목적으로 한다. 시청이 규약을 접수하면 검사에게 1부를 보내어(L. 2131-1조) 검사가 법정 요건이 갖추어졌는지를 확인한다. 만약 노동조합 설립자가 노동조합의 목적에 관한 노동법전의 규정을 위반한 경우에는 벌칙이 적용되며, 경우에 따라서 검사는 노동조합의 해산 명령 소송을 법원에 제기할 수도 있다. 또한 규약을 허위로 작성한 경우에도 벌칙이 적용된다(L. 2136-1조). 이러한 형식적 요건을 갖추면 노동조합은 법인격이 부여된다(L. 2132-1조).

한편 노동법전에서는 "적법하게 설립된 노동조합은 자신의 물질적·정신적 이익을 연구하고 옹호하기 위하여 연합할 수 있다"고 규정하여(L. 2133-1조) 연합단체나 총연합단체의 설립과 활동을 보장하고 있다.

이와 같이 노동조합을 자유롭게 설립할 수 있으나, 노동조합이 단체교섭에 참여하고 단체협약을 체결하거나 기업 내에서의 조합 활동권을 행사하는 등 특권을 향유하기 위해서는 노동법전에서 정한 대표성 요건을 충족해야 한다.

---

8 Soc., 13 janv. 2009, JCP S, 2009, 1343.

> **단체교섭의 주체 및 교섭창구단일화**

모든 노동조합들이 평등하다는 것은 단결의 자유의 당연한 결과로 인식되었다. 노동조합 설립의 자유는 자유로이 설립된 노동조합은 노동조합이 가지는 모든 특권에 당연히 그리고 직접적으로 접근할 수 있음을 내포하는 것으로 이해되어왔다.[9] 가령 자신이 선택하는 노동조합에 가입할 자유는 개인은 동일한 역할과 동일한 권리를 가지는 노동조합들 중에서 선택할 수 있음을 전제로 하는 것으로 이해되어왔다. 프랑스에서 이러한 전제는 단체교섭 등과 관련하여 다음과 같은 이유로 일정한 대표성을 도입함에 따라 조정되었다. 먼저 노동조합에 대해서는 자신들의 조합원뿐만 아니라 관련 직업의 노동자 전체, 나아가 전체 노동자들을 대표할 수 있는 특권이 부여되었다. 모든 단체는 원칙적으로 자신들의 규약에서 규정하고 있는 조건 및 범위에서 자신들의 구성원들을 대표하는 것을 목적으로 한다. 반면에 모든 단체가 보다 넓은 공동체collectivité의 이익을 표현하고 방어할 수 있는 자격이 있는 것은 아니다. 이를 위해서는 해당 단체가 관련 공동체에 대해 대표적이어야 한다. 이는 노동조합의 경우에도 동일하다. 노동조합이 경제적 또는 사회적 협의 기구에 참여할 경우, 노동조합이 조합원이 아닌 근로자 전체에 적용되는 단체협약을 교섭할 경우 등과 같은

---

9 Gérard Couturier, Droit du travail, 2/Les relations collectives de travail, Puf, 1994, p. 320.

경우에는 노동조합은 해당 직업의 모든 노동자, 나아가 총연합단체의 경우에는 전체 노동자의 이익을 표현하고 방어해야 한다. 이와 관련하여 대표적인 노동조합들만이 이러한 역할을 맡을 수 있다. 이러한 대표성은 노동조합이 자신의 조합원 집단보다도 더 넓은 노동자 공동체의 이름으로 자신의 주장을 제시할 수 있는 자격을 말한다.[10] 다음으로 복수노조주의를 취하고 노동조합을 용이하게 설립할 수 있는 국가들에서, 모든 노동조합이 교섭 테이블에 참여할 수 있다고 할 경우에는 단체교섭은 실행이 불가능할 수 있다. 이에 따라 프랑스 법에서는 1936년 6월 24일의 법률 이래로 단체교섭을 하고 단체협약을 체결할 수 있는 권한을 대표적인 노동조합에 한정함으로써 노동조합에 대한 선정을 실시하고 있다.[11] 다시 말해 단체협약은 조합원인지 여부와 관계없이 해당 교섭단위의 전체 근로자에게 적용되기 때문에 노동조합과의 개별교섭이 아닌 공동교섭의 방식으로 진행되며, 공동교섭에 참여할 수 있는 노동조합은 단체협약의 성질상 해당 교섭단위의 근로자 전체를 대표할 수 있는 대표성이 인정되어야 한다는 것이다.

위와 같이 원칙적으로 해당 교섭단위의 전체 근로자에 대한 대표성이 인정되는 대표적 노동조합들syndicats représentatifs만이 교섭

---

[10] Gérard Couturier, Droit du travail, 2/Les relations collectives de travail, Puf, 1994, pp. 320-321.
[11] Pascal Lokiec, Droit du travail, Tome Ⅱ Les relations collectives de travail, Puf, 2011, pp. 39-40.

자격을 가진다. 대표성을 충족하는 모든 대표적 노동조합들은 단결의 자유에 따른 복수노조 및 평등의 원칙에 따라 조합원 규모 등에 관계없이 교섭에 참가할 수 있다. 사용자는 기업 단위 교섭에서 대표적 노동조합들과 개별교섭을 할 수 없으며 모든 대표적 노동조합과 공동으로 교섭해야 한다.

> **단체협약 체결의 정당성 및 단체협약의 규범성**

노동법전에서는 단체교섭 주체의 자격과 단체협약 체결의 정당성을 분리하고 있다. 또한 단체협약이 유효하게 체결되기 위한 요건으로서 근로자 11인 이상 모든 기업에 설치하는 사회경제위원회의 선출직 종업원대표위원 선거에서의 근로자 지지율을 기반으로 하는 다수 대표 원칙을 도입하고 있다.

단체협약은 사용자를 기준으로 적용된다. 기업별 협약의 경우 해당 기업의 모든 근로자에게 적용되며, 초기업 단위 협약의 경우에는 사용자가 단체협약에 서명한 사용자단체에 가입하고 있고 협약의 적용 영역에 해당하면 사용자가 고용하고 있는 모든 근로자들에게 적용된다. 즉 이러한 요건을 충족하면 협약에 서명한 또는 서명하지 않은 노동조합의 조합원인지 여부, 근로자의 의사, 근로자가 종사하는 업무와 관계없이 협약은 모든 근로자에게 적용된다(단체협약의 만인효$^{erga\ omnes}$ 시스템).

> **근로자 개인의 권리로서의 파업권**

프랑스에서 파업권은 개별 근로자의 권리이다. 판례는 파업을 근로자들의 "직업적 요구를 관철시키기 위한 합의된 집단적 노동의 중단"으로 정의하고 있다. 따라서 파업은 그 성질상 집단적으로 행사되어야 한다(집단적으로 행사되는 근로자의 권리).

이에 따라 민간 부문의 경우에 파업 자체는 노동조합과 무관한 근로자 개인의 권리이기 때문에 비조합원에게도 파업권이 인정되고, 조합원이라고 하더라도 노동조합이 주도하는 파업에 참여할 의무를 지는 것은 아니다. 또한 반드시 노동조합의 지시 내지 결정에 의해서 파업이 이루어져야 하는 것은 아니기 때문에 비노조 파업이라는 개념 자체가 없다. 그리고 파업의 이러한 성질에 따라 파업은 단체교섭과 무관하게 행해질 수 있고, 이른바 독일식의 최후 수단의 원칙도 적용되지 않는다.

노동조합 및 사용자의 대표성

노동조합의 대표성

>노동조합의 대표성과 노동조합의 특권

프랑스에서는 복수노조주의를 취하고 있고, 노동조합은 노동법전에서 규정하고 있는 직업단체로서의 요건을 갖추고 행정관청에 규약을 제출함으로써 설립할 수 있다. 이와 같이 노동조합의 설립은 용이하다. 한편 노동법전에서 규정하고 있는 직업단체에 관한 요건은 노동자들의 단결체인 노동조합만을 대상으로 하는 것은 아니며, 단결의 자유가 보장되는 모든 자들을 대상으로 한다. 따라서 직업 활동을 수행하는 사용자도 포함되며, 근로자들의 직업단체는 사용자의 이익을 대표하는 자들을 구성원으로 할 수도 있다.[12] 즉 노동법전상의 요건은 직업단체에 관한 일반적인 요건이며, 근로자들의 직업단체인 노동조합이라고 하여 그 요건 자체에서 자주성 등의 요건을 별도로 요구하고 있는 것은 아니다.[13]

이와 같이 프랑스에서는 설립된 모든 노동조합이 사용자에 대한 대항 단체로서의 성격을 가지는 것이라고는 할 수 없으며, 노동조합의 설립도 용이하다. 이에 따라 ①어떤 노동조합에 대해 조합 활동권 등의 특권을 부여할 것인지, ②어떤 노동조합에 대해 단체교섭 및 단체협약 체결권을 부여할 것인지가 문제될 수 있다. 현행 노동법전에서는 ①과 관련하여 노동조합 중에서 자주성 등을 갖춘 진정 노동조합으로서의 적격성이 인정되는 '적격 노동조합syndicat qualifié'을 설정하고 있고, ②와 관련해서는 적격 노동조합이라고 하더라도 프랑스 단체교섭 및 단체협약 시스템상 모든 노동조합이 교섭에 참여하는 것은 곤란하다는 사정을 반영하여 대표성이 인정되는 '대표적 노동조합'을 별도로 설정하고 이에 대한 요건들을 규정하고 있다.

적격 노동조합으로서의 요건을 갖추면 단체교섭 및 단체협약 체결을 제외하고 대표적 노동조합과 동일한 조합 활동권을 가진다. 구체적으로는 종업원대표 선거 후보 추천, 기업 내 노동조

---

12 노동법전에서도 '직업단체들syndicats professionnels', '근로자들의 직업단체들syndicats professionnels de salariés', '사용자들의 직업단체들syndicats professionnels d'employeurs'이라고 규정하고 있으며, 근로자들의 직업단체가 노동조합에 해당한다.
13 박제성, 「프랑스에서 노동조합의 정의」, 『노동조합 정의 규정 재검토 연구』, 한국노동연구원, 2011. 6. 10, 86쪽 이하 참조.

합 지부section syndicale 설치, 노동조합 지부 대표représentant de la section syndicale 임명(50인 이상 사업), 조합 사무실·조합 유인물의 게시 및 배포·조합 집회·조합비 징수·대표 활동 시간 등 조합 활동 수단 등이 보장된다. 대표적 노동조합에 대해서는 이러한 조합 활동권 이외에 기업 내 조합대표위원délégué syndical 임명, 단체교섭 및 단체협약 체결, 정부의 각종 노사동수위원회 참여 등의 특권이 부여된다.

헌법재판소는 이러한 노동조합 선별이 헌법상 참여의 원칙에 반하지 않는 것으로 보고 있다. 헌법재판소는 "입법자가 노동자들의 노동조건의 집단적 결정 및 기업 경영에의 참가에 관한 권리의 시행 조건을 결정하기 위하여 노동조합의 대표성 기준을 정하는 것은 허용"된다고 판단하고 있다.[14] 그리고 국사원Conseil d'État은 노동조합의 대표성을 "모든 집단적 노사관계에 적용되는 법의 일반 원칙"으로 승인하고 있다.[15] 이러한 입장은 프랑스 노동조합이 단체교섭 및 단체협약을 통해 조합원뿐만 아니라 해당 단위의 전체 근로자를 대표하고 있는 점, 단체협약의 적용은 법규범과 유사한 역할과 기능을 가진다는 점 등에 근거하고 있는 것으로 보인다.

---

14 Déc., 2010-42 du 7 oct. 2010.
15 CE 11 oct. 2010, no 327.660, Rec., concl.

> **노동조합의 대표성 기준**

대표성의 기준, 성질 및 평가 방식

노동법전에서는 노동조합의 대표성은 다음과 같은 누적적 기준들critères cumulatifs에 따라 결정된다고 규정하고 있다.

①공화국 가치들의 존중.
②자주성.
③재정의 투명성.
④교섭단위에 해당하는 직업 및 지역 영역에서의 최소 2년 존속. 이 존속 기간은 규약의 법적 제출일부터 산정된다.
⑤종업원대표 선거 득표율.
⑥주로 활동 및 경험에 따른 영향력.
⑦조합원 수 및 조합비.

법관은 사용자가 조합대표위원과 교섭을 진행했다는 등의 사실상의 대표성을 인정할 수 없다.[16] 노동조합은 법규 및 협약이 적용되는 해당 단위에서 대표적이어야 하며, 노동조합에 대한 일반적 대표성은 인정되지 않는다.[17] 또한 대표성에 관한 기준들은 절대적 공서公序에 해당하므로 단체협약에서 그 기준들을 하회하

---

16 Soc., 31 mars 2010, no 09-60115.
17 CE nov. 1973.

는 예외를 둘 수 없다.

노동법전에서는 대표성에 관한 기준들을 구분하고 있지 않으나 그 성질에 따라 다음과 같은 두 그룹으로 분류된다. ①공화국 가치들의 존중, ②자주성, ③재정의 투명성 및 ④교섭단위에 해당하는 직업 및 지역 영역에서의 최소 2년 존속 등 네 가지 기준들은 진정 또는 적격 노동조합이기 위한 기본 기준(질적 기준)들이다. 노동조합의 대표성 기준 중 하나인 ⑤종업원대표 선거 득표율에 대한 평가 근거가 되는 종업원대표 선거는 4년 주기로 실시되며, 따라서 노동조합의 대표성도 4년마다 평가된다. 그렇지만 ①부터 ④까지의 기준들이 지속적으로 충족되어야 하며, 이에 대한 법적 다툼에서 그 결여가 확인되면 그 즉시 대표성을 상실한다.[18] 노동법전에서는 이러한 적격 노동조합이기 위한 기준으로 ①, ② 및 ④를 규정하고 있는데(L. 2142-1), 판례에서는 ③을 추가하고 있다.[19]

그 외의 ⑤종업원대표 선거 득표율, ⑥주로 활동 및 경험에 따른 영향력, ⑦조합원 수 및 조합비 등에 대한 기준은 보충적인 기준들로서 대표성 인정 기준(질적 기준)이라 할 수 있다. 이 기준들이 충족되면 선거 주기에 해당하는 모든 기간 동안 충족한 것으로 간주된다. 가령 조합원 수 및 조합비가 예외적으로 감소하더라

---

18 Soc., 14 nov. 2013, no 12-29,983.
19 Soc., 22 févr. 2017, no 16-60123.

도 선거 주기 4년의 나머지 기간 동안 대표성에 영향을 미치지 않는다.

따라서 노동조합의 대표성에 관한 기준은 일곱 가지라기보다는 사실상 세 가지라 할 수 있다(4+3). 요컨대 노농법전에 따라 규약을 제출하고 설립된 노동조합은 네 가지 기본 기준을 충족할 경우에 적격 노동조합으로 인정되며 조합지부 설립 등 조합 활동권을 향유한다. 그렇지만 이 단계에서는 기업 내 교섭 담당자인 조합대표위원을 임명할 수 없으며 그에 따라 단체교섭 및 단체협약 체결권을 가지지 못한다. 이러한 적격 노동조합이 추가적으로 세 가지 대표성 인정 기준을 충족할 경우 대표적 노동조합이 되며 기업 등 관계 교섭단위에서 단체교섭 및 단체협약 체결권의 특권을 가질 수 있다.

노동법전에서는 노동조합의 대표성은 일곱 가지의 '누적적 기준들(cumulatifs)'에 따라 결정된다고 규정하고 있다. 누적적 기준들이라는 의미는 각각의 기준들을 독립적으로 전부 고려해야 한다는 의미를 가질 수 있다. 그런데 이 일곱 가지 기준은 중복될 수 있는데(조합원 수/득표율/영향력; 경험/활동; 자주성/조합비/조합원), 이러한 기준들을 도입한 취지는 노동 현장에서의 노동조합의 존재를 보다 실질적이고 효과적으로 확인하기 위한 것이다.

판례는 노동조합의 대표성 기준을 충족했는지에 대해 다음과 같이 두 부분으로 나누어 평가하는 방식을 취하고 있다.[20] 대표성 기준 중 적격 노동조합에 관한 ①공화국 가치들의 존중, ②자주성, ③재정의 투명성 등의 세 가지 기준은 독립적으로 평가한다. 판례는 "노동법전 L. 2121-1조에서 규정하고 있는 노동조합의 대표성 기준들은 노동조합의 대표성을 확인하기 위해 전체적으로 충족되어야 하지만 공화국 가치들의 존중, 자주성 및 재정의 투명성에 관한 기준들은 독립적으로 충족되어야 한다"고 보았다. 그러나 그 외의 네 가지 기준에 대해서는 종합적으로 평가하며, 각 기준들은 상호 보완될 수 있다. 판례에 따르면, "주로 활동 및 경험에 따른 영향력, 조합원 수 및 조합비, 존속 기간 등에 관한 기준들은, 존속 기간이 최소 2년이고 선거 득표율이 최소 유효투표의 10%인 경우 종합적 평가의 대상이 되어야 한다". 이 사건에서 판례는 영향력 및 조합원 수는 최소 2년이었던 노동조합의 존속 기간 및 16.13%였던 선거 득표율과 함께 종합적으로 평가되어야 한다고 보았던 것이다.

대표성 기준들의 내용
⊙ 공화국 가치들의 존중

공화국 가치들의 존중 기준은 불확정적인 내용의 개념이다. 2008년 법률에서 종전의 대표성 기준의 하나였던 '점령기 애국적 태도'의 기준을 '공화국 가치들의 존중'으로 대체했는데, 법 개정 당시 대표성 판단에 이러한 기준을 두는 것이 적정한지에 대해

---

20 Soc., 29 févr. 2012, no 11-13.748.

상원이 반대하는 등 논란이 많았다.

  이 기준의 구체적 내용에 대해서는 입법의 근거가 되었던 2008년 4월 9일의 노사 공동 입장$^{position\ commune}$을 참조할 수 있다. 이 공동 입장에서는 공화국 가치의 준수로서 표현, 정치, 철학 또는 종교의 자유 준수와 모든 차별, 전통주의^{intégrism} 또는 불관용^{intolérance}의 거부를 들고 있다. 이러한 의미에서 파기원(프랑스 최고재판소)은 근로자의 출신^{origine}을 이유로 한 직접 또는 간접 차별을 권장하는 노동조합이 공화주의 가치를 위반했다고 판단했다.[21] 파기원은 이 기준들의 판단에 있어 신중한 입장을 취하고 있다. 전국노동연맹(CNT)의 규약의 내용상 '혁명적'이거나 과격한 투쟁을 선동할 수 있을 것이라는 점에서 노동조합의 대표성을 다툰 사건에서 파기원은 사실심 법관으로 하여금 규약의 문언뿐만 아니라 노동조합의 실제적 활동에 근거하여 판단할 것을 요구했다. 파기원은 오늘날과 매우 다른 맥락에서 과거 작성될 수 있었던 규약의 급진성과 대부분의 활동이 파업과 시위의 조직에 한정되고 있는 활동의 실제를 구분할 것을 요구했다.[22]

  공화국 가치의 준수는 추정된다. 따라서 법적 다툼에서 그 입증은 노동조합의 공화주의 가치의 준수를 다투는 자가 부담한다.[23]

---

21 Soc., 12 déc. 2016, no 16-25.793.
22 Soc., 9 sept. 2016, no 16-20605.
23 Soc., 12 déc. 2016, no 16-25.793.

⊙ 자주성

자주성 기준은 사용자의 영향하에 있는 노조들에 대표성 권한을 부여하는 것을 피하기 위해서이다. 이 전통적 기준은 회사노조 syndicat-maison, 즉 사용자의 주도로 또는 사용자의 지지를 받아 설립된 노조를 대상으로 한다. 파업 기간 중에 사용자의 지원을 받은 노조, 거의 대부분의 조합원들이 인사노무관리 부서 소속인 노조[24] 또는 사용자의 호의를 받은 노조(금품 지급, 운영비 부담)도 동일한 대상이다.[25] 자주성의 기준도 추정되며, 그 입증은 이를 다투는 자가 부담한다.

⊙ 재정의 투명성

재정의 투명성은 자주성의 기준에 실효성을 부여하고자 하는 취지에서 도입되었다. 법률에서는 노동조합에 회계 서류의 작성과 공표 등을 부과하고 있다. 이를 통해 조합 계좌에의 접근을 가능하게 하고 노동조합이 주로 사용자에 의해 자금이 조달되지 않는다는 것을 확보할 수 있도록 하고 있다.

재정의 투명성에 대한 증명은 대표적 노동조합에게 부여되는 특권의 행사를 요구하는 노동조합이 부담한다.

---

24 Soc., 26 févr. 1975, Bull. civ. V, no 102.
25 Soc., 11 janv. 1979, Bull. civ. V, no 31.

ⓞ교섭단위에 해당하는 직업 및 지역 영역에서의 **최소 2년 존속**

대표성을 충족하기 위해 노동조합은 규약의 법적 제출일로부터 교섭단위, 즉 해당 대표성을 주장하는 단위를 포괄하는 직업 및 지역 영역에서 최소 2년간 존속해야 한다.

ⓞ종업원대표 선거 득표율

노동조합의 대표성 기준으로 득표율은 2018년 8월 20일 법에 의해 새로이 도입된 기준 중 가장 중요한 기준이다. 득표율은 노동조합의 민주적 기반 강화, 이를 통한 조합과 기업의 근로자들과의 관계 강화, 근로자들에 대한 단체협약의 정당성 확보 등의 취지에 따라 도입되었다. 노동법전에서는 사업 또는 사업장 단위, 그룹 단위, 업종 단위, 전국 및 직업 간 단위별로 대표성 인정을 위한 득표율 기준을 두고 있다.

■사업 또는 사업장 단위 대표성

최근의 사회경제위원회 종업원대표위원 선거(직업 선거) 1차 투표에서 투표자 수에 관계없이 유효투표의 10% 이상을 득표해야 한다(L. 2122-1조).

■그룹 단위의 대표성

사업 또는 사업장 단위에서의 대표성에 관한 규정을 따르는데, 해당 그룹의 사업 또는 사업장들에서 획득한 총득표가 10% 이상이어야 한다(L. 2122-4조).

■ 업종 단위의 대표성

최근의 직업 선거 1차 투표의 유효투표와 근로자 11인 미만 기업들에서의 선거 유효투표를 해당 업종 단위에서 합산하여 유효투표의 8% 이상을 득표하고, 해당 업종 내에서 지역적으로 균형 있게 설립되어 있어야 한다(L. 2122-5조).

■ 전국 및 직업 간 단위의 대표성

업종 단위의 대표성 요건과 유사한데, 전국 단위에서 합산하여 유효투표의 8% 이상을 득표하고, 제조업, 건설업, 서비스업 및 상업 부문에서 동시에 대표성이 인정되어야 한다.

⊙ 주로 활동 및 경험에 따른 영향력

영향력은 득표율과 구분된다. 영향력은 노조가 대표성을 인정받고자 하는 단위에서 근로자들을 위해 실시했던 실제적인 경험 및 활동에 따라 평가된다.

⊙ 조합원 수 및 조합비

조합원 수 및 조합비 규모는 원칙적으로 기업 내에서의 활동 능력에 대한 기준이다. 인적 및 재정적 자원이 없는 노조는 강력한 지지율이 있다고 해도 활동 능력에서 사실상 제한을 받기 때문이다. 프랑스 노동조합의 평균적인 조직률은 7-8%. 따라서 법원은 기업의 근로자 수, 해당 직종 또는 경쟁 노동조합이 있는 기업에서의 조직률 및 조합비 등을 반영하여 대표성을 결정한다.

대표성에 관한 평가 주체

전국, 업종 및 직업 간 단위에서의 대표성이 인정되는 노동조합들의 목록은 노동장관이 '사회적 대화 최고위원회Haut Conseil du dialogue social'의 의견을 들은 후 결정한다. 사회직 대화 최고위원회는 전국 단위의 대표적인 사용자단체와 노동조합, 노동장관의 대리인 및 관련 전문가로 구성된다(L. 2122-11조). 대표성 리스트에 포함되지 않은 노동조합은 소를 제기할 수 있다.

사업 또는 사업장 단위의 대표성에 대한 다툼이 있는 경우 법원에 소를 제기할 수 있는데, 대표적 노동조합의 인정에 따른 특권 행사와 무관하게 다툴 수는 없다(소의 이익).[26]

> **대표적 노동조합 현황**

노동장관은 2021년 직업 선거의 결과 등에 기반하여 2021-2025년 전국 단위에서 그 대표성을 인정할 수 있는 노동조합으로 CFDT(Confédération française démocratique du travail), CGT(Confédération générale du travail), CGT-FO(Confédération générale du travail-Force ouvrière), CFE-CGC(Confédération française de l'encadrement-Confédération générale des cadres), CFTC(Confédération française des travailleurs chrétiens) 등 5개 노동조합을 결정했다.[27] 이와 관련하여 2021년 직업 선거 결과를 보면 다음과 같다.[28]

선거인명부 등록 근로자 수	14,118,287
투표자 수	5,398,796
유효투표 수	5,016,355
투표율	38.24%

● ― 2021년 직업 선거 투표율.

노동조합	유효투표 수	득표율
CFDT	1,343,055.97	26.77%
CGT	1,151,897.16	22.96%
CGT-FO	764,329.75	15.24%
CFE-CGC	597,777.70	11.92%
CFTC	476,564.83	9.50%

● ― 2021년 직업 선거 8% 이상 득표 노동조합(대표적 노동조합 인정 기준 초과).

노동조합	유효투표 수	득표율
UNSA	300,391.32	5.99%
Solidaires	184,513.47	3.68%
기타 1% 미만 득표 전체 노동조합	190,896.24	3.81%

● ― 2021년 직업 선거 8% 미만 득표 노동조합(대표적 노동조합 인정 기준 미달).

---

26 Soc., 20 avr. 2017; Soc., 24 janv. 2018.
27 Arrêté du 28 juillet 2021 fixant la liste des organisations syndicales reconnues représentatives au niveau national et interprofessionnel.
28 HAUT CONSEIL DU DIALOGUE SOCIAL du 26 mai 2021. https://travail-emploi.gouv.fr/IMG/pdf/mesure_ni_2021_mars_vdef.pdf

사용자의 대표성

사업장, 기업 또는 그룹 단위에서 유일한 계약 당사자는 사용자이므로 사용자 측의 대표성은 문제되지 않는다. 그렇지만 업종, 전국 단위에서 어떤 단체가 사용자들을 실제 대표하는 것으로 볼 것인지는 문제가 될 수 있다.

노동법전에서는 사용자단체의 대표성을 다음과 같은 누적적 기준들에 따라 결정한다고 규정하고 있다(L. 2151-1조).

①공화국 가치들의 존중.
②자주성.
③재정의 투명성.
④교섭단위에 해당하는 직업 및 지역 영역에서의 최소 2년 존속. 이 존속 기간은 규약의 법적 제출일부터 산정된다.
⑤주로 활동 및 경험에 따른 영향력.
⑥자발적으로 가입한 기업 수 또는 그 근로자 수에 따라 산정되는 지지율.

다음과 같은 요건을 갖춘 사용자단체는 업종 단위에서 대표성이 인정된다(L. 2152-1조).

1. L. 2151-1조 ①~⑤에서 규정하고 있는 기준들을 충족할 것.

2. 해당 산업에서 지역적으로 균형 있게 수립되어 있을 것.
3. 회비 납부일에 가입하고 있는 기업들 및 단체들이 L. 2151-1조 ①~④에서 규정하고 있는 기준들을 충족하는 해당 업종의 사용자단체들에 가입하고 있는 전체 기업들의 8% 이상이거나 또는 그 기업들의 근로자의 8% 이상일 것. 지지율의 평가는 4년마다 실시한다.

다음과 같은 요건을 갖춘 사용자단체는 전국 단위에서 대표성이 인정된다(L. 2152-4조).

1. L. 2151-1조 ①~⑤에서 규정하고 있는 기준들을 충족할 것.
2. 가입 단체들이 제조업, 건설업, 상업 및 서비스업에서 동시에 대표적일 것.
3. 회비 납부일에 가입하고 있는 기업들 및 단체들이 L. 2151-1조 ①~④에서 규정하고 있는 기준들을 충족하며, L. 2152-5조의 규정에 따라 입후보를 신고한 사용자단체에 가입해 있는 전체 기업들의 8% 이상이거나 또는 그 기업들의 근로자들의 8% 이상일 것. 지지율의 평가는 4년마다 실시한다.

그에 따라 MEDEF, CPME 및 U2P가 2021년 전국 또는 업종 단위 대표적 사용자단체로 인정되었다. 사용자단체의 대표성 인정 기준의 하나인 가입 기업 수 또는 가입 기업에서 고용하고 있

는 근로자 수에 대한 현황을 보면 다음과 같다.[29]

사용자단체	기업 수	사용자 수	근로자 수
MEDEF	125,929	114,934	9,367,164
CPME	243,397	124,131	4,044,821
U2P	203,715	109,598	709,852
CNDI	387	301	1,975
총계	573,428	348,964	14,123,812

사용자단체	기업 가입률	사용자 가입률	대상 근로자 비율
MEDEF	21.96%	32.94%	66.32%
CPME	42.45%	35.57%	28.64%
U2P	35.53%	31.41%	5.03%
CNDI	0.07%	0.09%	0.01%
총계	100.00%	100.00%	100.00%

● ― 2021년 전국 또는 업종 단위 사용자단체의 가입 기업 및 근로자 현황.

---

29 Ministère du Travail, de l'Emploi et de l'Insertion, Représentativité patronale: les résultats de la mesure d'audience 2021, 7 juillet 2021. https://travail-emploi.gouv.fr/archives/archives-presse/archives-communiques-de-presse/article/representativite-patronale-les-resultats-de-la-mesure-d-audience-2021

단체교섭 및 단체협약

산업(업종) 단위 단체교섭

> 교섭의무

산업별 협약에 관계된 단체들은 다음과 같은 교섭의무를 가진다(L. 2241-1조). 첫째, ①임금, ②남녀 간 직업적 평등의 확보와 관련한 조치 및 확인된 불평등의 구제와 관련한 회복 조치 및 기업들에 성적 괴롭힘 등의 예방 및 금지 활동을 위한 수단의 제공, ③친족을 돌보는 근로자들의 직업 생활과 개인 생활 간의 양립을 촉진하는 조치, ④근로조건, 고용 및 직업 능력의 사전 관리 및 법률에서 규정하고 있는 직업적 위험 요소에 대한 노출 영향의 검토, ⑤장애인 근로자의 취업 및 고용 유지와 관련한 조치, ⑥근로자의 직업교육 훈련의 당면 과제, 목적 및 수단 등의 사항에 대해 4년마다 1회 이상 교섭해야 한다. 둘째, ①직무 분류의 개정 필요성에 대한 검토, ②복수 기업들 간 하나 또는 복수의 근로자 저축 계획 도입 등의 사항에 대해 5년마다 1회 이상 교섭해야 한다.

이와 같은 사항에 대해 체결된 협약에서는 첫 번째 사항들에 대해서는 4년 범위 내에서, 두 번째 사항들에 대해서는 5년 범위 내에서 재교섭 주기를 정할 수 있다(L. 2241-6조).

산업별 협약에 관계된 단체들은 어느 일방의 요청에 따라 해당 산업 단위에서의 교섭 일정, 교섭 주기, 교섭 사항 및 교섭 방식을 구체화하는 교섭도 실시할 수 있다(L. 2241-4조).

이러한 협약이 없는 경우 또는 관련 규정을 준수하지 않는 경우에는 다음과 같이 교섭을 해야 한다. 임금에 관해 1년에 1회 이상 교섭, 남녀 간 직업적 평등, 근로조건, 고용 및 직업 능력의 사전 관리, 장애인 근로자, 직업교육 훈련 및 견습에 대해서는 3년마다 교섭, 직무 분류 및 근로자 저축에 대해서는 5년마다 교섭해야 한다(L. 2241-7조).

> **교섭 방식**

교섭은 교섭 당사자들이 선택한 규칙에 따라 진행된다. 법률에서는 교섭과 관련하여 사용자에 대해 교섭에 필요한 정보를 제공하도록 하고(L. 2241-3조), 협약으로 교섭에 참여하는 근로자들의 임금, 이동 비용의 보장 등을 정하도록 하고 있다(L. 2232-8조).

> 단체협약의 체결

단체협약이 유효하게 성립하기 위해서는 직업 선거에서 대표성이 인정되는 노동조합들을 지지하는 유효표의 30% 이상을 득표한 해당 단위의 하나 또는 복수의 대표적 노동조합이 서명해야 하며, 동일한 선거에서 대표성이 인정되는 노동조합들을 지지하는 유효표의 과반을 득표한 하나 또는 복수의 노동조합들이 반대하지 않아야 한다(L. 2232-6조).

기업 단위 단체교섭

> 기업 내의 근로자대표 시스템

노동조합

◉노동조합 지부

프랑스에서 노동조합은 역사적으로 기업 외부에서 조직되어 활동해왔다. 그런데 1968년 12월 27일 기업 내에서의 단결권 행사가 법적으로 승인되면서 노동조합 지부를 설치할 수 있음에 따라 기업 내에 뿌리를 내릴 수 있었다.

노동법전에서는 "단결권의 행사는 모든 기업에서 인정"되며, 노동법전에서 정한 바에 따라 "노동조합은 모든 기업에서 자유로이 조직될 수 있다"고 규정하고 있다(L. 2141-4조).

또한 ①해당 사업 또는 사업장에서 대표적인 각각의 노동조합,

②전국 및 직업 간 단위에서 대표적인 노동조합에 가입한 각각의 노동조합, 또는 ③공화국 가치들의 존중·자주성의 기준을 충족하고 최소 2년 동안 법적으로 설립되고 그 직업적·지역적 영역이 관계 기업을 포함하고 있는 각각의 노동조합은 사업 또는 사업장에 복수의 조합원이 있는 경우 노동조합 지부를 설치할 수 있다고 규정한다(L. 2142-1조).

노동조합 지부는 노동조합과 달리 법인격을 가지지 않는다. 이에 따라 노동조합 지부는 단체교섭 및 단체협약을 체결할 수 없다. 또한 파업의 경우에도 법적 책임을 부담하지 않는다. 노동조합 지부 대표 또는 조합대표위원은 지부의 구성원들에 의해 선출되는 것이 아니라 노동조합에 의해 임명된다. 마찬가지로 노동조합 지부는 노동조합과의 관계에서 아무런 자율성을 가지지 않으며, 노동조합은 언제라도 그 설립 및 해산을 결정할 수 있다.

노동조합 지부에 대해서는 조합비 징수, 조합 사무실 활용, 근로자들과 노동조합과의 연락 확보, 조합원 회합의 조직, 외부 인사의 초대 등과 같은 조합 활동을 위한 권리가 보장된다.

⊙노동조합 지부 대표

근로자 50명 이상의 사업 또는 사업장에 노동조합 지부를 설치한 각각의 노동조합은 해당 사업 또는 사업장에서 대표적이지 않더라도 사업 또는 사업장에서 노동조합을 대표하기 위해 노동조합 지부 대표를 임명할 수 있다(L. 2142-1-1조 제1항). 노동조합 지부 대표의 임명은 대표성이 없는 노동조합에 한정된다. 대표성이 없는 노동조합에 대해 노동조합 지부 대표를 임명할 수 있도록 한 것은 새로 설립된 노동조합이나 기업 내 기반이 약한 노동조합은 대표성이 없는 경우 조합대표위원을 임명할 수 없어 기업 내에 자신의 주장을 전달할 수 있는 아무런 대표자를 가질 수 없고, 그에 따라 대표성 인정 기준인 10% 득표율에 접근할 가능성을 전혀 가질 수 없기 때문이다. 나아가 직업 선거에서 대표성을 상실하여 조합대표위원을 새로이 임명할 수 없는 노동조합의 경우에도 노동조합 지부 대표를 통해 조합 활동을 할 수 있도록 한 것이다.

노동조합 지부의 대표로 임명되기 위해서는 조합대표위원과 동일한 요건을 갖추어야 하는데, 만 18세 이상, 해당 기업에 소속된 근로자, 근속연수 1년 이상 등이다. 근속기간 1년의 요건은 기업의 신설 또는 사업장 개설의 경우에는 4개월로 단축된다(L. 2142-1-2조 및 L. 2143-1조).

한편 노동조합들은 1명의 노동조합 지부 대표를 임명할 수 있다. 또한 근로자 50명 미만을 고용하는 기업에 노동조합 지부를 설치하는 대표성이 없는 노동조합들은 노동조합 지부 대표로 사회경제위원회의 종업원대표위원을 임명할 수 있다(L. 2142-1-4조). 이렇게 임명된 노동조합 지부 대표는 단체협약에 대한 교섭권을 제외하고 조합대표위원과 동일한 권리를 향유한다(L. 2142-1-1조 제2항).

⊙ 조합대표위원

　1968년 법에 의해 기업 내에 노동조합 지부 설치가 허용된 이래 조합대표위원은 기업 내의 모든 사항과 관련하여 핵심적인 역할을 수행한다. 조합대표위원은 단체교섭에 관해 사용자의 의무적인 교섭 당사자가 되며, 실제 사회경제위원회 1차 선거의 후보자 명부를 작성하는 등 기업 내에서 해당 노동조합을 대표한다. 최근 조합대표위원은 4만 명에 이른다.

　조합대표위원의 자격 요건은 만 18세 이상, 최소 1년 이상 사업 또는 사업장에서 근속 등이며(L. 2142-1조) 직급상 사용자에 포함되어서는 안 된다.[30]

　근로자 50명 이상의 사업 또는 사업장에서 노동조합 지부를 설치한 각각의 대표적 노동조합은 사용자에 대하여 자신을 대표하기 위해 최근의 사회경제위원회 선거 1차 투표에서 투표자 수에 관계없이 유효투표의 10% 이상을 득표한 직업 선거 후보자들 중에서 한 명 또는 복수의 조합대표위원을 임명할 수 있다(L. 2143-3조 제1항). 그러나 직업 선거에서 해당 노동조합을 통해 출마한 어떤 후보도 10%를 득표하지 못한 경우, 직업 선거에서 10%의 득표를 충족한 후보자가 전혀 없는 경우 또는 10%의 득표를 충족한 모든 자가 조합대표위원 되는 것을 포기한 경우 등의 상황에서는 노동조합이 그 이외의 후보자들 중에서 또는 그러한 후보자가 없

---

30 Soc., 18 mars 2015.

는 경우에는 해당 사업 또는 사업장에서 자신의 조합원들 중에서 또는 사회경제위원회의 임기가 한도에 이른 이전 선출 종업원대표위원 중에서 조합대표위원을 임명할 수 있다(L. 2143-3조 제2항).

조합대표위원의 임기는 늦어도 자신을 임명한 노동조합의 대표성을 재확인하는 직업 선거(4년마다 실시) 1차 투표 시에 종료된다(L. 2143-11조). 이와 같이 조합대표위원은 선거를 통한 정당성과 노동조합의 임명이라는 이중의 정당성을 가진다.

한편 근로자 50명 미만을 고용하는 사업장에서 해당 사업장의 대표적 노동조합들은 사회경제위원회 종업원대표위원을 그 임기 동안 조합대표위원으로 임명할 수 있다(L. 2143-6조).

각각의 대표적 노동조합들이 임명할 수 있는 조합대표위원의 수는 기업의 규모에 따라 다르다. 가령 근로자 수가 4,000명인 기업에 6개의 대표적 노동조합이 있는 경우 각각의 노동조합이 임명할 수 있는 조합대표위원의 총수는 24명이다.

기업 규모	조합대표위원의 수
근로자 50-999명	1
근로자 1,000-1,999명	2
근로자 2,000-3,999명	3
근로자 4,000-9,999명	4
근로자 10,000명 이상	5

●― 기업 규모에 따른 조합대표위원의 수.

조합대표위원의 임무는 사용자와의 교섭 시 사용자의 의무적인 상대방인 교섭 담당자가 된다. 특히 법률에 따른 의무적 교섭의 경우에는 조합대표위원만이 사용자의 교섭 상대방이 된다. 기업 내에 조합대표위원이 있는 경우 조합대표위원이 교섭을 독점하며, 사용자가 사회경제위원회 종업원대표위원 등과 협약을 체결하는 것은 허용되지 않는다. 해당 노동조합을 대표하며 단체교섭의 담당자인 조합대표위원은 집단적 노동분쟁 시에 법률에서 특별한 역할을 부여하지 않고 있지만 적극적 역할을 한다. 프랑스에서 공공 부문을 제외하고 파업은 노동조합의 권리가 아니며 개별 근로자의 권리이지만 실제로 파업의 대부분은 노동조합에 의해 실시되기 때문이다. 또한 조합대표위원은 해당 노동조합 지부에서 조합 활동 시간이 부여된 특별한 구성원으로, 법적 책임자는 아니지만 유인물의 배포·게시, 통신, 사업장 내외의 회합 등에서 매우 적극적인 활동을 수행한다.

사회경제위원회

프랑스 헌법 전문 제8조는 "모든 노동자는 자신들의 대표를 통해 노동조건의 집단적 결정 및 기업 경영에 참여한다"고 규정하고 있다. 이러한 경영 참가의 일환으로 노동법전상 '사회경제위원회'가 도입되어 있다(L. 2311-1조 이하).[31] 사회경제위원회는 '기업 내에서의 사회경제적 대화의 재편 및 노동조합 책무의 수행과 강화에 관한 2017년 9월 22일 행정법률^{ordonnance}'에 의하여 도입되었다.

사회경제위원회 도입 이전에 근로자 대표 기구로는 근로자 11명 이상의 기업에 종업원대표^{délégué du personnel}, 근로자 50명 이상의 기업에 기업위원회^{comité d'entreprise}, 보건·안전·근로조건위원회^{comité d'hygiène, de sécurité et des conditions de travail}가 있었는데, 기업 내에서 사회적 대화가 보다 효과적이고, 노동 공동체를 적정하게 대표하며, 협의와 교섭을 적절히 연계시키고, 기업의 전략이 이해관계자들과 함께 실행될 수 있는 수단을 제공하는 것을 목적으로 위 기구들을 사회경제위원회로 통합했다.

⊙ 설치

연속하는 12개월 동안 근로자 수가 11명 이상인 기업에서는 사회경제위원회를 의무적으로 설치해야 한다.

사회경제위원회는 기업 단위에서 설치된다. 기업이 2개 이상의 독립된 사업장을 포함할 경우에 기업 중앙사회경제위원회 및 사업장 사회경제위원회를 설치한다.

⊙ 구성

사회경제위원회는 사용자와 선출직 종업원대표위원 및 지명직

---

31 박제성,「프랑스의 종업원대표제: 사회경제위원회(CSE) 제도를 중심으로」,『노동과 민주주의(문집 2020)』, 무빈다방(sites.google.com/site/mubindabang), 2021. 3. 31, 195 이하 참조.

노동조합위원으로 구성된다. 사용자는 사회경제위원회 회의를 주재하지만 의결권은 없으며, 노동조합위원은 참관 및 발언권만 있고, 종업원대표위원만이 의결권을 갖는다.

종업원대표위원은 동수의 정위원과 부위원을 선출하는데 그 수는 사업 규모에 따라 다르며, 최소 1명(25명 미만 사업)에서 최대 35명(1만 명 이상 사업)이다. 부위원은 정위원의 궐위 시 그 지위를 승계한다. 종업원대표위원의 임기는 4년이고 3번까지 연임할 수 있다.

근로자 수 11인 이상인 사업의 사용자는 4년마다 종업원대표위원 선거를 조직해야 한다. 대표적 노동조합들과 사용자는 종업원대표위원 선거의 조직 및 절차에 관한 사전 의정서를 체결해야 한다.

종업원대표위원 선거는 결선투표제 및 비례대표제로 시행된다. 1차 투표에서는 대표적 노동조합의 후보만 출마할 수 있다. 투표자 수가 등록된 유권자의 절반을 하회할 경우 15일 내에 2차 투표가 실시되며, 2차 투표에서는 무소속 후보도 출마할 수 있다.

사용자는 선거에서 중립을 유지해야 하고 어떠한 경우에도 선거 과정에 개입할 수 없다. 사용자가 1차 투표에서 투표 정족수에 달하지 않게 하기 위해 근로자들의 투표에 압력을 가해 노동조합 전체에 해를 끼치고자 한 경우, 노동조합의 활동을 규탄하는 전단 배포 등을 통해 특정 노동조합을 비난한 경우[32] 등과 같이 선거 결과를 왜곡할 수 있는 사용자의 압력이 있은 경우에 선거는 무효가 될 수 있다. 또한 이러한 행위는 선거 무효와 함께 종업원대표의 자유로운 선출을 방해한 죄에 해당하여 형사 처벌될 수 있다(L. 2316-1조 및 L. 2328-1조).

한편 근로자 수 300인 미만인 사업에서는 각 대표적 노동조합의 조합대표위원이 당연직 노동조합위원이 된다. 근로자 수 300인 이상인 사업에서는 각 대표적 노동조합이 조합대표위원과 별도로 한 명의 노동조합위원을 지명할 수 있다.

⊙권한

법령과 단체협약 적용에 관한 개별적, 집단적 요구 사항을 사용자에게 제출할 수 있다. 또한 보건, 안전, 근로조건의 개선 및 산업재해 관련 조사를 할 수 있다.

사업의 재정 상황을 포함한 경영 사항, 작업 조직, 직업교육 훈련, 생산기술 등의 사항에 관한 제반 결정에 관하여 근로자들의 집단적 의사를 대변한다.

근로자 수에 영향을 미치는 경영 방침·사업의 경제적 또는 법적 조직의 변화·근로시간 등의 근로조건 및 직업교육 훈련·신기술의 도입 등 보건과 안전 및 근로조건에 중요한 영향을 미치는 일체의 조치·재해 근로자와 장애 근로자 등 부상과 질병으로 인해 근로 능력이 저하된 근로자의 고용 유지를 촉진하기 위한 조

---

32 Soc., 15 févr. 1978, Bull. civ. V, p. 79.

치·근로자 감시 조치의 도입·경영상 해고·회생 또는 청산 절차·기타 사업의 조직과 경영을 둘러싼 사항에 관하여 협의할 권한도 가진다. 여기에 인권, 신체적·정신적 건강 또는 개별적 기본권에 대한 침해, 비정규직에 대한 남용으로 분류될 수 있는 사실 등의 사항에 대하여 위험을 경고할 수 있는 권리가 있다.

종업원대표위원은 이사회에 참관할 수 있고, 이사회에서 사회경제위원회의 의견을 제출할 수 있다.

한편 사회경제위원회는 사용자의 부담으로 그 권한의 수행을 위하여 외부의 전문가를 선임할 수 있다.

◉기업협의회 conseil d'entreprise

사회경제위원회는 기업 협약 또는 확장 적용되는 산업 협약을 통해 단체협약의 교섭 권한을 부여받을 수 있다. 이 경우 사회경제위원회는 기업협의회가 된다. 기업협의회는 사회경제위원회의 권한과 기업 또는 사업장 협약의 교섭, 체결 및 개정을 위한 유일한 권한을 가진다(L. 2321-1조). 따라서 동일한 대표자가 사회경제위원회의 권한과 교섭 권한을 행사하게 된다.

기업협의회가 체결한 기업 또는 사업장 협약은 기업협의회의 선출직 정위원인 종업원대표위원 과반수의 서명이나, 최근의 직업 선거에서 유효표의 50%를 넘게 득표한 정위원 한 명 또는 두 명 이상의 서명이 있어야 유효하게 성립한다(L. 2321-9조).

> 기업 단위 단체교섭

단체교섭의 기본 틀

⊙단체교섭의 당사자

기업 협약은 사용자와 해당 기업의 대표적 노동조합의 교섭을 통해 이루어진다. 이는 단체협약의 개정 및 해지에도 적용된다.

기업별 교섭은 업종별 교섭과 마찬가지로 역사적으로 노동조합 독점의 원칙을 특징으로 하며, 조합대표위원과 교섭 또는 조합대표위원이 없는 경우 노동조합의 위임에 의한 대체적 방식으로 진행되어왔다. 단체교섭에서 노동조합의 지위는 여전히 중추적이지만, 그 독점은 조합대표위원이 없는 기업에서의 교섭 방식 및 단체협약을 통해 교섭의 독점을 기업협의회에 부여할 수 있도록 하는 방식에 의해 점차 수정되고 있다.

원칙적으로 선출직 종업원대표위원은 단체교섭의 당사자가 될 수 없다. 그렇지만 최근의 개정법에서는 조합대표위원이 없는 기업들에서 선출직 종업원대표위원에게 보충적 지위를 부여하고 있다. 한편 단체협약을 통해 사회경제위원회를 기업에서의 교섭에 대한 독점이 부여되는 기업협의회로 전환할 경우(L. 2321-1조) 사회경제위원회의 선출직 종업원대표위원이 교섭 담당자가 된다. 이 경우 사용자와의 협의를 담당하는 종업원대표와 단체교섭을 담당하는 조합대표자의 전통적 구별은 흐려진다.

한편 법적 틀 이외에서, 즉 조합대표위원 또는 법에서 허용하는 선출직 종업원대표위원이나 노동조합으로부터 위임받은 근로자와 체결하지 않은 모든 단체협약은 비전형 협약$^{accord\ atypique}$에 해당한다. 이는 관행 또는 사용자의 일방적 약정과 동일한 법제의 적용을 받는다.33

⊙ 교섭의 단위

<u>사업 또는 사업장</u>

기업 단위 교섭과 더불어 교섭은 사업장 또는 사업장 그룹 단위에서 실시될 수 있다. 이 경우 기업 단위 교섭에 관한 조건들이 동일하게 적용된다(L. 2232-1조). 즉 노동조합의 교섭 당사자 지위와 관련하여 노동조합의 대표성은 각 교섭단위에서 평가된다.

<u>경제적·사회적 단일체</u>$^{unité\ économique\ et\ sociale}$

경제적·사회적 단일체란 판례에 의하여 도입된 개념인데, 복수의 기업이 경제적 측면과 사회적 측면에서 하나의 동일체로 간주될 수 있는 경우에는 그 경제적·사회적 동일체를 하나의 기업으로 본다는 것이다. 이는 사용자가 인위적으로 기업을 법적으로 상이한 회사들로 나누고 각 회사에 근로자 대표 기구를 두어야 하는 법률상의 근로자 수를 초과하지 않도록 근로자 대표 기구의 설치에 관한 법률을 회피하는 것을 방지하여 적정한 단위에서 근로자 대표 기구를 둘 수 있도록 하기 위해 도입된 개념이다. 경제

---

33 Cass. soc., 7 janv. 1988, n° 85-42,853; Cass. soc., 23 oct. 1991, n° 88-41,661P.

적·사회적 단일체로 인정되기 위해서는 먼저 경영의 일체성 및 활동의 동일성이나 상보성이 동시에 충족되어야 하는 경제적 단일체의 존재가 입증되어야 한다. 다음으로 사회적 단일체가 인정되어야 한다. 이는 직원들의 상호 교체 가능성, 집단적 신분의 동일성 및 공통의 근로조건 등과 같은 징표들을 근거로 결정되는 노동자들의 공동체를 전제로 한다.

행정해석에서는 경제적·사회적 단일체 단위에서의 교섭을 기업 교섭으로 보고 기업 협약에 대한 법제를 적용하고 있다.[34]

복수 기업 협약

복수 기업 협약은 2016년 8월 8일의 노동 법률에 의해 도입됐다(L. 2232-36조 이하). 복수 기업 협약은 해당 사용자들과 관계 기업 전체 층위 대표적 노동조합들 간에 체결된다(L. 2232-36조).

그룹 협약

2004년 5월 4일의 법률 이전에는 회사 그룹 단위에서의 교섭을 명시적으로 허용하는 법 규정이 없었다. 그렇지만 판례는 그룹을 교섭단위로 인정하고 사용자들과 대표적 노동조합들이 단체협약을 통해 그룹의 노동조합 대표성을 도입할 수 있다고 했다.[35] 2004년 5월 4일의 법률에서는 일정한 교섭 사항에 한하여 그

---

[34] Circ. 22 sept. 2004, NOR: MRTT0411401C, JO 31 oct.
[35] Cass. soc., 30 avr. 2003, n° 01-10,027P.

룹을 교섭단위로 명시적으로 인정했고, 2016년 8월 8일의 법률에서는 이 단위에서의 교섭을 일반화하여 기업 단위에서 체결될 수 있는 모든 협약은 그룹 단위에서 체결될 수 있도록 했다(L. 2232-33조).

노동법전에서는 "그룹 협약은 그룹을 구성하는 기업들의 전부 또는 일부로 형성되는 협약의 적용 범위를 정한다"고 규정하고 있다(L. 2232-30조). 그리고 그룹 협약의 교섭 당사자로 사용자 측은 지배 기업의 사용자 또는 해당 단체협약의 적용 범위에 관계되는 기업들의 사용자 한 명 또는 여러 명의 대리인을, 근로자 측은 해당 그룹 또는 단체협약의 적용 영역에 관계되는 기업들 전체에서 대표적인 노동조합을 규정하고 있다(L. 2232-31조).

그룹 단위의 단체교섭 및 협약과 관련하여 법률에는 그룹의 개념에 대한 규정은 없다. 이에 대해 행정해석은 법률에서 그룹 협약의 사용자 측 교섭 당사자를 지배 그룹으로 명시하고 있으므로, 그룹위원회에 관한 규정(L. 2331-1조)의 지배 그룹에 대한 정의에 따라야 한다고 본다.[36] 이에 따르면 그룹은 지배 기업과 상법전의 관련 규정에서 정한 조건에 따라 지배 기업이 통제하는 기업들로 형성된다(L. 2331-1조 Ⅰ).[37] 또한 노동법전에서는 다른 기업의 자본을 10% 이상 보유하고 그 기업에 지배적인 영향력을 행사하는

---

36 Circ. 22 sept. 2004, point 1.3: JO 31 oct., p. 18472.
37 Circ. 22 sept. 2004, fiche no 5: JO 31 oct., p. 18479.

기업은 기업 간 관계의 지속성 및 중요성에 따라 상호 동일한 경제적 집단에 속하는 것이 확인되는 경우 지배적인 기업으로 간주한다(L. 2331-1조 Ⅱ). 이와 관련하여 한 기업이 직접적 또는 간접적으로 다른 기업의 이사회, 집행기관 또는 감사회 구성원을 절반이 넘게 임명할 수 있는 경우, 다른 기업이 발행하는 지분에 부여된 의결권의 과반을 보유하는 경우, 다른 기업 자본의 과반을 보유하는 경우에는 지배적인 영향력이 존재하는 것으로 추정한다 (L. 2331-1조 제3항).

단체교섭의 내용
⊙ 단체교섭의 영역

목적

노동법전에서 단체교섭은 고용조건, 직업교육 훈련 및 근로자들의 사회적 보장 전체를 대상으로 한다고 규정하고 있다(L. 2222-1조). 즉 모든 단체협약은 일반적 노동조건과, 사용자와 근로자의 관계를 규율하는 것을 목적으로 한다.[38]

근로자 50명 이상 기업에서 노동조합으로부터 위임받지 않은 선출직 종업원 대표위원과의 교섭

근로자 50명 이상의 기업에서 사업 또는 사업장 내에 조합대표

---

[38] Cass. soc., 21 mars 2007, n° 05-13,341P.

위원이 없는 경우, 사회경제위원회의 종업원대표위원은, 해당 기업이 속하는 산업에서 하나 또는 복수의 대표적 노동조합이 명시적으로 위임을 하거나 그렇지 않을 경우 전국 단위에서의 대표적인 하나 또는 복수의 노동조합이 위임을 하는 경우에 단체협약을 교섭하고 체결할 수 있다(L. 2232-24조). 이러한 위임을 받은 종업원대표위원이 없는 경우에는 위임받지 않은 종업원대표위원들이 단체협약을 교섭하고 체결할 수 있다. 이 경우 교섭은 법률에서 그 이행을 단체협약에 따르도록 한 조치들에 관한 협약만을 대상으로 한다(L. 2232-25조).

◉단체협약의 내용

의무적 조항

각 단체협약은 전문(L. 2222-3-3조), 단체협약의 유효기간 조항(L. 2222-4조), 단체협약의 갱신 또는 개정 방식 및 기간에 관한 조항(L. 2222-5조), 단체협약의 검토에 대한 조건을 정하는 조항 및 회합 조항(L. 2222-5-1조), 단체협약 해지의 사전 통보 기간 등 해지 조건에 관한 조항(L. 2222-6조) 등을 포함해야 한다.

대우 평등 및 차별 금지

단체협약에서는 단시간 근로자, 기간제 근로자 등을 그 적용에서 배제할 수 없다(L. 3123-5조 및 L. 1242-14조). 또한 단체협약상 임산부 및 모성의 보호에 관한 법 규정의 적용을 목적으로 하는 조항을 제외하고, 성을 고려하여 특정 조치의 향유를 한 명 또는 여러 명의 근로자에게 한정하는 모든 조항은 무효가 된다(L. 1142-3조).

◉의무적 교섭

대표적 노동조합들의 하나 또는 복수의 노동조합 지부들이 설립되어 있는 기업의 경우 사용자는 ①임금, 근로시간 및 기업의 부가가치에 대한 배분, ②남녀 간 직업적 평등 및 노동에서의 삶의 질(L. 2242-1조), ③근로자 300명 이상의 기업 및 기업 그룹 등에서는 고용 및 직업적 경로 등에 대해 4년마다 1회 이상의 교섭을 해야 한다(L. 2241-2조).

또한 노사는 의무적인 사항은 아니지만 그룹, 사업 또는 사업장에서의 교섭 일정, 교섭 주기, 교섭 사항 및 교섭 방식을 구체화하는 협약을 체결할 수 있다. 이러한 교섭은 사용자의 주도 또는 대표적 노동조합의 요구에 따라 실시된다(L. 2242-10조).

이러한 교섭 방식에 관한 협약이 없는 경우 또는 협약의 규정을 준수하지 않는 경우에는 노동법전에서 정한 방식에 따른다(L. 2242-13조). 이 경우 ①임금, 근로시간 및 기업의 부가가치에 대한 배분, ②남녀 간 직업적 평등 및 노동에서의 삶의 질에 관한 교섭은 매년(L. 2242-13조), ③근로자 300명 이상의 기업 및 기업 그룹 등에서는 고용 및 직업적 경로에 대한 교섭을 3년마다 해야 한다(L. 2242-20조).

이러한 교섭에 대해 사용자가 이전 교섭으로부터 ① 및 ②의 연차 교섭의 경우 12개월 이후, ③의 3년 단위의 교섭의 경우 36개월 이후에 교섭을 실시하지 않을 경우, 대표적 노동조합의 요구에 따라 교섭은 의무적으로 실시된다. 대표적 노동조합이 교섭을 요구하면 사용자는 8일 이내에 다른 대표적 노동조합들에 통지해야 한다. 그리고 사용자는 대표적 노동조합이 교섭을 요구한 날로부터 15일 이내에 교섭 당사자들을 소집해야 한다(L. 2242-13조). 제1차 회의에서는 회의의 장소 및 일정, 사용자가 조합대표위원들 및 교섭단에 포함된 근로자들에게 제공해야 할 교섭 사항에 관한 정보 등을 구체화해야 한다(L. 2242-14조).

사용자가 교섭 당사자들의 소집 및 정기적 의무 교섭 등 의무를 이행하지 않을 경우에는 1년의 구금 및 3,750유로의 벌금에 처해진다(L. 2243-1조).

조합대표위원이 있는 기업에서의 교섭

⊙기업 협약의 체결 자격을 가지는 노동조합

해당 단체협약의 적용 영역에서 대표적 노동조합들만이 단체협약을 교섭하고 체결할 수 있다(L. 2231-1조). 사용자는 단체교섭에 참여할 수 있도록 기업 내의 모든 대표적 노동조합들을 소집해야 한다. 모든 대표적 노동조합들이 교섭에 소집되지 않은 경우에 협약은 무효가 된다.[39]

⊙ 교섭의 전개

밑줄: 협약에서 정한 조건

노동법전에서는 모든 단체협약에서 교섭 일정, 대표적 노동조합의 교섭 사항에 관한 요구에 대해 업종 또는 기업 내에서의 검토 방식을 정하도록 하고 있다(L. 2222-3조).

사업 또는 사업장 교섭과 관련하여 사용자와 대표적 노동조합들은 협약으로 교섭의 목적 및 주기, 사업 또는 사업장의 조합대표위원들에게 사전에 제공해야 할 필요가 있는 정보를 정해야 한다(L. 2232-20조). 이러한 협약이 없는 경우에도 교섭은 개시될 수 있지만, 이 경우 사용자는 교섭을 조직하고 제공해야 할 정보를 정하는 조치를 취해야 한다.

2016년 8월 8일 법에서는 성실교섭을 목적으로 하는 교섭 방식에 관한 협약accord de méthode을 체결할 수 있도록 했다. 즉 단체협약에서는 교섭이 당사자들 간의 성실과 상호 신뢰의 상황에서 진행될 수 있도록 하는 방식을 정할 수 있다. 이러한 협약에서는 기업 단위 등에서 교섭 담당자들 간에 경제적, 사회적 자료 등 공유하는 정보의 종류, 교섭 진행의 주요 단계 등을 구체화한다(L. 2222-3-1조).

---

39 Cass. soc., 12 oct. 2006, n° 05-15,069P.

사용자 측 교섭대표

노동법전상 사용자 측 교섭대표의 개념에 대한 정의는 없다. 노동법전에서는 기업 단위의 교섭에 대해 "기업 협약은 사용자와 해당 기업에서의 대표적인 노동조합 간에 교섭된다"고 규정하는 데 그치고 있다.

일반적으로 사용자 측의 교섭대표는 자연인인 해당 기업의 소유자 또는 회사인 경우 사업의 경영 담당자가 교섭대표가 된다. 또한 사용자는 인사관리 책임자에게 교섭에 대한 책무를 위임하여 대표하게 할 수 있다.

근로자 측 교섭대표

해당 기업에서 교섭의 당사자인 대표적 노동조합들 각각의 교섭단은 그 기업에 있는 해당 노동조합들의 조합대표위원 또는 조합대표위원이 복수일 경우에는 2명 이상의 조합대표위원들로 구성된다(L. 2232-17조). 적법하게 임명된 조합대표위원은 소속 노동조합의 위임을 증명할 필요가 없으며 당연히 기업 협약을 교섭할 자격을 가진다.[40] 조합대표위원을 임명한 대표적 노동조합은 조합대표위원에 대해 교섭 및 협약 체결에 대한 위임을 정지시킬 수 있으며, 이 경우 노동조합은 단체교섭의 다른 당사자들에게 이를 통보해야 한다. 한편 근로자 50명 미만의 사업장에서 조합대

---

40 Cass. soc., 19 févr. 1992, n° 90-10,896P.

표위원으로 임명된 사회경제위원회의 종업원대표위원은 당연히 기업 협약을 교섭하고 체결할 권한을 가진다.

각각의 노동조합은 자신의 교섭단에 해당 기업의 근로자들을 포함시킬 수 있으며, 그 수는 교섭 당사자인 사용자와 전체 대표적 노동조합들 간의 협약으로 정한다(L. 2232-17조). 이러한 협약이 없는 경우, 그 수는 교섭단별 조합대표위원들의 수 이하이다. 한 명의 조합대표위원이 있는 기업의 경우 그 수는 2명이 될 수 있다(L. 2232-17조).

조합대표위원이 복수이고 사용자와 교섭에 참여하는 전체 노동조합 간에 체결된 보다 유리한 협약이 없는 경우에 각 노동조합의 교섭단은 법적으로 조합대표위원들 중 2명으로 구성되며, 경우에 따라 동수의 근로자를 포함할 수 있다.[41]

각각의 관계 노동조합은 해당 노동조합의 교섭단에 포함할 근로자들을 선택할 수 있다. 즉 조합대표위원들 이외의 종업원대표들 또는 사업이나 사업장의 일반 근로자를 선택할 수 있다.

노동법전상 기업 단위 단체교섭에서 노동조합들의 교섭단에는 해당 기업의 근로자들만이 포함될 수 있으며, 기업 외부 노동조합의 대표 등 기업 외부의 모든 자들은 제외된다(L. 2232-17조). 물론 보다 유리한 협약 또는 관행이 있는 경우에는 기업 외부 노동조합대표의 교섭단 참여도 허용된다.[42]

---

[41] Cass. soc., 5 janv. 2011, n° 09-69.732P.
[42] Cass. soc., 19 oct. 1994, n° 91-20.292P.

성실교섭

프랑스 법에는 대다수의 외국 법과 달리 단체교섭 절차와 관련하여 일반적인 성실교섭에 관한 규정이 없다.[43] 성실의무는 집단적인 계약을 포함하여 모든 계약의 체결을 지배하는 일반원칙이다. 이에 근거하여 판례는 모든 대표적 노동조합들이 교섭에 소집되지 않았을 경우, 개별교섭이 확인된 경우 등에 대해 해당 단체협약은 무효라고 판단했다.[44]

교섭은 기업 내의 조합대표위원을 임명한 모든 대표적 노동조합이 교섭에 참여하기 위해 소집된 것을 조건으로만 행해질 수 있다.[45] 파기원은 연차 의무 교섭의 유효성과 관련하여 사용자는 대표적 노동조합들 가운데 하나 또는 복수를 소집하는 것을 거부할 수 없다고 판단했다.[46] 이 판단은 노동법전의 "기업 협약은 사용자와 해당 기업에서의 대표적 노동조합들 간에 교섭된다"는 규정에 근거했다(L. 2232-16조). 따라서 이러한 판단은 연차 의무 교섭인지, 임의적 교섭인지 여부와 관계없이 모든 교섭에 확장할 수 있다.[47] 한편 노동법전에서는 "사용자 또는 그 대표자가 노동조합에 유리한 또는 노동조합에 반대하는 어떠한 압력 수단을 사용하

---

43 노동법전에서는 여성과 남성 간의 임금 격차에 관해 성실교섭의무를 부과하고 있고(L. 2242-6조), 야간 노동에 관한 교섭에 이와 유사한 규정이 있다(L. 3122-21조).
44 Cass. soc., 10 oct. 2007, n° 06-42.721P.
45 Cass. soc., 17 sept. 2003, n° 01-10.706P.
46 Cass. soc., 10 mai. 1995, n° 92-43.822.
47 J. Pélissier, La loyauté dans la négociation collective, Dr. ouvrier, déc. 1997, p. 496.

는 것은 금지된다"고 규정하고(L. 2141-7조), 이러한 차별 금지 규정의 위반에 대해서는 3,750유로의 벌금에 처해진다고 규정하고 있다(L. 2146-2조). 사용자가 자신이 선택한 노동조합만을 교섭에 소집하는 경우에는 이 규정의 적용에 따라 손해배상 및 형사제재도 가능하다.[48] 그리고 이 경우 가처분소송에서 판사는 노동조합들 중의 하나가 대상이 된 차별을 구제하기 위해 사용자가 진행 중인 또는 예정된, 의무적인지 여부와 관계없이 기업 협약의 교섭을 위한 각각의 회의에 기업 내의 모든 대표적 노동조합을 소집하도록 명령할 수 있다.[49] 이러한 모든 대표적 노동조합을 소집할 의무는 이전에 체결된 단체협약의 개정을 목적으로 하는 교섭을 포함하여 모든 교섭에 적용된다.[50] 이를 위반한 경우, 최초 협약을 해당 노동조합이 서명하지 않았더라도 그 협약은 무효가 된다.[51]

모든 노동조합이 공동의 교섭 회의에 참여한다. 교섭 회의는 분리될 수 없다. 최종 협약까지 연속적으로 각 노동조합을 소집하는 사용자는 교섭 절차를 이행하지 않는 것이다. 따라서 사용자는 모든 대표적 노동조합을 기업별 단체협약의 교섭을 위한 모든 공동 회의에 소집해야 한다.[52] 모든 노동조합을 소집할 의무는 교섭의

---

48 Cass. crim., 28 oct. 2008, n° 07-82.799.
49 Cass. soc., 13 juill. 1988, n° 86-16.302P.
50 Cass. crim., 28 oct. 2008, n° 07-82.799.
51 Cass. soc., 26 mars 2002, n° 00-17.231P.
52 Cass. soc., 13 juill. 1988, n° 86-16.302P; Cass. soc., 2 déc. 1998, n° 97-11.677.

종료까지 부과되며, 사용자가 해당 교섭 기간에 특정 노조의 교섭 담당자들을 배제하는 것은 허용되지 않는다. 이를 준수하지 않을 경우 협약은 무효가 될 수 있다.[53] 이 경우 가처분소송에서 판사는 사용자로 하여금 배제한 노동조합에 대해 진행 중인 모든 교섭의 목록과 관련 서류를 통보하고 공동 회의를 마련할 것을 명령할 수 있다. 이 규칙은 의무적 교섭 및 임의적 교섭 모두에 적용된다. 그렇지만 사용자에게 부과되는 의무는 소집에만 관계된다. 노동조합이 교섭 참가를 거부하거나 참가를 중단하는 경우 해당 교섭은 다른 노동조합들과 지속될 수 있다.

한편 노동조합들은 모든 사정을 알고 교섭하기 위해 교섭 사항을 파악할 수 있어야 한다. 이를 위해 노동조합들에 제출할 필요한 정보는 당사자들 간의 협약에 의해 정해진다(L. 2232-20조). 기업 내 의무적 교섭과 관련하여 노동법전에서는 최초 회의 시에 사용자가 교섭 예정 사항 및 제출일에 관해 교섭단을 구성하는 조합대표위원들 및 근로자들에게 제공해야 하는 정보를 정하도록 하고 있다(L. 2242-1조).

⊙협약의 체결

기업 또는 사업장 협약은 한편으로는 사용자 또는 그 대표가 서명하고, 다른 한편으로는 최근의 사회경제위원회 종업원대표위

---

[53] TGI Nanterre, 9 mars 2001, n° 00/10562, Syndicat général du personnel des autoroutes CGT Cofiroute c./Cofiroute; voir SSL n° 1022, 2 avr. 2001.

원 선거 1차 투표에서 투표자 수와 관계없이 대표적 노동조합들을 지지하는 유효표의 50%를 넘게 득표한 하나 또는 복수의 대표적 노동조합들이 서명해야 유효하게 성립한다(L. 2232-12조 제1항). 50%를 넘어야 한다는 다수결 요건을 충족하지 못하고, 사용자 및 최근 직업 선거의 1차 투표에서 투표자 수와 관계없이 대표적 노동조합들을 지지하는 유효표의 30%를 넘게 득표한 대표적 노동조합들이 협약에 서명한 경우, 30% 넘게 득표한 하나 또는 복수의 노동조합은 협약의 서명일로부터 1개월 내에 해당 협약의 유효한 성립을 목적으로 하는 근로자들의 투표를 원한다는 의사를 표시할 수 있다. 사용자는 이 기간 만료 시에 해당 노동조합들 전부의 반대가 없는 경우 이러한 투표의 실시를 요구할 수 있다(L. 2232-12조 제2항). 노동조합 또는 사용자의 요구일로부터 8일이 경과한 시점에서 다른 대표적 노동조합들의 추가 서명이 50%에 이르지 않는 경우 투표는 2개월 내에 실시되어야 한다(L. 2232-12조 제3항). 그리고 해당 투표에서 유효표 가운데 과반수의 근로자가 찬성하면 해당 협약은 유효하게 성립한다(L. 2232-12조 제7항). 하지만 유효표의 과반수 찬성을 얻지 못할 경우 해당 협약은 작성되지 않은 것으로 간주된다(L. 2232-12조 제8항).

체결된 단체협약은 조합원인지 여부와 관계없이 해당 협약의 적용 영역에 속하는 모든 근로자들에게 적용된다. 한편 단체협약은 객관적 이유가 있는 경우 특정 직종의 근로자들을 협약 적용에서 제외할 수 있다(L. 2232-13조).

조합대표위원 또는 기업협의회가 없는 기업에서의 단체교섭

⊙ 개설

지난 20년간 노조대표가 존재하지 않은 기업, 특히 영세기업 및 중소기업에서의 단체교섭을 촉진하고자 하는 시도가 계속되어왔으나 크게 성공하지 못했다. 2015년 8월 17일의 법률(제2015-994호) 및 2016년 8월 9일의 법률(제2016-1088호)에서도 노조대표가 없는 기업에서의 단체협약 교섭 가능성을 확대했으나 근로자 저축에 관한 사항을 제외하고는 교섭의 발전이 없었다. 이러한 실패는 부분적으로는 당시 법률에 따라 선출직 종업원대표위원 및 근로자들이 교섭을 하기 위해 대표적 노동조합으로부터 위임을 받아야 하는데 이러한 위임을 받는 것이 곤란했기 때문이다. 2017년 9월 22일의 행정법률(제2017-1385호)에서는 노조대표 또는 기업협의회가 없는 기업에서의 단체교섭 활성화를 위해 기업 규모에 따라 다른 새로운 단체교섭 방식을 도입했다.

이와 같은 영세 및 중소 기업에서의 단체교섭 활성화는 기업의 유연성 확보를 위한 것으로 이해되고 있다. 프랑스 노동법전상 임금, 근로시간 등의 근로조건은 근로계약과 단체협약에 의해 결정된다. 취업 규칙에서는 안전, 보건, 징계 등에 관한 사항만을 규정할 수 있다. 따라서 사용자가 임금, 근로시간 등에 관한 근로조건을 집단적으로 변경하기 위해서는 그에 관한 단체협약을 체결해야 한다. 과거 경제성장기에 단체교섭 및 단체협약은 대개의 경우 임금인상 등 근로조건의 향상을 목적으로 했다. 하지만 경기침체,

실업 증가 등 경제 환경의 변화에 따라 근로조건을 불리하게 변경하는 단체교섭 및 단체협약 체결에 대한 압박이 증가했다. 이러한 환경 속에서 근로조건의 불리한 변경과 고용 보장을 교환하는 단체협약 체결이 두드러지게 늘어났다. 하지만 중소기업의 경우 다수 기업들에 조합대표위원이 없어 이와 같은 근로조건의 집단적 변경이 곤란했는데, 이에 대한 대응으로 중소기업의 유연성 확보를 위해 단체교섭을 활성화하고자 위와 같은 방식의 입법이 시도되어온 것이다.

⊙근로자 11명 미만 기업 및 근로자 11명 이상 20명 이하 기업에서의 교섭 방식

구법에서는 상시근로자 수가 11명 미만의 기업에서 노조대표가 없는 경우에 대표적 노동조합으로부터 위임받은 근로자가 단체교섭을 할 수 있었다. 하지만 현행 노동법전에서는 이를 폐지하고 사용자는 근로자들에게 노동법전에 따라 기업 단체교섭이 가능한 모든 사항에 관한 협약안을 근로자들에게 직접 제안할 수 있도록 하고, 이러한 협약이 유효하기 위한 요건으로 전체 근로자 투표에서 근로자 3분의 2 이상이 찬성할 것을 규정하고 있다(L. 2232-21조). 노동법전에서는 근로자 11명 이상 20명 이하의 기업에서 노조대표 및 사회경제위원회의 선출직 종업원대표위원이 존재하지 않는 경우에도 동일한 방식으로 협약을 체결할 수 있도록 하고 있다(L. 2232-23조).

⊙근로자 11명 이상 50명 미만의 기업에서의 교섭 방식

근로자 측 교섭 및 협약 체결 주체

구법에서는 근로자 50명 미만 기업에서 노조대표가 없는 경우, 먼저 산업 단위 등에서의 대표적 노동조합이 위임한 한 명 또는 복수의 선출직 근로자대표, 다음으로 이러한 위임을 받은 선출직 근로자대표가 없는 경우에는 위임받지 않은 선출직 근로자대표, 마지막으로 위임받지 않은 선출직 근로자대표 어느 누구도 교섭 의사를 표시하지 않았을 경우에는 대표적 노동조합이 위임한 한 명 또는 복수의 근로자 순서로 기업 협약을 교섭할 수 있었다(구 노동법전 L. 2232-21조 이하).

하지만 현행 노동법전에서는 상시근로자 수 11명 이상 50명 미만의 기업에서 기업 또는 사업장에 조합대표위원이 없는 경우, ① 사회경제위원회의 종업원대표위원인지 여부와 관계없이 산업 단위 또는 산업 단위에 없는 경우 전국 및 직업 간 단위에서 하나 또는 복수의 대표적 노동조합으로부터 명시적으로 위임받은 한 명 내지 복수의 근로자들 또는 ②한 명 또는 두 명 이상의 사회경제위원회의 종업원대표위원이 기업 협약을 교섭 및 체결할 수 있도록 하여(L. 2232-23-1조 I) 구법에서 규정한 선출직 근로자대표에 대한 교섭 우선권, 교섭 방식의 순위를 인정하지 않고 있다.

교섭 영역

이와 같은 교섭과 협약은 노동법전상 기업 또는 사업장 협약을

통해 교섭할 수 있는 모든 사항을 대상으로 할 수 있다(L. 2232-23-1조 I).

<u>협약의 유효 요건(L. 2232-23-1조 II)</u>

대표적 노동조합의 위임 여부와 관계없이, 사회경제위원회의 종업원대표위원과 체결한 협약은 최근의 직업 선거에서 사회경제위원회의 종업원위원들을 지지하는 유효표의 과반수를 대표하는 사회경제위원회 종업원위원들이 서명해야 유효하게 성립한다.

사회경제위원회의 종업원대표위원이 아닌 위임받은 근로자와 체결한 협약은 전체 근로자 투표에서 유효표의 과반수에 해당하는 근로자들의 찬성이 있어야 유효하게 성립한다.

⊙ 근로자 50명 이상의 기업에서의 교섭 방식

먼저, 대표적 노동조합으로부터 위임을 받은 사회경제위원회의 종업원대표위원이 협약을 교섭하고 체결할 수 있다. 이와 같이 체결된 협약은 유효표의 과반수에 해당하는 근로자들의 찬성이 있어야 유효하게 성립한다(L. 2232-24조).

다음으로, 위와 같이 위임을 받은 사회경제위원회의 종업원대표위원이 없는 경우에 사용자는 교섭 의사를 통지한 위임받지 않은 사회경제위원회 종업원대표위원과 교섭하고 협약을 체결할 수 있다. 이 경우 교섭 영역은 근로자 대표 기구의 정보 제공 및 협의 방식과 근로자 10명 이상의 경제적 해고의 경우에 전문가의 활용에 관한 협약을 제외하고 그 시행이 법률에 의해 단체협약에 따르도록 되어 있는 사항만을 대상으로 할 수 있다. 그리고 이러한 협약이 유효하기 위해서는 최근의 직업 선거에서 사회경제위원회의 종업원위원을 지지하는 유효표의 과반수를 대표하는 사회경제위원회 종업원대표위원들이 서명해야 유효하게 성립한다(L. 2232-25조).

마지막으로, 사회경제위원회의 종업원대표위원의 어느 누구도 교섭 의사를 표명하지 않은 경우에 사용자는 대표적 노동조합으로부터 명시적으로 위임받은 근로자와 협약을 교섭하고 체결할 수 있다. 위임받은 근로자와의 교섭 및 협약 체결은 노동법전에 따라 기업 또는 사업장 협약에 의해 교섭될 수 있는 모든 사항을 대상으로 한다. 이와 같이 위임받은 근로자가 서명한 협약은 유효표의 과반수에 해당하는 근로자들의 찬성이 있어야 유효하게 성립한다(L. 2232-26조).

단체협약의 이행 및 유효기간

⊙단체협약의 이행

단체협약에 서명한 노동조합들 및 서명하지 않은 노동조합들에 대한 단체협약의 적용 관계를 보면 다음과 같다. 단체협약은 서명 사용자들과 노동조합들 간의 계약적, 즉 채무적 내용(채무적 부분)과 근로계약에 적용되는 규범적 내용(규범적 부분)으로 구분된다. 서명 당사자들 간에 대해서만 효력을 가지는 모든 조항은 계약적 내용에 해당한다. 서명 노동조합들 또는 협약에 가입한 노동조합들만이 기업 협약의 개정 또는 해지에 관한 조항과 관계된다. 협약해석위원회 등과 같은 협약에 따라 설치되는 노사위원회의 경우에도 서명 노동조합들 또는 협약 체결 이후 협약에 가입한 노동조합들만이 이러한 위원회에 참여할 수 있다.

그런데 서명 당사자들이 특정한 이익들을 서명 노동조합들에게만 적용될 수 있도록 한정할 수 있는지가 문제될 수 있다. 이는 특히 종업원대표의 활동 시간 확대, 기업 내에서의 단결권 행사를 위한 재정적 수단의 지급 등과 같은 협약에서 정한 기업 내에서의 단결권 또는 종업원대표권의 행사에 관한 이익 적용을 비서명 노동조합들에 대해서는 배제할 수 있는지와 관련해서 문제가 된다.

판례에 따르면, 협약 규정이 법률에서 정한 대표제도의 운영을 개선하는 것을 목적으로 하는 경우에는 기업 내의 모든 노동조합들에 적용되어야 한다.[54] 그러한 이익들을 서명 노동조합들에 한정하는 규정은 노동조합 간의 평등을 훼손한다. 이는 단체협약의 원칙, 즉 조합 가입 여부와 관계없이 해당 기업의 근로자에게 적용된다는 체재 단일의 원칙을 침해하는 것이고, 따라서 모든 근로자 간의 대우 평등의 원칙을 간접적으로 침해한다. 그러므로 단결권 행사 등의 개선을 목적으로 하는 협약 규정들은 대표적 노동

---

54 Cass. soc., 20 nov. 1991, n° 89-12.787P.

조합을 포함하여 모든 노동조합에 당연히 적용된다. 이러한 규정들의 적용에 있어 해당 단체협약에 서명 또는 가입한 노동조합들과 그러지 않은 노동조합들을 구분할 필요가 없다.[55]

그렇지만 단체협약에서는 단체협약상의 이익의 성질에 따라서 그 규정들의 적용을 대표적 노동조합들에 유효하게 한정할 수 있다. 노동법전에서 규정하고 있는 노동조합 지부 제도와 목적을 달리하는 '전국 노동조합 지부'를 설치하여 대표적 노동조합들이 전임자를 임명할 수 있도록 하고 그 수는 각 노동조합의 선거 결과에 따라 달리하는 것으로 정한 단체협약에 대해, 판례는 이와 같이 대표성을 조건으로 노동조합들에 법률보다 유리한 이익을 부여하는 협약의 규정은 헌법상 평등의 원칙을 위반한 것이 아니라고 판단했다.[56] 이러한 대표성 조건은 문제되는 이익이 대표성을 조건으로 할 수 없는 노동법전의 규정에 포함되지 않는 경우에는 인정된다는 것이다. 이에 따라 기업의 인트라넷상 노동조합 사이트를 보유하는 것을, 기업 내에서 노동조합 유인물의 게시 및 배포가 노동법전의 규정에 따라 대표성을 조건으로 하지 않고 노동조합의 지부 설립에 연계되어 있는 경우에, 평등의 원칙을 침해함이 없이 단체협약을 통해 대표적 노동조합들에 한정할 수 있다.[57] 나아가 협약에서 출장 비용과 관련하여 더 많은 수단을 대

---

55 Cass. soc., 29 mai 2001, n° 98-23,078P.
56 Cass. soc., 22 sept. 2010, n° 09-60,410P.
57 Cass. soc., 23 mai 2012, n° 11-14,930P.

표적 노동조합들에 부여하는 것은, 이러한 보충적 수단이 각 노동조합의 지지율과 관련하여 부여되는 경우에는 적법하다.[58]

판례에서는 단체협약에서 사회적 대화에 관한 재정의 할당액을 대표적 노동조합들에 동등하게 배분하지 않는 규칙을 포함하는 것은 다음과 같은 경우에 인정된다고 보고 있다. 즉 이러한 배분이 어떠한 대표적 노동조합도 배제하지 않으면서 어느 누구에게도 노동조합의 가입 또는 가입을 유지하도록 하는 것을 목적으로 하지 않고 그러한 결과를 발생시키지 않을 것, 대우의 차이가 해당 협약의 적용 영역에서 각 노동조합의 영향력과 연계된 실제적으로 확인할 수 있는 객관적 이유에 의해 정당화될 것을 조건으로 하고 있다.[59]

⊙ 단체협약의 유효기간

협약의 유효기간

협약 당사자들은 단체협약의 유효기간을 정하거나 정하지 않을 수 있다. 단체협약은 서명 당사자들이 정한 기간 동안 효력을 갖는다. 협약에서 유효기간을 정하지 않은 경우에 이는 5년으로 정해진다. 노동법전에서는 계속적 직업교육 훈련에의 사용자의 참여에 관한 협약 등 일부 협약에 대해 최장 기간을 3년으로 하고 있다. 협약의 유효기간이 만료되면 그 협약은 효력을 상실한다(L.

---

58 TGI Paris, 9 sept. 2014, n° 13/07151.
59 Cass. soc., 10 oct. 2007, n° 05-45.347P.

2222-4조).

협약의 해지

기간을 정하지 않은 협약에 서명한 사용자 및 노동조합들은 협약을 해지할 수 있다(L. 2261-1조). 노동법전에서는 협약에 서명한 노동조합들 중 하나가 해당 협약의 적용 영역에서 대표성을 상실하는 특별한 경우에는 직업 선거에서 유효투표의 과반을 얻은 대표적 노동조합들 하나 또는 복수가 해지할 경우에 한하여 유효한 것으로 규정하고 있다. 그리고 이러한 노동조합 또는 노동조합들이 반드시 해당 협약의 서명자일 것을 요하지 않는다(L. 2261-10조). 한편 기간을 정한 협약의 해지에 대해서는 노동법전에 관련 규정이 없으며, 따라서 해지의 대상이 될 수 없다.

단체협약에서는 사전 예고 기간 등 해지의 조건을 정해야 한다(L. 2226-6조). 협약에 이러한 명시적인 규정이 없는 경우 그 기간은 해지 이전 3개월이다(L. 2261-9조).

협약에 서명한 사용자 또는 서명한 노동조합들 전부가 협약을 해지하는 경우에 협약은 이를 대체하는 단체협약의 효력 발생일까지 계속하여 효력을 가지며, 대체 협약이 없는 경우 사전 예고 기간의 만료일로부터 1년간 효력을 가지는데, 협약에서는 이를 상회하는 기간을 정할 수 있다(L. 2261-10조). 그리고 사전 예고 개시일로부터 3개월 내에 관계 당사자 일방의 요구에 따라 새로운 단체교섭이 진행된다. 이러한 새로운 단체교섭에는 모든 대표

적 노동조합이 소집되어야 한다.[60]

협약에 서명한 사용자들 중 또는 서명한 노동조합들 중 일부만이 협약을 해지하는 경우에 해지하지 않는 그 외의 서명 당사자들에게는 해당 협약의 효력은 유지된다. 즉 협약을 해지한 서명자들에 한하여 해지는 효력을 가진다(L. 2261-11조).

협약의 개정

단체협약에서 개정 방식을 정해야 한다(L. 2222-5조). 이러한 규정을 준수하지 않은 개정 협약은 유효하지 않다.

기업 또는 사업장 협약의 개정을 개시할 권한을 가지는 주체는 다음과 같다(L. 2261-7-1조). 해당 단체협약이 체결되었던 선거 주기의 종료까지는 해당 협약의 적용 영역에서 대표적인 하나 또는 복수의 노동조합과 서명 노동조합들 또는 해당 협약에 가입한 노동조합들이 개정 주체가 된다. 선거 주기가 만료한 경우에는 해당 협약의 적용 영역에서 대표적인 하나 또는 복수의 노동조합이 개정 주체가 된다. 그리고 모든 협약의 교섭에 대해 적용되는 방식과 동일한 방식에 따라 협약 적용 영역의 대표적 노동조합들 전부가 교섭에 소집되어야 한다.

---

60 Cass. soc., 9 févr. 2000, n° 97-22,619P.

기업별 협약과 산업별 협약 간의 적용 관계

　기업, 산업 등 다양한 단위에서의 단체교섭 및 그 결과 체결되는 단체협약들의 내용이나 적용 관계를 어떻게 설정할 것인지가 문제될 수 있다.[61] 이와 관련하여 특히 기업별 협약과 산업별 협약의 충돌을 어떻게 해결할 것인지가 문제되어왔다. 판례는 동일한 노동관계에 산업별 협약과 기업별 협약이 동시에 적용되어 충돌할 경우에 근로자들에게 가장 유리한 것을 적용해야 한다는 '유리의 원칙'을 확립하여 이러한 문제를 해결해왔다.[62] 이러한 유리의 원칙은 입법을 통해 근로시간 등과 관련하여 기업별 협약을 산업별 협약에 우선하여 적용하는 특례 규정을 도입함으로써 점차 완화되어왔다. 현행 노동법전에 도입된 2018년 3월 29일의 법률에서는 산업별 협약과 기업별 협약의 적용 관계를 산업별 협약의 우위를 특정 영역에 한정시키고 그 이외의 사항에 대해 기업별 협약이 우선하도록 함으로써 산업별 협약의 우위를 예외적인 것으로 하고 기업별 협약 우위의 원칙을 확립했다. 노동법전에서는 산업별 협약과 기업별 협약 간의 적용 관계를 협약 사항에 따라 세 블록으로 설정하고 있다. 제1블록은 산업별 협약이 강행

---

61 이하의 내용은 조임영, 「프랑스 마크롱Macron 정권과 단체교섭 및 단체협약법제의 변화」, 『동아법학』 제82호, 동아대학교법학연구소, 2019. 2, 340쪽 이하의 내용을 요약한 것임.
62 Cass., ass. plén., 18 mars 1988, no 84-40,083.

적으로 우선 적용되는 블록이며, 제2블록은 산업별 협약에서 명시적으로 우선 적용을 규정한 경우에 산업별 협약이 우선 적용되는 블록이며, 제3블록은 기업별 협약이 우선 적용되는 블록이다.

> **제1블록: 산업별 협약의 우선 적용**

제1블록은 산업별 협약이 그 시행일 이전 또는 이후에 체결된 기업별 협약과의 관계에서 강행적으로 우선 적용되는 사항으로 구성된다. 노동법전에서는 제1블록에 속하는 사항으로 위계적 최저임금, 직무 분류 등 13개 사항을 규정하고 있다(L. 2253-1조 제1항). 예외적으로, 산업별 협약의 시행일 이전 또는 이후에 체결된 기업별 협약이 위 사항들과 관련하여 산업별 협약과 비교하여 근로자들에 대해 '적어도 동등한 보장^{garanties au moins equivalentes}'을 확보하고 있을 경우에 그 사항들에 대해 기업별 협약이 적용될 수 있다(L. 2253-1조 제2항). 따라서 산업별 협약은 위 사항들에 대해 최저 기준을 정하는 기능을 한다.

노동법전 L. 2253-1조

제1항: 산업별 협약은 근로자들의 고용 및 근로조건을 정한다. 산업별 협약은 특히 다음과 같은 사항들에 대해 근로자들에게 적용되는 보장을 정할 수 있다.
1. 위계적 최저임금.
2. 직무 분류.

3. 노사 공동 기구의 재정 기금.
4. 직업교육 훈련 기금.
5. 사회보장법전 L. 912-1조에서 정한 보충적인 집단적 보장.
6. 노동법전 L. 3121-14조, L. 3121-44조 제1호, L. 3122-16조, L. 3123-19조 제1항, L. 3123-21조 및 L. 3123-22조에서 규정하고 있는 사항들과 근로시간, 근로시간의 배분 및 조정에 관한 사항들.
7. 노동법전 L. 1242-8조, L. 1243-13조, L. 1244-3조, L. 1244-4조, L. 1251-12조, L. 1251-35조, L. 1251-36조 및 L. 1251-37조에서 규정하고 있는 기간제 근로계약 및 파견 근로계약에 관한 사항들.
8. 노동법전 L. 1223-8조 및 L. 1223-9조에서 규정하고 있는 공사 또는 작업에 대한 기간의 정함이 없는 근로계약에 관한 사항들.
9. 여성 및 남성 간 직업적 평등.
10. 노동법전 L. 1221-21조에서 정한 시용 기간 갱신의 조건 및 기간.
11. 노동법전 L. 1224-1조의 적용 요건이 충족되지 않을 경우, 두 기업 간에 근로계약이 계속되는 방식.
12. 노동법전 L. 1251-7조 제1호 및 제2호에서 정한 사용 사업체에 대한 파견 근로자의 파견 사유.
13. 노동법전 L. 1254-2조 및 L. 1254-9조에서 정한 중계 근로자 salarié porté의 최저 보수 및 사업 기여 수당.

제2항: 제1항 제1호 내지 제13호에서 열거하고 있는 사항들에 대해서는, 산업별 협약 또는 보다 넓은 지역이나 직업 영역을 적용 대상으로 하는 협약은 그 시행일 이전 또는 이후에 체결된 기업별 협약에 대해, 해당 기업 협약이 적어도 동등한 보장을 확보하고 있는 경우를 제외하고 우선한다. 이러한 보장의 동등성은 동일한 사항에 관계된 보장들 전체를 통해 평가한다.

> **제2블록: 산업별 협약의 잠금 권한**

제2블록은 산업별 협약에서 그 이후에 체결되는 기업 협약의 규정들에 대해 산업별 협약의 규정들을 우선 적용하는 것으로 결정할 수 있는 사항들로 구성되어 있다. 산업별 협약에서 명시적으로 이를 규정할 경우에 그 이후에 체결되는 기업 협약은 해당 기업 협약에서 근로자들에게 '적어도 동등한 보장'을 확보하고 있는 경우를 제외하고, 산업별 협약에 따라 적용되는 규정들과 상이한 규정들을 포함할 수 없다(L. 2253-2조).

노동법전 L. 2253-2조

제1항: 다음의 사항들에 대해, 산업별 협약 또는 보다 넓은 지역 또는 직업 영역을 적용 대상으로 하는 협약에서 명시적으로 규정할 경우에 해당 단체협약 이후에 체결되는 기업별 협약은, 해당 기업별 협약이 적어도 동등한 보장을 확보하고 있는 경우를 제외하고, 해당 단체협약에 따라 기업에 적용되는 조항들과 상이한 조항들을 포함할 수 없다.

1. 노동법전 L. 4161-1조에서 열거하고 있는 직업 위험 요인에의 노출 결과 예방.
2. 장애인 근로자의 취업 및 고용 유지.
3. 조합대표를 선임할 수 있는 최소 근로자 수, 조합대표의 수 및 그 직업적 경로의 향상.
4. 위험하거나 유해한 노동에 대한 수당.

제2항: 제1항에서 규정하고 있는 보장의 동등성은 동일한 사항에

> 관계된 보장들 전체를 통해 평가한다.

> **제3블록: 기업 협약의 우위**

제1블록과 제2블록에 속하지 않는 모든 사항이 제3블록을 구성한다. 이러한 넓은 영역에서 산업별 협약의 시행일 이전 또는 이후에 체결되는 기업별 협약의 규정들은 산업별 협약에서 정하고 있는 동일한 목적을 가지는 규정들에 대해 우선한다(L. 2253-3조).

노동법전 L. 2253-3조

노동법전 L. 2253-1조 및 L. 2253-2조에서 규정하고 있는 사항 이외의 사항들에 대해, 산업별 협약 또는 보다 넓은 지역 또는 직업 영역을 적용 대상으로 하는 협약의 시행일 이전 또는 이후에 체결되는 기업별 협약의 조항들은 산업별 협약 또는 보다 넓은 지역 또는 직업 영역을 적용 대상으로 하는 협약에서 정한 동일한 목적을 가지는 조항들보다 우선한다. 기업별 협약이 없는 경우에 산업별 협약 또는 보다 넓은 지역 또는 직업 영역을 적용 대상으로 하는 협약이 적용된다.

	전국 직업 간 협약(ANI) 및 부속 협약	업종별 협약 및 부속 협약	기업 또는 사업장별 협약
2001년	39개 전국 직업 간 협약 및 부속 협약	897개	34,000개
2004년	49개 전국 직업 간 협약(2개 전국 직업 간 협약 및 47개 부속 협약)	1,096개	14,601개
2006년	48개 전국 직업 간 협약(13개 전국 직업 간 협약 및 35개 부속 협약)	1,096개	24,895개
2008년	26개 전국 직업 간 협약	1,117개	22,115개
2010년	25개 전국 직업 간 협약	1,136개	24,355개
2012년	26개 전국 직업 간 협약	1,236개	31,310개
2014년	28개 전국 직업 간 협약	951개	30,965개
2018년	13개 전국 직업 간 협약	1,288개	39,034개
2019년	10개 전국 직업 간 협약	1,100개	47,550개

●── 프랑스 연도별 단체교섭 및 단체협약 체결 현황(2001-2019년).[63]

노동조합	전체 단체협약 서명률	교섭 참가 시 서명률
CFDT	58%	94%
CFE-CGC	35%	93%
CFTC	21%	92%
CGT	44%	85%
FO	33%	90%
기타 노동조합	24%	90%

●── 2019년 사업 또는 사업장 단위 단체협약 노동조합별 조합대표위원 서명률(출처: DGT, 2020. 6).

---

63 Jean-Emmanuel Ray, Droit du travail, Droit vivant 2021, 29e edition, Wolters Kluwer, 2020, p. 739.

파업권의 행사

파업의 정의

판례에서는 파업을 근로자들의 "직업적 요구를 관철시키기 위한 합의된 집단적 노동의 중단"으로 정의하고 있다. 이러한 정의에 따르면, 파업은 그 주체(근로자들), 목적(직업적 요구의 관철), 형태(합의된 집단적 노동의 중단)에서 각 요건을 충족해야 한다. 이러한 요건이 충족되는 경우에 비로소 헌법이 보장하는 파업권이라는 권리가 행사된 것으로 보며, 그에 따른 법적 보호를 받는다. 반면에 이러한 요건이 충족되지 않을 경우 '위법한 집단 행위'에 해당될 수 있으며, 그 경우 징계 및 민사책임을 부담할 수 있다.

파업의 범주에 해당하더라도 파업권 남용으로 평가되는 경우에는 권리 행사에 따르는 면책 효과가 인정되지 않는다. 특히 판례는 파업의 형태와 관련하여 파업권의 남용적 행사 여부를 평가하기 위한 일반적 기준으로 민간 부문의 경우 '기업 존속의 저해', 공공 부문의 경우 '필수 업무의 저해'를 들고 있다. 파업은 그 성질상 당연히 업무의 저해를 초래하지만 생산의 저해를 넘어서서 사업 내지 기업의 운영 및 기능을 마비시키거나 해당 기업에 과도한 침해를 가하는 경우에는 기업의 존속 자체를 위태롭게 할 수 있기 때문에 파업권의 남용으로 보는 것이다.

파업의 주체

파업은 집단적인 활동 및 요구 수단으로서 프랑스 법상 전통적으로 개인주의적 측면에서 평가되어왔다. 이러한 이해는 노동법전의 체계에도 도입되어 있다. 파업을 구성하는 노동 중단의 집단적이고 합의적인 성격은 파업 현상에 대한 이러한 법적 분석의 역사와 결부되어 있다.[64] 파업을 집단적 활동으로 파악하는 이러한 법적 접근에 따라 프랑스에서는 여전히 파업을 개인적인 것으로 평가하는 견해가 유지되고 있다. 자유주의 전통에 충실한 프

---

[64] J. SAVATIER, Un salarié isolé peut-il user du droit de grève à l'appui d'une revendication individuelle?, RJS 1/1997, p. 9.

랑스 법은 파업에 대한 단체적인, 전제적인 개념을 언제나 거부했다.[65] 이러한 파업의 개인적인 개념은 근로자들의 일시적 결합 coalition을 금지하는 1791년의 르 샤플리에 Le Chapelier 법을 폐지한 1864년 5월 25-27일의 법에서 이미 명백하게 나타났다. 이 법은 프랑스 법에서 언제나 보장되고 있는 노동의 자유에 대한 침해를 금지하는 것을 목적으로 했다. 그 당시의 취지가 단체의 지배에 반대하고 근로자의 개인적 자유, 파업의 경우에 동료 근로자들과 합류하기 위해 자신의 노동을 중단하지 않을 자유를 보호해야 한다는 것이었다. 파업권은 개인적인, 사적인 personnel 권리[66]이며 노동조합의 권리 또는 다수의 권리가 아니다. 노동의 중단은 노동조합의 지시에 따라 개시되지 않았다는 사실만으로 적법한 파업의 성질을 상실하지 않는다.[67] 프랑스에서 파업을 할 권리는 집단적으로 행사하는 개인의 권리, 보다 적확하게는 '일부가 집단적으로 행사하는' 개인의 권리로서 고안되었다.[68]

따라서 파업을 하기 위해서는 원칙적으로 2명이 있어야 한다. 파업의 집단적 성격은 파업 근로자들의 다수의 존재를 의미하지 않는다. 근로조건의 개선을 목적으로 하는 기업의 소수 근로자들

---

65 H. SINAY et J.-C. JAVILLIER, La grève, Traité de droit du travail [dir. G. H. CAMERLYNCK], 2e éd., 1984, Dalloz, p. 101.
66 Soc., 10 oct. 1990, no 88-41.427.
67 Soc., 19 févr. 1981, D. 1981. 417.
68 A. JEAMMAUD, La place du salarié individu dans le droit français du travail, Le droit collectif du travail: Questions fondamentales-évolutions récentes. Études en hommage à Madame le Professeur H. SINAY, 1994, Peter Lang, p. 355.

에 의한 노동 중단이 근로자 다수에 의해 행해지지 않았다는 사실만으로 파업의 성질이 상실되는 것은 아니다.[69] 그렇지만 판례는 종업원의 대부분이 파업의 중단을 집단적으로 결정했음에도 노동을 재개하지 않은 근로자들에 대해 특별히 엄격한 입장을 취하고 있다. 판례는 협의도 없고 새로운 요구도 없으며 근로자대표가 반대하는데도 개인적으로 행동하는 저항하는 소수의 행위는 더 이상 파업에 해당하지 않는다고 판단했다.[70]

요컨대 파업은 개별 근로자의 권리이며, 그 성질상 집단적으로 행사되어야 한다(집단적으로 행사되는 개인의 권리). 따라서 민간 부문의 경우 파업 자체는 노동조합과 무관한 근로자 개인의 권리이기 때문에 비조합원에게도 파업권이 인정되고, 조합원이라고 하여 노동조합이 주도하는 파업에 참여할 의무를 지는 것도 아니다. 그리고 반드시 노동조합의 지시 내지 결정에 의해서 파업이 이루어져야 하는 것은 아니기 때문에 프랑스에서는 비노조 파업 또는 비공인 파업의 개념 자체가 성립하지 않는다. 다만 실제 노사 분쟁의 4분의 3 이상은 노동조합에 의해 조직되고 있다.

한편 민간 부문과 달리 공공 부문의 경우에는 대표적 노동조합의 파업 지시 또는 결정이 있어야만 개별 근로자들은 파업권을 행사할 수 있다.

---

69 Soc., 3 oct. 1963, Bull. civ. IV, no 645; Soc., 3 oct. 1963. D. 1964. 3.
70 Soc., 6 nov. 1985, Dr. soc., 1986. 615.

파업의 개시

국가에 따라서는 파업권의 행사가 초래할 수 있는 손해들을 고려하여 분쟁의 방식보다는 교섭의 방식을 전적으로 우선시하면서 파업의 실시를 매우 특수한 경우에 승인하는 체재를 채택한다. 가령 독일의 경우가 그러하다. 독일에서 파업은 단체협약과 관련하여 직업적 요구를 관철시키는 최후의 수단으로 노동조합의 주도에 의한 노동의 중단으로 정의할 수 있는데, 일정한 비례의 기준을 충족해야 한다. 이에 따라 파업권은 협약적 규범을 목적으로 해서만 실시될 수 있다. 노동조합은 단체협약의 만료 이후에만 파업을 실시할 수 있다. 또한 파업을 하기 위해서는 사전에 진정한 교섭, 즉 노사 간에 진지하고 성실한 협의가 있어야 하며, 조정 절차와 같은 평화적 해결이 소진되었을 것을 요구한다.

프랑스에서 민간 부문의 경우에는 파업의 개시 및 절차에 특별한 법 규정이 존재하지 않는다. 파업은 근로자 개인의 권리이기 때문에 근로자는 노동조합, 단체교섭 및 단체협약과 무관하게 파업권을 행사할 수 있다. 판례는 파업의 조건으로 사용자와의 사전교섭 또는 사용자의 사전 거부를 요구하지 않으며 파업을 최후의 수단으로 보지 않는다.

이와 같이 파업의 주체는 개별 근로자이기 때문에 단체협약의 당사자인 노동조합과 사용자는 근로자들의 파업권 행사를 단체협약으로 제한할 수 없다. 따라서 프랑스에서는 평화의무를 인정하지 않을 뿐만 아니라 단체협약상 평화 조항도 근로자들에 대한 구속력을 갖지 않는 것으로 보고 있다(단체협약상의 파업 예고 조항이나 사전 분쟁조정 절차 조항 등도 마찬가지이다).

파업은 근로자들이 합의하여 집단적으로 노동을 중단하는 것이므로 집단적인 의사의 합치를 필요로 하는데, 이는 파업에 대한 공통의 의사, 즉 동일한 목적을 달성하기 위하여 파업하고자 하는 근로자들의 개별적 의도가 단순히 합치되면 충분하다. 따라서 이는 순간적으로 개시될 수 있다. 그러므로 노동조합에 의한 파업의 지시나 결정, 투표 방식에 의한 파업 의사 확인 등의 절차는 요구되지 않는다.

조정 등의 분쟁조정 절차도 파업의 실시와 관련이 없다. 파업은 사전에 조정 절차를 거칠 필요 없이 언제라도 개시될 수 있다.[71]

한편 공공 부문의 경우에는 대표적 노동조합에 의한 파업 예고 제도가 법에 의해 강제되고 있다.

---

[71] Soc., 20 janv. 1956, Bull. civ. IV, no 71; Soc., 13 mars 1980, D. 1980. IR 546.

요약 및 시사점

프랑스 법제의 주요 내용 및 특징

프랑스의 경우 단체교섭 법제의 배경이 되는 노동3권의 법적 성질과 관련하여 다음과 같은 특징이 있다.

헌법상의 단결권 내지 단결의 자유에 관한 규정은 헌법적 가치를 가지며 그 보장에 따른 당연한 결과로서 복수노조주의와 노동조합들 간의 평등의 원칙이 도출된다. 헌법에서 단체교섭권에 대한 직접적인 규정은 없으며 "모든 노동자는 자신들의 대표를 통해 노동조건의 집단적 결정에 참가한다"는 규정으로부터 단체교섭권이 도출되는 것으로 보고, 이러한 단체교섭권은 헌법적 가치를 가지지 않으며 헌법상 입법자의 입법정책적 판단에 속하는 노동법의 기본원칙에 해당하여 입법자의 입법정책적 재량의 여지를 두고 있다. 파업권은 노동자의 노동조합이나 조합원의 권리가 아닌 근로자의 개인적 권리로서 단체교섭과도 관계가 없는 권리로 보장되고 있다.

프랑스에서 단체교섭 법제의 설계와 관련하여 기본적인 전제는 단체교섭의 결과 체결되는 단체협약의 적용 대상은 해당 단체협약을 체결한 노동조합의 조합원이 아니라 단체협약의 당사자인 사용자에 소속하는 모든 근로자에게 적용된다는 점이다. 즉 단체교섭의 주체가 되는 노동조합은 해당 교섭단위에서 조합원이 아닌 전체 근로자를 위하여 교섭하는 것이며, 이에 따라 교섭단위의 전체 근로자에 대한 일정한 대표성을 가져야 한다. 이를 고려하여 프랑스에서는 단체교섭의 주체가 되기 위한 요건으로 일정한 대표성을 갖출 것을 요구하고 있다. 주목할 것은 이때 법률에서는 특정 노동조합의 독점적 대표성을 인정하지 않고 최소한의 대표성을 요구하고 있다는 점이다. 이는 헌법에서 단결권 내지 단결의 자유의 보장에 따른 단결 선택의 자유와 복수노조의 당연한 귀결로서 노동조합들 간의 평등의 원칙을 실현하고자 하는 것이다. 다른 한편으로 단체교섭에서 이러한 대표성을 요구하는 것은 단체교섭의 효율성 확보라는 정책적 고려도 반영되어 있다. 그리고 프랑스에서는 대표적인 노동조합이 단체교섭을 할 수 있는 권한을 가진다고 하더라도 개별교섭이 아닌 공동교섭을 법제화하고 있다. 이 또한 단체협약이 교섭단위의 전체 근로자에게 적용되기 때문에 공동교섭을 통한 하나의 단체협약을 체결해야 하기 때문이다.

프랑스에서는 단체교섭 주체의 자격과 단체협약 체결의 정당성을 분리하고 있다. 즉 공동교섭에서 단체협약을 유효하게 체결하기 위해서는 단체교섭 주체의 대표성과 달리 단체협약이 교섭단위의 전체 근로자에게 적용된다는 점에 기반하여 다수 대표 원칙에 따라 기업 단위 단체협약의 체결의 경우 직업 선거에서 대표적 노동조합을 지지하는 유효표의 50%를 넘게 득표한 하나 또는 복수의 대표적 노동조합들이 서명할 것을 요건으로 함으로써 단체협약의 정당성을 확보하고 있다.

한편 프랑스에서 파업권은 근로자 개인의 권리로서 단체교섭과 관계없이 행사할 수 있다. 이에 따라 노동조합은 단체교섭의 진행 중에도 자유로이 파업을 조직할 수 있다.

시사점

우리나라 단체교섭 법제를 프랑스 법제와 대비하면 다음과 문제점과 입법적 개선 방향을 도출할 수 있을 것이다.

우리나라 헌법 제33조에서는 단결권, 단체교섭권 및 단체행동권을 보장하고 있다. 단결권의 보장에 따라 당연히 복수노조가 허용하고, 이는 복수노조 사이에 동등한 권리를 전제로 하고 있다.

이러한 단결권 보장과 더불어 단체교섭권을 독자적인 기본권으로서 보장함에 따라 복수노조하에서도 노동조합의 개별적인 단체교섭권 및 단체행동권이 보장되어야 한다. 하지만 현행 노동조합법에서는 교섭창구단일화제도를 도입하고 교섭창구단일화 절차에 참여한 노동조합의 전체 조합원 과반수로 조직된 노동조합을 교섭대표노동조합으로 인정하여 단체교섭에 대한 독점적 권한을 부여하고 있다. 이와 같은 경우에 소수 노동조합은 단체교섭권과 단체행동권을 근본적으로 제한받는다.

헌법재판소는 모든 노동조합에게 독자적인 교섭권과 협약 체결권을 인정하지 않는 것이 단체교섭권 침해라는 주장에 대해 교섭의 효율성, 통일적인 근로조건의 형성 등을 이유로 노동조합법상 교섭창구단일화제도가 소수 노동조합의 단체교섭권을 침해한다고 볼 수 없다고 했다.[72] 하지만 이러한 판단이 설령 교섭창구단일화제도를 실시하더라도 현행 교섭창구단일화제도를 정당화할 수 있을 것인지는 의문이다. 노동조합법에서는 교섭창구단일화 절차에 참여한 모든 노동조합이 자율적으로 교섭대표노동조합을 정할 수 있도록 하고, 자율적으로 교섭대표노동조합을 정하지 못하거나 과반수 노동조합이 없는 경우에는 공동교섭대표단을 구성하여 사용자와 교섭하도록 하고 있다. 따라서 교섭의 효율성이나 통일적인 근로조건 형성 등의 이유만으로 소수 노동조합

---

[72] 헌재 2012. 4. 24. 2011헌마338.

의 단체교섭권 및 단체행동권을 본질적으로 침해하며 과반수 노동조합에 독점적인 교섭권을 부여하는 것은 과도하다.

교섭창구단일화제도를 운용하더라도 노동조합의 단체교섭권 및 단체행동권 침해를 최소화하는 방향으로 설계되어야 한다. 교섭창구단일화제도에 따른 단체교섭 및 단체협약 체결이 교섭단위에서 교섭에 참여한 모든 노동조합의 전체 조합원들을 대상으로 한다는 점에서 프랑스 사례와 같이 전체 조합원에 대한 관계에서 조합원 수 등에서 최소한의 대표성을 갖춘 노동조합들이 공동교섭을 할 수 있도록 하고 그에 따라 교섭의 효율성도 확보함으로써 단체교섭권의 침해를 최소화하는 것이 타당할 것이다. 그리고 공동교섭의 결과 체결되는 단체협약은 모든 노동조합의 전체 조합원들에 대해 적용된다는 점에서 그 정당성 확보를 위해 전체 조합원의 과반을 조직하는 하나 또는 복수의 노동조합이 서명할 경우에 유효한 것으로 하거나 공동교섭에 따른 합의안을 전체 조합원의 찬반 투표를 거쳐 협약을 체결할 수 있도록 하는 것이 바람직할 것이다. 나아가 단체행동권의 보장을 위하여 공동교섭 진행 중에도 개별 노동조합의 쟁의행위를 보장해야 한다.

복수노조하에서의 단체교섭에 관한 일본의 법적 논의에 관한 검토

정영훈
(부경대학교 법학과 교수)

비교법적 검토 대상으로 본 일본 법제도의 의의

헌법재판소는 헌재 2012. 4. 24. 결정[1]에서 하나의 사업 또는 사업장에 두 개 이상의 노동조합이 있는 경우 단체교섭에 있어 그 창구를 단일화하도록 하고, 교섭대표가 된 노동조합에게만 단체교섭권을 부여하고 있는 노동조합법 제29조 제2항, 제29조의 2 제1항의 교섭창구단일화제도가 단체교섭권을 침해하는지에 관해서 교섭창구단일화제도가 과잉금지원칙을 위반하여 단체교섭권을 침해한다고 볼 수 없다고 판단했다. 이 결정에서 합헌 이유는 과잉금지원칙의 네 가지 부분 원칙에 관한 심사에서 잘 드러나 있는데, 이를 정리하면 다음과 같다.

---

[1] 헌재 2012. 4. 24. 2011헌마338, 공보 제187호, 882.

첫째, 교섭창구단일화제도는 근로조건의 결정권이 있는 사업 또는 사업장 단위에서 교섭 절차를 일원화하여 효율적이고 안정적인 교섭 체계를 구축하고 소속 노동조합이 어디든 관계없이 조합원들의 근로조건을 통일하고자 하는 목적을 가지는 것으로, 이는 단체교섭권 제한의 목적으로서 정당하다.

둘째, 노동조합에 대한 단체교섭권 보장은 사회적 약자인 근로자가 사용자와의 사이에 대등성을 확보하여 적정한 근로조건을 형성할 수 있도록 하는 수단이므로 교섭대표노동조합이 사용자와의 사이에서 노사관계의 안정과 적정한 근로조건을 형성하는 기능을 충분히 담당할 수 있다면 그 노동조합에 단체교섭권을 인정하는 것이 노동3권을 기본권으로 보장하는 취지에 더 부합할 수 있다. 교섭창구단일화는 노사 대등의 원리와 실질적 대등성의 토대 위에서 적정한 근로조건의 구현이라는 단체교섭권의 실질적인 보장을 위해 요구되는 불가피한 제도다.

셋째, 자율교섭제도를 채택하면 ①복수의 노동조합이 각각 교섭을 요구하고 유리한 단체협약을 체결하기 위해 경쟁을 하는 경우 그 세력 다툼이나 분열로 교섭력을 현저히 약화시킬 우려도 있고, ②하나의 사업장에 둘 이상의 협약이 체결·적용됨으로써 동일한 직업적 이해관계를 갖는 근로자 사이에 근로조건의 차이가 발생하고, 특히 교섭력이 약한 소수 노동조합의 경우는 동일한 근로를 제공하면서도 열악한 지위에 머물게 될 가능성이 크다. ③ 여러 노동조합이 일시에 혹은 유사한 시기에 자신과 먼저 교섭하자고 요구하는 경우 사용자는 동시다발적인 교섭의 어려움을 들어 자신이 선택한 특정 노동조합과의 선先교섭을 이유로 다른 노동조합과의 교섭을 연기하는 등 사실상 장기적으로 교섭에 응하지 아니함으로써 교섭을 합법적으로 거부할 수 있게 되어 오히려 노동조합을 불리한 지위에 서게 할 위험이 있다. 이러한 결과는 근로자가 단결된 집단의 힘을 통해 사용자와 대등한 입장에서 근로조건을 개선할 수 있도록 노동3권을 보장하는 취지에 반하게 된다.

이와 같은 세 가지 이유 중에서 첫 번째는 기본권의 제한의 목적에 관한 것으로서 노동조합의 교섭력을 담보하여 교섭의 효율성을 높이고 통일적인 근로조건을 형성한다는 것이기 때문에 이 자체가 기본권을 제한하기 위한 목적으로서 '부당'한 것이라고까지는 할 수 없을 것이다. 하지만 두 번째 이유를 보면, 단체교섭제도에 대한 편파적이고 추상적인 이해만 보일 뿐, 단체교섭권을 비롯한 노동3권 보장의 본질적 의의와 단체교섭권 보장의 의의에 대해서는 심도 있는 이해가 결여되어 있다. 단체교섭권을 비롯한 노동3권이 노동3권의 주체인 근로자 개인과, 역시 노동3권의 주체인 근로자 개인의 집단인 노동조합(또는 단결체)이 변증법적으로 통일되는 권리라는 인식, 노동3권은 집단적으로 행사되는 개별적 권리, 즉 집단적 자유권[2]이라는 인식을 전혀 가지고 있지 않

---

[2] 박제성, 「"법원은 법률이 아닌 법을 선언해야 한다"-전교조 사건 대법원 전원합의체 판결에 대한 사설傳說」, 『노동법학』 제76호(2020), p. 202.

다. 즉 헌법재판소의 이러한 인식에는 집단만이 존재할 뿐 개인이 없는 구시대적인 노동3권에 대한 이해를 피력하고 있다고 할 수 있다. 세 번째 이유도 역시 마찬가지이다. 두 번째에서 보여준 이해를 뒷받침하기 위하여 교섭창구단일화제도에 대한 추상적이고 상투적인 기대에 근거한 긍정적인 평가, 그리고 자율교섭제도에 대한 구체적이고 객관적인 설득력 있는 논거를 제시하지 않은 채 피상적이고 막연한 우려와 위험성에 관한 예단에 근거한 부정적인 평가만을 담고 있을 뿐이다.

단체교섭권 보장과 교섭창구단일화제도에 관한 헌법재판소의 이와 같은 이해와 평가가 타당하지 않다는 점은 일본의 관련 논의를 살펴본다면 더욱 잘 논박될 수 있을 것이다. 이는 다음과 같은 두 가지 이유 때문이다. 첫째, 일본은 우리나라와 같이 헌법에서 노동3권을 보장하면서 완전한 자율교섭제도를 취하고 있다는 점에서 위에서 본 헌법재판소의 이해와 평가가 타당한지를 검토함에 있어서 매우 적절한 비교법적 환경을 가지고 있기 때문이다. 둘째, 단체교섭에 관한 이론적인 측면과 실제적인 측면 모두에서 일본의 이론과 실제는 헌법재판소의 위와 같은 이해 및 평가와 부합하지 않는 점이 상당히 많기 때문이다. 일본의 노동조합 조직 형태가 기업별 노조가 주류를 이루는 상황에서 마치 일본의 자율교섭제도가 노동조합의 분열과 대립, 그리고 사용자의 부당노동행위를 촉발시키는 온상이 되어 결국에는 노동조합 및 노동운동을 약화시킨 주범처럼 국내에 소개되는 경향이 있다. 하지만 노동조합의 법인法認과 자율교섭제도 형성의 연혁, 단체교섭권 보장 및 자율교섭제도의 의의, 집단적 노사관계의 현상 및 발전 과제 등에 대한 판결과 학계의 평가 등을 살펴보면 이러한 부정적인 이미지가 타당하지 않다는 점을 알 수 있을 것이다.

이하에서는 먼저 일본의 집단적 노사관계의 특징과 실태에 대해서 간략하게 살펴보고(「일본의 집단적 노사관계의 특징」), 다음으로 단체교섭권 보장의 연혁을 살펴보면서 단체교섭권의 보장과 자율교섭제도가 어떠한 과정을 거쳐서 형성되었는지에 대해 알아본다(「단체교섭권 보장의 연혁」). 이어 복수노조의 현황과 단체교섭 등의 실태를 확인하고(「복수노조 현황과 단체교섭 등의 실태」), 마지막으로 단체교섭권 보장의 의의와 관련 논의를 살펴본다(「단체교섭권 보장의 의의와 관련 논의」).

일본의 집단적 노사관계의 특징

기업별 노조 중심의 노사관계

1950년대 일본의 기업 경영을 연구한 미국의 경영학자 아베글렌^{James C. Abegglen}이 『일본의 경영』(1958)³에서 2차대전 후 일본 기업의 발전 원천은 "종신고용^{permament employment system}", "연공서열^{seniority system}", "기업별 조합^{enterprise union}"에 있다고 분석한 이래 이 세 개의 용어는 일본의 고용 시스템을 이해하는 핵심적인 키워드가 되어왔다. 아베글렌의 연구로부터 볼 때 기업별 노조는 이미 1950년대에 일본에 광범위하게 확산되어 있었음을 알 수 있다.

---

3 ジェームズ アベグレン,『日本の經營』(占部都美 譯), 1958, ダイヤモンド社.

기업별 노동조합이 일본의 노사관계에서 광범위하게 확산된 시기는 2차대전 패전 직후 노동조합의 재건이 시작된 바로 그 단계부터라고 할 수 있다. 노사관계사에 관한 다수의 연구에 의하면 2차대전 패전 직후 노동조합의 재건을 주도한 주체들의 의도와 관계없이 이미 기업별 노동조합은 노동조합의 일반적인 형태를 이루고 있었다.[4] 즉 2차대전 패전 직후의 극도의 궁핍과 혼란 상황에서 근로자 스스로 생존 보장을 위하여 거의 자연 발생적으로 노동조합이 기업별로 조직되었다는 것이다. 1940년대 후반기의 이와 같은 자연 발생적 상황은 1950년대를 지나면서 기업별 조합 운동 또는 기업별 조합주의로 정착되었다. 자연 발생적인 기업별 노조가 일본 노사관계의 특징으로 등장하기 시작한 계기는 연합국 점령 당국의 정책 변화에 따른 정치·경제·사회 전체의 변화에서 찾을 수 있을 것이다.[5] 이후 1960년대의 고도 성장기를 거치면서 노사 협조주의적인 성향을 보다 강화한 일본의 기업별 노조는 일본의 노사관계 시스템에서 더욱 견고하게 자리 잡게 되었다는 것이 일반적인 평가이다. 이는 1972년에 발간된 OECD의 『대일 노동보고서』에서도 여전히 "종신고용"과 "연공서열", "기업별 조

---

[4] 2차대전 이전에 일본의 노동조합이 주로 직능 조합 또는 지역 노조의 형태를 이루고 있었음에도 전후戰後 기업별 노동조합이 급속히 확산하면서 노동조합의 일반적인 형태로 자리 잡게 된 이유는 무엇인가라는 문제는 일본 노사관계사 연구의 중요 주제이며, 이에 관한 연구도 무수히 많다. 이 주제에 관해서는 니무라 카즈오二村一夫의 일련의 연구가 대표적이다(니무라 카즈오의 연구 업적은 http://oohara.mt.tama.hosei.ac.jp/nk/index.html를 참조).
[5] 沼田稻次郎(대표 편집), 『勞働法事典』, 勞働旬報社, 1979, pp. 155-156.

합"을 일본적 경영의 특징으로 지적하고 있는 것에서도 잘 나타난다.

1990년대 초반 버블경제 붕괴 이후 일본적 고용 시스템에서 '종신고용'과 '연공서열'이 갖는 의미가 점차 저하되고 있음에도 '기업별 노조' 중심의 노사관계는 여전히 중요한 의미를 갖고 있다. 하지만 현재 기업별 노조의 규모를 정확히 알 수 있는 통계는 존재하지 않는다. 일본에서 노동조합의 규모에 관한 공식적인 조사는 후생노동성이 매년 전국의 모든 노동조합을 대상으로 실시하는 노동조합기초조사이다. 이 조사의 조사표는 노동조합의 종류를 단위노동조합, 단일(단위급)노동조합, 단일(연합급)노동조합, 단일(본부)노동조합, 연합체 노동조합, 협의체 노동조합으로 구분하여 기입하게 되어 있다. 우리나라와 같이 초기업 단위의 노동조합, 즉 산업별 노동조합의 조직 규모는 알 수 없다. 다만 1988년, 1991년, 1994년, 1999년의 조사에서 '조직 형태'를 물은 항목이 있었기 때문에 다소나마 그 실체를 알 수 있다. 표 1을 보면 1988년에 '기업별 조직'이라고 한 응답은 전체 노동조합 중 94.5%를 차지하고 있고, 1991년에는 93.4%, 1994년에는 95.3%, 1998년에는 95.6%로 10년간 별다른 변화 없이 추이하고 있다. 노동조합의 조직 형태를 '산업별 조직'이라고 한 경우도 마찬가지로 1998년부터 1998년까지 약 10년간 2.0% 내외에서 추이하고 있다. 이를 조합원 수의 측면에서 볼 때 전체 조직 근로자 중 '기업별 조직'에 조직되어 있는 조합원의 비율이 1988년에 85.6%, 1991년에

연도·조직 형태	단위노동조합*		단일노동조합**		구성비(%)			
					단위노동조합		단일노동조합	
	조합 수	조합원 수	조합 수	조합원 수	조합 수	조합원 수	조합 수	조합원 수
1988년								
합　계	79,792	12,157,134	33,750	12,227,223	100.0	100.0	100.0	100.0
기업별 조직	68,776	11,155,771	32,027	10,467,372	94.5	91.8	94.9	85.6
직업별 조직	1,452	370,297	680	387,429	2.0	3.0	2.0	3.2
산업별 조직	1,135	468,490	544	1,085,250	1.6	3.9	1.6	8.9
기타	1,429	162,576	499	287,172	2.0	1.3	1.5	2.3
1991년								
합　계	71,685	12,322,884	33,008	12,396,592	100.0	100.0	100.0	100.0
기업별 조직	66,959	11,250,941	31,205	10,445,083	93.4	91.3	94.5	84.3
직업별 조직	1,523	364,081	586	372,146	2.1	3.0	1.8	3.0
산업별 조직	1,634	531,190	636	1,127,511	2.3	4.3	1.9	9.1
기타	1,569	176,672	581	451,852	2.2	1.4	1.8	3.6
1994년								
합　계	71,674	12,619,467	32,581	12,698,847	100.0	100.0	100.0	100.0
기업별 조직	68,282	11,568,456	31,157	10,926,120	95.3	91.7	95.6	86.0
직업별 조직	1,292	418,190	518	478,777	1.8	3.3	1.6	3.8
산업별 조직	1,179	392,943	484	875,227	1.6	3.1	1.5	6.9
기타	921	239,878	422	418,723	1.3	1.9	1.3	3.3
1997년								
합　계	70,821	12,167,594	31,336	12,284,721	100.0	100.0	100.0	100.0
기업별 조직	67,688	11,093,212	30,008	10,552,939	95.6	91.2	91.2	85.9
직업별 조직	888	355,027	358	383,159	1.3	2.9	1.1	3.1
산업별 조직	1,416	592,374	551	1,024,492	2.0	4.9	1.8	8.3
기타	829	126,981	419	324,131	1.2	1.0	1.3	2.6

●── 표 1 조직 형태별 노동조합의 수 및 노동조합원의 수(출처: 1988년, 1991년, 1994년, 1997년도의 厚生労働省 『労働組合基礎調査』).

84.3%, 1994년에 86.0%, 1998년에 85.9%로 10년간 85% 전후에서 추이하고 있다. 산업별 조직의 경우에도 1988년에 8.9%, 1991년에 9.1%, 1994년에 6.9%, 1998년에 8.3%로 약간의 변동 폭이 존재하나 대체로 8% 전후에서 추이하고 있다고 볼 수 있다.

이와 같은 통계조사에서 알 수 있듯이 일본의 노사관계에서 산업별 노조가 차지하는 위상은 매우 낮으며, 이러한 위상은 2차대전 패전 이후 노동조합이 법인法認된 이래 80년간의 경제적·사회적 변화를 거치면서도 변화하지 않고 있다. 또한 노동운동의 주류를 이루고 있는 세력들도 기업별 노조 체제를 넘어 산업별 노조로 이행하기 위한 뚜렷한 조직적 움직임을 보이지 않고 있다.

---

* 단위노동조합이란 규약상 근로자가 해당 조직에 개인이 가입하는 형식을 취하면서 그 내부에 독자의 활동을 할 수 있는 하부 조직(지부 등)을 가지고 있지 않은 노동조합을 말한다(1기업, 1사업소의 근로자만으로 조직되어 있는 노동조합 등을 들 수 있다). '단위노동조합에 관한 통계'는 단위노동조합과 단일노동조합의 하부 조직인 단위 취급 노동조합을 각각 하나의 조합으로서 집계한 것이다. 이 통계는 산업, 기업 규모, 적용 법규별로 보는 경우 등에 이용된다.
** 단일노동조합이란 규약상 근로자가 해당 조직에 개인이 가입하는 형식을 취하고 그 내부에 하부 조직(지부 등)을 가지고 있는 노동조합을 말한다. 단일노동조합 내의 최하부에 있는 조직을 '단위 취급 노조'라고 하고 최상부에 있는 조직을 '본부'라고 한다. '단일노동조합에 관한 통계'는 단위노동조합과 단일노동조합의 본부를 각각 하나의 조합으로 보고 집계한 결과표이다. 이는 전체 노동조합원 수를 보는 경우에 이용된다. 여기에서 단일노동조합원 수는 독자 활동 조직을 가지고 있지 않은 노동조합원(이를 비독립 조합원이라고 한다)을 포함하여 집계하고 있기 때문에 단위노동조합원의 수보다 많다.

산업별 교섭과 산업별 협약의 부재

이러한 상황 속에서 연구·조사의 관심은 기업별 노조를 중심으로 하는 노사관계와 기업별 노조의 연합체인 각 산업별 연합단체[6]의 활동과 그 의미에 두어질 수밖에 없고, 산업별 노조의 실태와 활동과 관련한 연구·조사는 거의 이루어지지 않았기 때문에 일본의 산업별 노조의 전체적인 현황 및 구체적인 활동 실태를 파악하는 것은 매우 어렵다. 표 1을 보면 현재에도 노동조합 조직 형태 중에서 직업별 조직과 산업별 조직 형태를 가진 조합이 꽤 있을 것으로 추정된다. 하지만 실제로 이들이 어떻게 단체교섭을 하고 단체협약을 체결하는지를 종합적으로 알려주는 조사나 연구는 없다. 노동위원회의 부당노동행위 구제 결정을 보면 초기업 단위로 조직된 노동조합, 즉 업종별·산업별·지역별 노동조합의 본부, 지부, 분회 등이 구제 신청의 주체가 되어 부당노동행위의 성

---

[6] 일본에서는 서구와 같은 산업별 노동조합이 거의 존재하지 않고 동일한 산업에 속해 있는 기업별 노동조합이 산업별 연합단체를 구성하여 그 연합단체를 중심으로 활동하는 경우가 대부분이기 때문에(이른바 춘투春鬪) '산업별 연합단체'를 '산업별 노동조합', 흔히 '산별' 또는 '단산單産(단위 산업별 노동조합의 약칭)'이라고 부른다. 이에 대해서 서구 의미에서의 산업별 노동조합을 정확히 칭할 때는 '산업별 단일노동조합'이라고 한다. 이러한 산업별 연합단체는 대부분 다시 총연합단체에 가맹하고 있는데 현재 일본에는 세 개의 총연합단체가 있다. 일본에서는 이러한 총연합단체를 흔히 National Center라고 부르며, 현재 세 개의 National Center가 있는데, 이 중 가장 조직 규모가 큰 것이 일본노동조합총연합회(약칭 연합/조합원 수 668.7만 명/53개의 산업별 연합단체가 소속)으로 정부의 주요 노동정책 결정 과정 등에 참여하고 있다. 이외에 전국노동조합총연합회(약칭 전노련/조합원 수 64.7만 명/10여 개의 산업별 연합단체가 소속)과 전국노동조합연락협의회(약칭 전노협/조합원 수 12.4만 명)가 존재한다.

립 여부를 다투는 사건은 매우 많지만, 이들 사건의 절대 다수는 개별 사용자와의 관계에서 발생한 것이다.

일본 노사관계사에서 산업별 노동조합 가운데 사용자단체와 통일교섭을 하고 단체협약을 체결하는 것은 전일본해원노조全日本海員勞組가 유일하다고 한다. 현재 전일본해원노조[7] 이외에 산업별 노동조합에서 사용자단체와 통일교섭을 하고 단체협약을 체결하는 노동조합은 없는 것으로 알려져 있다. 다만 일본음악가유니온 日本音樂家ユニオン[8]이 2014년에 모든 음악가에게 적용되는 기준 연주료에 관해서 NHK 및 민간 방송사와 구두 합의를 했다거나 일본레코드협회와 협정을 체결했다는 사례,[9] 건설·토목 분야에 종사하는 근로자에 의해 조직된 총연합단체 노동조합인 전국건설노동조합총연합[10] 산하의 지역별 연합체가 개별 기업과 대각선 교섭을 진행하면서 개별 기업과의 단체협약 체결 실적을 쌓고 있

---

7 立川博行,「船員の集團的勞使關係」, 日本勞働硏究雜誌 No. 728(2021), pp. 47-55.
8 음악가의 노동조합은 1970년에 설립된 '일본음악가노동조합'과 1972년에 설립된 '일본연주가협회'가 1983년에 통합하여 '일본음악가유니온日本樂家ユニオン'이 되었다(川口美貴,「日本における産業別勞使交涉と勞使合意」,『日本勞働硏究雜誌』No. 652(2014), p. 53). 일본음악가유니온은 오페라합창단 단원의 노동조합법상의 근로자성이 다투어진 사건에서 지방노동위원회와 중앙노동위원회, 그리고 최고재판소에서 근로자성을 인정한 결정(東京都勞委 2005. 5. 10; 中勞委 2006. 6. 7)과 판결(最高裁判所 第3小法廷 2009. 4. 12 선고)을 얻어냈다.
9 川口美貴,「日本における産業別勞使交涉と勞使合意」,『勞働硏究雜誌』No. 652(2014), pp. 54-56.
10 전국건설노동조합총연합은 2017년 12월 말 현재 53개의 단위노조로 구성되어 있는 연합체 노동조합으로 조합원은 62만 4,805명이다. 전국건설노동조합총연합에 소속된 단위노조는 기업 단위가 아니라 지역 단위로 설립되어 있는 것이 특징이다.

다는 사례[11]가 존재한다.

위에서 본 바와 같이 산업별 단체교섭이 거의 이루어지고 있지 않은 것은 노동운동 진영의 각고의 노력에도 불구하고 사용자들이 산업별 노조와의 통일교섭을 적극적으로 회피하는 정책을 견지해왔기 때문이다.[12] 일본 경영계는 2차대전 패전 이후 극도의 혼돈 상황에서 노동운동에 압도되던 상태에서 서서히 벗어나면서 1950년대부터는 본격적으로 기업별 교섭 체제와 기업별 단체협약 체제를 공고히 하고자 부단히 노력했다.[13] 물론 이러한 결과는 기업별 노동운동을 해소하고 산업별 노동운동으로 적극적으로 이행하고자 부단히 노력하지 않았던 노동운동 주체의 측면에서도 원인을 찾아야 한다는 점은 당연하다.

나아가 산업별 교섭을 촉진하기 위한 법적 해석이 적극적으로 이루어지지 않았다는 점도 지적할 수 있다. 1950년대부터 일본 노동운동 진영은 본격적으로 산업별 통일투쟁 노선을 채택하여 조직상·규약상 단체교섭권을 확립해서 대각선 교섭을 하거나 집단교섭을 하는 방식으로 산업별의 통일적 요구 사항을 실현하려 했다. 여기서 대각선 교섭은 산별노조와 개별 사용자 간에 이루어

---

11 淺見和彦, 「建設勞働者·就業者の組織的結集過程と勞働組合機能の發展: 戰後の諸段階と展望(全建總聯結成 50周年 記念事業公募論文)」(2010), pp. 54-55.
12 1970년 이후 산업별 교섭의 후퇴와 종료의 원인, 산업별 조합화론의 좌절 원인에 대한 분석으로는 松村文人, 「企業橫斷賃金交涉と産業別組合化論」, 『社會政策』 第6卷 제2號(2015), pp. 87-88.
13 蓼沼謙一, 「いわゆる企業別脫皮」, 『戰後勞働法學の思い出』, 勞働開發研究會, 2010, pp. 210-211; 沼田稻次郎 외 6인 편집, 전게서, p. 1010.

지는 것이기 때문에 개별 사용자는 산업별 노동조합의 교섭 요구를 정당한 이유 없이 거절할 수 없지만 집단교섭의 경우는 개별 사용자들이 집단적으로 교섭을 해야 하는 것이기 때문에 이러한 교섭 요구에 사용자들이 응할 의무가 있는 것인가가 문제가 된다. 이에 이러한 문제에 관해 전국금속노동조합全国金屬労働組合 이시가와지방본부사건石川地方本部事件에서 이시가와현지방노동위원회는 개별 기업들이 전국금속노동조합 이시가와지방본부와 교섭 자체를 거부하는 것은 위법하다고 하면서도 집단교섭에 응해야 할 의무는 없다고 판단했다.[14] 동 위원회는 그 이유로 "오늘날 우리나라의 노사관계 현상으로부터 볼 때 법이 예상하는 단체교섭의 원칙적 형태는 교섭권을 갖는 조합과 그 상대방인 사용자 또는 그 단체와의 사이에서의 노사 대등의 원칙에 입각한 교섭 형태로서 법의 취지도 또한 그 범위에 그치고 있기 때문에 본건의 경우 15개의 지부 조합으로부터 위임을 받은 신청인의 교섭권도 이 법의 취지에 근거하여 개개의 피신청인 각 회사에 대한 것이라고 해석해야 하는 것인 바, 신청인이 본건 단체교섭의 요청과 같은 방법에 의한 교섭을 의도했다고 해도 그것은 교섭권에 관한 법의 보호의 범위를 넘기" 때문이라는 점을 들고 있다. 산업별 노동조합의 집단적 교섭 요구에 개별 기업의 응낙 의무의 유무에 관한 이러한 입장은 그 후 여러 노동위원회의 명령[15]에 의해 답습되면서

---

14 石川地労委, 1960. 9. 29 命令, 『不當労働行爲事件命令集』 第22·23卷 165쪽.

노동위원회의 입장을 대표하는 것으로 되었다. 이에 대해서 홋카이도탁쇼쿠北海道拓植버스사건에서 홋카이도지방노동위원회는 집단교섭의 관행이 존재한다면 개별교섭을 하기 위한 합리적인 특단의 사유가 없는 한 집단교섭을 거부하고 개별교섭을 주장하는 것은 노동조합법 제7조 제2호의 정당한 이유 없는 단체교섭 거부의 부당노동행위에 해당한다고 판단한 바 있다.[16]

이와 같이 일본에서는 기업별 노조를 중심으로 전개되는 분쟁에 대응하는 법리와 법 해석이 발달하게 되었고, 산업별 노조 활동과 산업별 교섭을 촉진하는 법리가 형성되지 못했다. 물론 1950년대와 1960년대처럼 일본 노동운동이 가장 활발하게 전개되었던 시기에는 산별노조가 존재하기도 했고, 산업별 통일교섭 투쟁이 전개되기도 했기 때문에 상부 단체의 교섭 요구 거부를 둘러싼 분쟁이 많이 발생하면서 다수의 판례가 등장하여 판례 법리가 형성되고 학설상의 논쟁도 활발히 전개되면서 나름의 이론적 발전도 있었다.

---

15 埼玉新聞事件, 埼玉地勞委, 1966. 5. 27 命令, 『不當勞働行爲事件命令集』第34·35卷 270쪽; 長崎相銀事件, 長崎地勞委, 1967. 2. 4 命令, 『不當勞働行爲事件命令集』第36卷 274쪽.
16 北海道地勞委, 1977. 4. 18 命令, 『別冊 中央勞働時報』第904號, 10쪽.

유니언숍 협정의 광범위한 활용

일본 노동조합법 제7조 제1호는 불이익 취급의 부당노동행위를 금지하면서 그 단서에 노동조합이 특정 사업장에 고용되는 근로자의 과반수 이상을 대표하는 경우에는 그 근로자가 그 노동조합의 조합원인 것을 고용조건으로 하는 단체협약, 이른바 유니언숍에 관한 협정을 체결할 수 있다고 정하고 있다. 1946년 노동조합법의 제정과 노동3권 보장, 노동운동의 급격한 고양이라는 시대적 상황에서 사용자는 유니언숍 협정 체결을 요구하는 노동조합의 요구를 대체로 수용할 수밖에 없었기 때문에 이후 일본 노사관계에서는 대기업뿐만 아니라 중소기업에서도 유니언숍 협정이 광범위하게 활용되었다.

후생노동성의 2000년도 노사관계종합조사(노동조합 활동 등에 관한 실태조사)를 보면 75.9%가 유니언숍 협정을 체결하고 있는 것으로 나타났는데, 그 이후에는 서서히 감소하면서 2010년에는 66.1%, 2018년에는 66.2%를 점하고 있는 것으로 나타났다. 표 2의 2018년 세부 특성을 보면 해당 기업의 종업원 수가 많을수록, 또 조합원의 수가 많을수록 유니언숍 협정을 체결한 노동조합의 비율은 증가했다.

유니언숍 협정에 근거한 해고의 유효성에 대해서 최고재판소는 1989년 12월 24일 판결에서 협정 체결 노동조합을 탈퇴하여 다른 노동조합에 가입했거나 협정 체결 노동조합으로부터 제명

	합계	체결하고 있다	체결하고 있지 않다	불명
기업 규모	(%)	(%)	(%)	(%)
5,000명 이상	100.0	69.6	30.0	0.5
1,000-4,999명	100.0	76.9	21.8	1.2
500-999명	100.0	69.4	28.8	1.8
300-499명	100.0	57.8	39.4	2.9
100-299명	100.0	60.1	38.1	1.8
30-99명	100.0	53.7	45.9	0.4
조합원 수 규모				
5,000명 이상	100.0	92.2	7.3	0.6
1,000-4,999명	100.0	86.8	12.7	0.5
500-999명	100.0	72.1	27.6	0.3
300-499명	100.0	78.1	20.5	1.4
100-299명	100.0	68.1	30.2	1.7
30-99명	100.0	59.3	39.4	1.3

● —— 표 2 2018년도 유니언숍 협정 체결 유무별 노동조합의 비율(출처: 2018년도 厚生労働省 『労働関係綜合調査〔労働組合活動等に関する実態調査〕』).

되고 다른 노동조합에 가입한 사람에 대해서는 유니언숍 협정은 무효가 되어 이를 근거로 한 사용자의 해고는 무효라고 판단했다. 이로써 일본의 유니언숍 협정은 일반적 조직 강제가 되었다.

그럼에도 유니언숍 협정에 대해서는 위헌이라는 견해가 매우 유력하다. 위헌 의견은 소극적 단결권의 중요성, 유니언숍 협정에 의거해 운영되고 있는 일본 노동조합의 실상(노동조합 가입이 강제되고 있기 때문에 조합원의 의식이나 노동조합의 활동이 수동적이고 자율적이지 못함) 등을 위헌의 근거로 들고 있다.[17] 이들 의견에서 특히 주목되는 것은 이론적으로나 실제적인 기능에 있어서나 유니언숍 협정은 노동3권의 보장에 맞지 않다는 것이다. 이론적인 관점에서 보면 유니언숍 협정은 집단적 자기결정을 중시할 뿐 노동3권 보장의 진정한 목적인 개인의 자기결정을 등한시하고 있다는 것이다.[18] 합헌론은 집단주의로 표현되는 1950년대의 전통적 단결권 사상(단결권을 생존권적 기본권의 이념하에서 이해하려는 입장)에 근거한 것으로서 이러한 전통적 단결권 사상은 자기결정권의 보장 이념과 노사관계의 변화에 맞춰서 극복되어야 한다는 것이다. 실제적인 기능에 있어서도 유니언숍 협정은 협정을 체결한 다수 노조가 보수화, 관료화되고 노사협조주의 일변도의 방침을 취하고 있는 상황에서 수동적이고 비자발적인 단결의 강제로 인하여 결국 노동조합을 강화하기보다는 노동조합으로부터 조합원과 근로자들을 멀어지게 하는 결과만을 가져오고 있다는 비판도 주목된다.

---

17 水町勇一郎, 『詳解 労働法』, 東京大學出版會, 2017, p. 1040.
18 西谷敏, 『労働法における個人と集團』, 有斐閣, 1992, pp. 113-156.

초기업별 노동조합의 역할과 단체교섭권 보장

> **초기업별 노동조합의 역할**

표 1에서 볼 수 있듯 현재도 직업별 조직과 산업별 조직 형태를 가진 노동조합은 상당수 존재한다. 하지만 위에서 본 바와 같이 이러한 노동조합이 노동조합 본래의 목적이라고 할 수 있는 단체교섭을 통한 근로조건의 통일적 형성이라는 기능을 수행하는 곳은 거의 없다. 그렇다고 해서 이들 노동조합이 소속 조합원의 근로조건의 유지 향상을 위해서 아무런 역할을 하지 않는 것은 아니다. 단체교섭 거부 등을 둘러싼 부당노동행위 구제명령의 신청에 관한 무수히 많은 노동위원회 결정례에서 이들 조합의 역할이 확인되고 있기 때문이다.

특히 이들 노동조합의 존재 의의는 단체교섭에서 발휘되고 있다. 이들 노동조합이 개별 노동자의 이익 보호를 위하여 행하는 중요한 기능은 단체교섭과 단체협약의 체결을 통해서 조합원의 근로조건을 성공적으로 설정하는 것에서 드러나지 않는다. 이들 노동조합은 개별 조합원의 근로조건 유지 향상을 위한 교섭이 원활하게 진행되지 않으면 노동쟁의 발생을 노동위원회에 신고하고 노동관계조정법상의 알선[19]을 노동위원회에 신청하는 방법을 빈번하게 택하고 있다. 하지만 사용자가 알선에 응할지는 사용자의 임의에 달려 있기 때문에 알선 제도의 활용은 별반 효과적이지 않을 수 있다. 적지 않은 사례에서 사용자는 일반노조나 합동노조20의 형태로 조직된 이들 노동조합의 개입을 혐오하여 단체교섭을 거부하거나 게을리한다. 이 경우 노동조합은 사용자를 압박하기 위해서 부당노동행위의 구제 신청을 하고 법원에 가처분 신청을 하는 등 행정구제와 사법구제를 적절히 이용하면서 가능한 한 분쟁의 조기 해결(화해)을 꾀하려고 한다. 이와 같은 사안에서 파업과 같은 쟁의행위를 통해서 사용자를 압박하는 것은 거의 효과가 없기 때문에 파업을 하는 경우는 거의 발견되지 않는다.

이와 같은 분쟁 해결의 역할은 합동노조(또는 일반노조)에서 일반적으로 발견된다.21 이러한 활동 행태에 대해 비판적인 견해도

---

19 중앙노동위원회 규칙에 따르면 노동쟁의가 발생했을 때 노동관계 당사자의 쌍방 또는 일방이 노동위원회에 알선을 신청함으로써 알선이 개시된다. 알선이 신청되면 노동위원회 위원장은 노동관계 당사자의 쌍방 또는 일방의 신청이나 그 직권에 근거하여 알선원 명부에 기재되어 있는 사람 중에서 알선원을 지명해야 한다(노동관계조정법 제12조). 알선원 명부는 노동위원회가 사전에 알선원 후보자를 위촉하여 작성해 두어야 한다(노동관계조정법 제10조). 알선원 후보자의 자격에 대해서는 법에서 별도의 정함이 없고 단지 학식 경험을 가진 사람으로서 노동쟁의의 해결에 대해 원조를 할 수 있는 사람이어야 한다고만 하고 있다(노동관계조정법 제11조). 알선의 경우 알선원이 해결안을 분쟁 당사자에게 제시할 필요가 없다고 판단되는 경우에는 해결안을 제시하지 않으며, 설사 해결안이 제시된다고 하더라도 해결안을 받아들일지 여부는 분쟁 당사자의 임의적 판단에 달려 있다.
2017년도 중앙노동위원회 연보에 따르면 2017년에 노동쟁의의 발생 건수는 총 358건으로 이 중 278건의 알선이 신청되었다. 278건 중에서 알선이 실제로 개시된 건 224건인데, 이 중에서 118건이 해결되었다. 한편 278건의 알선 중에서 200건은 합동노조에 의해서 신청된 것이다.
20 합동노조는 노동조합의 명칭에서 상당히 흔하게 사용되지만 그 정의는 명확하지 않다. 중앙노동위원회의 실무에서는 합동노조를 "기업의 틀을 넘어서 주로 중소기업의 근로자를 대상으로, 특정 기업 소속을 조건으로 하지 않으면서 일정의 지역 단위로 조직하는 개인 가입의 조합"이라고 정의하고 있다(直井春夫,「合同労組・地域ユニオンの由来」,『中央労働時報』第1109號, 2009, p. 37). 일본에서 합동노조는 일반노조 general union의 한 형태로 이해되고 있다(西谷敏,『労働組合法』, 有斐閣, 2012, p. 6).
21 松井保彦,『合同労組運動の検証: その歴史と理論』, ラクイン, 2010, pp. 193-196.

상당하다. 근로자의 개별적 고용 분쟁을 단체교섭의 방법으로 해결하려고 함으로써 개별적 고용 분쟁 처리 시스템 정착에 악영향을 주고 집단적 노사 분쟁 처리 시스템의 발전과 재구축까지도 저해할 우려가 있다는 것이다(이른바 개별 분쟁의 집단 분쟁화[22]).[23]

하지만 이와 같은 분쟁 해결 기능을 가지고 있기 때문에 특수고용 노동자들이 노동조합에 가입하려고 하는 강력한 유인이 되고 있다는 점[24]을 무시할 수 없다. 그리고 특수고용 노동자는 개별적 근로관계법상 근로자성이 인정되기 어렵다는 점에서 개별적 분쟁 해결 시스템을 이용할 수 있는 길이 제한적이기 때문에 노동조합을 통한 이와 같은 분쟁 해결 시도는 상당히 효과적일 수 있다.[25] 커뮤니티유니온 등의 최근 사례를 보면 유니언숍 협정을 체결한 거대 노조가 자신의 근로조건에 관한 문제를 해결하는

---

[22] 고베대학의 오우치 신야大內伸哉 교수는 이러한 집단적 노동분쟁을 의사疑似집단적 노동분쟁이라고 부른다.

[23] 濱口桂一郞, 『新しい勞働社會: 雇用システムの再構築へ』, 岩波書店, 2009, p. 190(하마구치 게이치로濱口桂一郞는 커뮤니티유니온의 이러한 기능이 집단적 노사 분쟁 처리 시스템이 아닌 개별적 노사 분쟁 처리 시스템에서 적절히 기능할 수 있도록 하는 법 정책이 필요하다고 하면서 그 정책적 대안으로 노동 NGO가 개별 근로자로부터 위임을 받아 사용자와 교섭할 수 있는 해결 시스템을 구축할 필요가 있다고 제언한다).

[24] 小畑精武, 「コミュニティ・ユニオンの到達點と展望(下)」, 『勞働法律旬報』 1562號(2003), p. 82.

[25] 2017년에 노동위원회에 신청된 278건의 알선 중에서 200건은 합동노조에 의해서 신청된 것이다. 이 중에서 99건은 분쟁이 발생한 뒤 근로자가 노동조합에 가입하여 노동조합의 단체교섭을 통해서 분쟁을 해결하려고 한 것이다. 합동노조에 의한 이와 같은 높은 알선 신청 건수는 근로자들이 합동노조의 분쟁 해결 능력을 상당히 높게 평가하고 있다는 것을 시사한다(濱口桂一郞, 「集団的勞働紛爭解決システムの1世紀」, 『季刊勞働法』, 第266號(2019), p. 163).

데 미온적인 태도를 보일 때 그 조합을 탈퇴하여 커뮤니티유니온에 가입하여 단체교섭을 통해서 문제를 해결하는 사례가 빈번히 등장하고 있다.[26]

> **단체교섭권의 의의**

초기업단위노조의 이와 같은 기능과 의의는 소수 노조에 있어서도 역시 동일하다. 이와 같은 기능이 발휘되어 그 의의가 인정될 수 있기 위해서는 개별 근로자의 개별적인 근로조건에 관한 다툼도 널리 단체교섭 사항으로 이해될 수 있어야 한다.

단체교섭권에 관한 이와 같은 이해는 다음과 같은 두 가지 점에서 설명된다. 먼저 일본에서는 단체교섭이 집단적 거래를 목적으로 하지 않는 노사 쌍방의 의사소통 수단으로 빈번히 이용됨으로써 노사 간의 의사소통 수단이라는 의미를 가지게 되었다는 것이다. 다음으로 고충 처리 절차의 의미를 가지게 되었다는 점이다. 일본의 대다수 민간 기업에서는 자족적인 고충 처리 절차가 마련되어 있지 않거나, 있다고 하더라도 제대로 기능하지 않는 경우가 많다는 현실 속에서 노동조합 형태의 90% 이상을 차지하는 기업별 노동조합이 개별 근로자의 개별적인 근로조건의 문제를 단체교섭이라는 방법을 통해서 처리하는 것이 일반적인 관행으

---

26 浜村彰,「合同労組からコミュニティユニオンへ」,『組合機能の多様化と可能性』, 法政大學出版局, pp. 28-33.

로 자리 잡게 되었다. 이러한 현실적인 필요성과 관행 속에서 학계, 노동위원회, 법원은 모두 개별 근로자의 개별적인 근로조건은 의무적 단체교섭 사항에 해당한다는 입장을 보이고 있다.[27]

2000년대에 들어서면서 근로조건의 개별화가 급속히 진전하면서 근로자 개인의 근로조건 분쟁을 단체교섭의 의무적 대상 사항으로 해야 할 필요성은 점점 더 높아지고 있다는 지적까지도 있다.[28] 이는 단체교섭이 개별적 근로조건의 결정에 있어서 노동조합이 관여하는 방법의 하나가 되었다는 점을 의미한다.[29]

---

27 菅野和夫, 『労働法』, 弘文堂, 2019, p. 658.
28 西谷敏, 『労働組合法』, p. 300.
29 도코 테츠나리道幸哲也는 이러한 노동조합의 관여는 개별 근로자의 의향을 대리하고 있는 것이지 결코 단체교섭은 아니기 때문에 차라리 개별적 근로조건 결정의 장에 노동조합이 동석하거나 조언을 할 수 있는 조언권·동석권의 이론 구성이 필요하다고 본다(「解體か見直か: 労働組合法の行方(2)」, 『季刊労働法』 第222號(2008), p. 135).

단체교섭권 보장의 연혁

1945년 노동조합법의 제정과 단체교섭권의 보장

노동3권을 보장하고 있는 현행 일본 헌법은 1946년 11월에 제정되었다(1947년 5월 3일 시행). 하지만 이미 그 시점에 "단결권의 보장 및 단체교섭권의 보호 조성에 의하여 노동자의 지위 향상을 도모하고 경제적 흥륭에 기여하는 것을 목적"(제1조)으로 하는 노동조합법(이른바 구 노동조합법)이 시행되고 있었다(1945년 12월 22일 공포, 1946년 3월 1일 시행). 이는 적어도 헌법이 시행되기 이전 시기에도 단체교섭권은 법률에 의해서 보장되는 권리였다는 것을 의미한다.

1945년 제정 노동조합법은 제10조에 노동조합의 대표자 또는 노동조합의 위임을 받은 사람은 조합 또는 조합원을 위하여 사용자 또는 그 단체와 단체협약의 체결 기타의 사항에 관해서 교섭할 수 있는 권한을 가진다고 규정하고 있었다. 또한 사용자가 단체교섭을 거부한 경우에는 노동조합이 노동위원회에 "단체교섭의 알선"을 신청할 수 있도록 했다(제27조 제2호). 1945년 노동조합법은 사용자의 정당한 사유 없는 단체교섭 거부를 부당노동행위의 하나로 규정하고 있지 않았다. 즉 1945년 노동조합법에서는 사용자의 단체교섭 거부에 대한 구제 방법이 노동위원회의 알선 이외에는 없었다.

이러한 점은 아직 헌법이 제정되지 않은 상황에서 1945년 제정 노동조합법은 단체교섭을 '권리'로서 보장한다는 의식이 희박했다는 것을 보여준다.[30] 오히려 노동조합에 대한 사용자의 승인, 그리고 노동조합의 단체교섭 행위에 대한 형사적 면책이 보다 중요한 의미를 가졌다. 노동조합법 제1조 제2항은 "형법 제35조의 규정은 노동조합의 단체교섭 기타의 행위에 대해서 전항의 목적을 달성하기 위하여 행하는 정당한 행위에 대해서는 적용하지 않는 것으로 한다"고 하고 있었다. 그런데 한 가지 흥미로운 사실은 노동조합법의 정부안을 입안하기 위하여 정부가 1945년 10월에 설치한 노무법제심의회에서 논의된 초안 내용을 보면 제1차 초안에서는 노동조합법상의 노동조합 요건 중 소극적 요건으로서

---

30 道幸哲也, 『労使関係法における誠実と公正』, 旬報社, 2006, pp. 23-24.

"조합원이 현저히 소수小數로서 단체의 실체를 갖추지 못한 것"을 규정하고 있었다는 점이다. 하지만 제3차 초안에 대한 심의 과정에서 이 소극적 요건은 삭제되었다. 이 요건이 삭제된 것은 연합국 점령 당국이 노동조합의 설립 촉진이라는 정책 기조에 부합하지 않고 '소수'의 명확한 기준이 없기 때문에 노동조합으로 인정되지 못하는 경우가 빈발할 수 있다는 우려에 기인했다고 한다.[31] 노동운동의 최대 고양기였던 당시에는 그 결과에 대해서 아무도 인식하지 못했지만 이 소극적 요건을 삭제함으로써 조합원의 수가 아무리 적어도 노동조합으로서 단체교섭권을 가질 수 있다는 복수노조 평등주의가 탄생할 수 있었던 것이다.[32]

1948년 공공기업체노동관계법 제정과 배타적 교섭대표제의 도입

1945년 제정 노동조합법에서는 경찰공무원, 소방공무원, 교정공무원에 대해서는 명확히 단결권을 부정하고 그 외의 공무원에 대한 노동조합법 적용은 시행령으로 정할 수 있도록 했다. 하지만 이를 규정하는 시행령이 제정되지 않으면서 위의 공무원을 제외하고는 노동3권이 완전히 보장되는 상황이 되었다.

---

31 濱口桂一郞, 『日本の労働政策』, 労働政策研修·研究機構, 2018, pp. 910-911.
32 또한 각 노동조합이 쟁의행위를 할 수 있다.

이러한 상황에서 철도, 우편, 전매 등 현업 공무원들의 대규모 파업이 발생하자 연합국 점령 당국은 철도와 전매 사업의 노사관계를 규율하기 위하여 1948년 공공기업체노동관계법을 제정했다. 이 법률의 목적은 이들 공공기업체에 종사하는 현업 공무원의 노동3권, 특히 단체교섭권과 단체행동권을 제한하는 것에 있었다. 단체교섭권에 관해서는 교섭단위제를 도입하여 하나의 교섭단위에서는 주된 노동조합이 해당 조합 조합원 이외의 직원 대표자와 협의하여 교섭위원을 지명하도록 하고, 이 교섭위원이 모든 직원을 대표하는 배타적 교섭대표자가 되는 배타적 교섭대표제가 도입되었다. 이러한 교섭제도는 미국의 철도노동법$^{Railway\ Labor\ Act\ of\ 1926}$을 참고로 신설되었다고 하는데, 당시 일본의 노동법학자들에게 교섭단위제와 배타적 교섭대표제도는 매우 낯설었기 때문에 이해하기 어려운 제도였다고 한다.[33] 한편 단체행동권에 관해서는 쟁의행위를 일절 금지했다.

1949년 노동조합법 개정과 배타적 교섭대표제 도입 시도

연합국 점령 당국의 당초 노동정책은 노동조합의 결성과 단체교섭을 촉진하여 경제의 민주화를 달성한다는 것이었는데, 1947

---

33 蓼沼謙一, 「初期勞働法學」, 전게서, p. 106.

년과 1948년 대규모 파업을 경험하면서 노동정책을 전환하여 1945년 제정 노동조합을 전면 개정하도록 1948년 말 일본 정부에 지시했다. 이러한 계기로 개정된 것이 현행 노동조합법이다.

연합국 점령 당국의 지시에 따라서 일본 정부는 노동조합법을 제정하는 방식으로 전면 개정안을 마련했는데, 당시 정부 개정 시안에는 1948년 공공기업체 노동관계에서 도입한 배타적 교섭대표제도 전면적으로 채용되었다. 즉 교섭단위 내의 모든 근로자에 대해 사용자 또는 사용자단체와 교섭할 수 있는 유일한 교섭대표노동조합을 그 단위 내의 모든 근로자의 동의에 의해 결정하게 할 수 있도록 교섭단위를 결정하고, 교섭대표노동조합이 체결한 근로조건 등에 관한 단체협약이 그 단위 내의 모든 노동조합, 근로자, 사용자에게 적용되도록 했다. 또한 부당노동행위제도를 대폭 정비하여 사용자의 부당한 단체교섭 거부를 부당노동행위의 하나로 규정하고, 종래 부당노동행위에 대한 벌칙 규정을 삭제하고 원상회복 명령을 도입했다.

그런데 1949년 3월 점령 당국의 태도가 급변했다. 피폐한 일본 경제의 재건이 가장 시급한 점령정책이 되었기 때문이다. 따라서 관련 경제정책들을 원활히 시행하기 위해서는 노동운동에 심리적으로 큰 타격을 주어 극렬한 반발을 살 수 있는 노동법 전면 개정을 포기하기로 한 것이다.[34] 일본 노동 당국의 노력과 의지와

---

34 濱口桂一郎, 『日本の労働政策』, p. 922.

관계없이 점령 당국은 노동법 개정을 당면 문제를 해결하는 데 필요한 최소한도로 했다. 그와 함께 교섭제도의 완전 개편에 관한 조항들은 모두 사라졌다. 하지만 부당노동행위에 관해서 사용자에 의한 정당한 이유 없는 단체교섭 거부 및 지배 개입과 원상회복 명령은 개정안에 그대로 남으면서 1947년 제정 헌법의 단체교섭권과 함께 사용자의 응낙 의무를 핵심적인 내용으로 하는 단체교섭권이 바야흐로 확립되었다고 할 수 있다.

1952년 노동조합법 개정과 배타적 교섭대표제도 도입을 둘러싼 논의

배타적 교섭대표제의 도입 논의는 1952년 노동조합법 개정 작업 과정에서도 이루어졌다. 1951년 연합국 점령 당국이 점령 기간 동안 이루어졌던 각종 법제도의 검토와 정비를 일본 정부에 허용하기로 방침을 정하자 이를 계기로 일본 정부는 노동관계 법령의 정비에도 착수했다.

1951년 일본 노동 당국이 마련한 '노동관계법(가칭) 요강 시안'은 매우 대대적인 개편을 담고 있었다. 노동조합법, 노동관계조정법, 공공기업체노동관계조정법을 하나의 법률로 통합하고 조직적인 측면에서 준사법적 기능은 전국노동관계위원회로, 조정 기능과 중재 기능은 노동관계조정위원회와 노동쟁의중재위원회로 각

각 재편하는 것이었다. 또한 단체교섭에 배타적 교섭대표제도를 도입하고, 사용자의 단체교섭 거부의 부당노동행위는 배타적 교섭대표노동조합의 교섭 요구에 한하여 인정되는 것으로 했다.

1952년 법 개정을 준비하면서 노동 당국이 배타적 교섭대표제도를 입안한 것은 1949년 법 개정 작업의 연속선상에 있었다. 즉 노동 당국은 1949년 노동조합법 개정 작업을 준비하던 당시부터 미국식의 배타적 교섭제도를 도입하는 것에 매우 적극적이었다. 또한 당시 노동 당국은 1949년 법 개정에서 사용자에 의한 정당한 이유 없는 단체교섭 거부의 부당노동행위는 교섭대표노동조합의 교섭 요구에 한정되는 것으로 이해하고 있었다. 즉 모든 노동조합에 대해서 사용자에 의한 정당한 이유 없는 단체교섭 거부가 부당노동행위로 적용되는 것을 예정하고 있지는 않았던 듯하다.[35]

하지만 이와 같은 대대적인 노동관계 법령 개편은 노사공 대표 위원으로 구성된 심의위원회('노동관계법령심의회')에서 노사 위원의 극심한 반대에 부딪히면서 결국 노동조정법과 공공부문노동관계법의 개정안만이 성사되고 노동조합법 개정은 이루어지지 못했다.

---

35 濱口桂一郎, 『日本の労働政策』, p. 923.

1956년 공공기업체노동관계법 개정과 배타적 교섭대표제도 폐지

1956년 공공기업체노동관계법의 개정으로 배타적 단체교섭제도가 삭제되었다. 1948년 법 개정으로 배타적 교섭제도가 도입되었지만 실제로는 노동조합의 반발로 적용될 수 없었다.[36] 특히 교섭단위제도는 매우 낯선 제도였고 공공기업체라고 하더라도 기업별 노동조합운동을 전개하고 있던 실태와 전혀 맞지 않은 제도였기 때문에 교섭단위를 확정하고 교섭단위별로 배타적 교섭대표자를 통해 교섭한다는 것은 사실상 실행 불가능한 제도였다고 할 수 있다. 즉 하나의 회사에 종사하는 종업원 모두가 하나의 노동조합에 가입·활동하는 1기업 1노조 주의의 상황에서 미국과 같이 교섭단위를 정하는 것 자체가 매우 어려웠다.

이후 1952년 공공기업체노동관계법 개정으로 동법의 적용을 받게 됨에 따라 단체교섭권을 회복한 현업 공무원 부문이 증가하면서 배타적 단체교섭제도는 더욱 적용하기 어렵게 되었다. 결국 일본의 노사관계 실정에 맞지 않는다고 하여 전문가 심의위원회의 의견을 바탕으로 1956년 법 개정으로 삭제되었다.[37]

---

36 西谷敏,「日本における團體交涉権の性格と交渉代表制」,『労働法律旬報』No. 1727(2010), p. 39.
37 濱口桂一郎,『日本の労働政策』, pp. 941-942.

단체교섭권 보장에 관한 현재까지의 정책적 논의 상황

1940년대 후반에서 1950년대 초반까지 있었던 일련의 법 개정 및 법 개정 논의 이후로 교섭단위제와 배타적 교섭대표제도는 일본의 노동관계법제도 및 법제도 개편 논의에서 모습을 드러내지 않았다. 물론 2000년대 중반 들어서 공무원의 노동3권 보장 방법을 검토하는 논의에서 배타적 교섭제도가 공무원의 단체교섭제도에 관한 대안 중 하나로 언급된 적은 있지만 공무원의 노동3권 보장을 위한 제도 개편 자체가 아무런 진척이 없었기 때문에 배타적 교섭제도 도입에 관한 추가적인 논의도 찾아볼 수 없다.

공무원 노사관계 제도 개혁 논의를 제외하면 배타적 교섭대표제도뿐만 아니라 단체교섭제도에 관한 법 개정도 1949년 노동조합법 개정 이후로 노동정책의 공식적 의제로 등장한 적이 없다. 오히려 노동조합의 조직률, 노동법 규제의 유연화 같은 문제가 본격화하면서부터는 논의의 중심이 종업원대표제의 도입으로 완전히 옮겨져 있다고 할 수 있다. 최근 일본의 노사관계 정책의 주된 관심은 변화된 현실에서 집단적 이익 대표 시스템을 어떻게 재편할지에 있는데, 노동조합에 의한 전통적인 방식의 단체교섭 활성화 등에 대해서는 거의 관심이 없다고 할 수 있다.

이러한 상황에서 볼 때 향후 단체교섭제도의 개편이 일본의 노동정책에서 핵심 의제로 등장할 가능성은 거의 없기 때문에 교섭단위를 바탕으로 한 배타적 교섭대표제도의 도입 논의가 정책 의제로 등장할 가능성은 없다고 보아도 좋을 것이다.

지난 70년간 단체교섭제도에 관해서 아무런 법정책적 논의가 없었다는 것은 1949년과 1952년의 노동조합법 개정 논의 때 당시의 노동관계에서 제기된 특별한 필요에 부응하여 배타적 교섭대표제도가 도입되려고 했다는 점을 뒷받침한다. 1940년대 후반부터 1950년대 초반까지의 일련의 법 개정 및 법 개정 논의에서 배타적 교섭제도가 대안으로서 공식적으로 채택되고, 실제로 공공 부문에서 법제도로 도입된 배경에는 당시 공산당의 지도하에 공공 부문, 제조업, 광업 등 대규모 기업 노동조합에 대해 강력한 지도력을 발휘하면서 강경한 투쟁을 선도하던 전일본산업별노동조합회의(이른바 산별회의) 계열의 노동조합을 단체교섭의 장에서 배제하려는 의도가 있었던 것이다. 즉 반공주의적 정책의 일환이었던 것이다. 1949년 노동조합법 개정에 있어서 노동조합의 민주적 운영을 담보하기 위해서 도입되었다고 하는 일련의 조항들이 진정으로 목적하고자 했던 것이 공산주의 사상을 가진 상층 노조 간부의 단위노조에 대한 영향력 배제였다는 점[38]에서 이를 알 수 있다. 즉 당시 노동조합의 민주성 담보라는 것은 노동조합을 소수 공산주의자의 지배로부터 벗어나게 하려는 일련의 정책에 대한 미명이었다고 할 수 있다. 결국 계급적·전투적 노동운동의 기풍과 노선이 일본 노동운동에서 사그라지면서 배타적 교섭대표제

---

38 蓼沼謙一, 「勞組法改訂前後」, 전게서, pp. 72-84를 참조.

도의 도입 필요성도 함께 사라졌다고 할 수 있다.

그 이후 시대에 본격적으로 등장한 과제는 노동조합법 제7조 제2호의 부당노동행위에 의해서 뒷받침되는 헌법 제28조의 단체교섭권이 각 사업장의 개별 노조, 소수 노조에게 실질적으로 보장되도록 하는 것이었다.

복수노조 현황과 단체교섭 등의 실태

복수노조 현황과 복수노조 체제의 형성 배경

〉복수노조 현황

후생노동성의 2018년도 노사관계종합조사(노동조합 활동 등에 관한 실태조사[39]) 결과를 보면 사업장 단위에서 복수의 노동조합이 있다고 응답한 비율은 전체적으로 9.8%이다. 전체적으로 보면 복수노조주의를 취하고 있더라도 하나의 사업장에 복수의 노동

---

[39] '노동조합 활동 등에 관한 실태조사'는 노동조합을 대상으로 노동환경의 변화 속에서 노동조합의 조직 및 활동의 실태 등을 명확히 하는 것을 목적으로 하는 것인데, 민간 부문 사업장의 조합원 30인 이상의 노동조합 가운데 산업별 및 노동조합 조합원 수별로 계층화하여 무작위로 추출한 약 5,100개의 노동조합을 대상으로 한 것이다.

구분	계	있음	없음	불명
계	100.0	9.8	89.3	0.9
산업				
광업, 채석업, 모래채취업	100.0	9.6	87.4	3.0
건설업	100.0	3.2	95.7	1.0
제조업	100.0	4.1	95.3	0.7
전기·가스·열 공급·수도업	100.0	4.7	94.9	0.4
정보통신업	100.0	17.1	80.4	2.5
운수업, 우편업	100.0	23.7	76.1	0.2
도매업, 소매업	100.0	3.9	96.1	0.0
금융업, 보험업	100.0	8.5	90.3	1.2
부동산업, 물품임대업	100.0	7.8	91.2	1.0
학술 연구, 전문·기술서비스업	100.0	7.2	91.6	1.2
숙박업, 음식서비스업	100.0	6.7	92.6	0.7
생활 관련 서비스업, 오락업	100.0	15.0	85.0	-
교육, 학습지원업	100.0	21.4	75.4	3.2
의료, 복지	100.0	14.0	82.5	3.5
복합서비스업	100.0	20.5	76.3	3.1
그 외 서비스업	100.0	7.9	91.9	0.2
기업 규모				
5,000명 이상	100.0	19.0	80.3	0.6
1,000-4,999명	100.0	8.0	91.3	0.8
500-999명	100.0	6.3	91.7	2.0
300-499명	100.0	18.5	81.2	0.3
100-299명	100.0	5.2	93.8	1.0
30-99명	100.0	1.3	98.0	0.7
조합원 수 규모				
5,000명 이상	100.0	17.0	80.5	2.5
1,000-4,999명	100.0	9.3	90.4	0.3
500-999명	100.0	14.2	84.4	1.4
300-499명	100.0	7.5	91.9	0.6
100-299명	100.0	8.6	90.3	1.1
30-99명	100.0	10.3	88.9	0.8

●— 표 3 복수노동조합의 비율(사업장 단위/단위 %).

조합이 난립하는 상황이라고 보기 힘들다.

그런데 이를 산업별로 보면 편차가 매우 심하다는 것을 알 수 있다. 운수업·우편업에서 23.7%로 복수노조의 비율이 가장 높고, 교육·학습지원업, 복합서비스업에서 20%를 넘어 평균의 두 배를 상회하는 복수노조가 존재한다는 것을 알 수 있다. 이에 비해 전기·가스·열 공급·수도업, 건설업, 제조업, 도·소매업 등에서는 평균보다 훨씬 낮은 비율로 복수노조가 존재하고 있음을 알 수 있다. 후생노동성의 2018년도 노사관계종합조사(노동조합 기초조사)의 산업별 노동조합 조직률을 보면, 전기·가스·열 공급·수도업이 60.9%, 제조업이 26.1%, 건설업이 19.7%이다. 이러한 점을 보면 노동조합의 조직률이 높은 산업과 복수노조의 존재 비율이 높은 산업은 그다지 연관성이 없음을 알 수 있다. 참고로 운수업·우편업의 노조 조직률은 25.5%, 교육·학습지원업은 16.3%, 복합서비스업은 48.9%, 정보통신업은 17.2%였다.

종업원 수 및 조합원 수별로 보면 종업원과 조합원이 5,000명을 넘는 경우에는 복수노조가 존재하는 비율이 가장 높게 나타난다. 또한 종업원과 조합원 수가 중간 규모인 경우에도 복수노조가 많다는 것을 알 수 있다. 한 가지 흥미로운 점은 조합원 수 '30인 이상 99인 미만'의 경우에 복수노조가 있다고 응답한 비율은 10.3%인 데 비해 종업원 수 '30인 이상 99인 미만'의 경우에는 1.3%라는 것이다.

이상의 결과에서 보면 일본의 노사관계에서 복수의 노동조합의 존재는 산업별로 편차가 심하고, 소규모 사업장보다는 대규모 사업장에 있음을 알 수 있다. 또한 조합원 수 30인 이상 99인 미만의 경우에 복수노조가 있다고 응답한 비율이 10.3%인 데 비하여 종업원 수 30인 이상 99인 미만의 경우에는 응답 비율이 1.3%라는 점은 복수노조 가운데 조합원의 수가 매우 적은 노조가 적지 않음을 시사한다.

앞에서 살펴본 바와 같이 후생노동성의 2018년도 노사관계종합조사(노동조합 활동 등에 관한 실태조사)를 보면 유니언숍 협정을 체결하고 있는 노동조합의 비율이 66.2%를 점하고 있는데, 해당 기업의 종업원 수가 많을수록, 또 조합원의 수가 많을수록 유니언숍 협정을 체결한 노동조합의 비율은 증가한 것으로 나타났다는 점과 위의 복수노조 존재 비율을 함께 보면 유니언숍 협정이 존재한다고 하여 복수노조의 출현이 억제될 가능성은 그다지 높지 않을 것임을 추정할 수 있다. 즉 종업원 수 및 조합원 수별로 보면 종업원과 조합원이 5,000명을 넘는 경우에 복수노조가 존재하는 비율이 가장 높지만, 이들 계층에서는 유니언숍 협정을 체결할 비율도 역시 높기 때문이다. 참고로 2018년도 노사관계종합조사(노동조합 활동 등에 관한 실태조사)의 결과를 보면 복수노조가 존재하는 경우에 유니언숍 협정을 체결하고 있는 비율이 42.4%이지만, 체결하고 있지 않은 경우는 57.6%이다. 반대로 복수노조가 존재하지 않은 경우에 유니언숍 협정을 체결하고 있는 비율은 69.9%, 체결하고 있는 않은 경우는 30.0%였다.

> **복수노조하에서의 부당노동행위 관련 현황**

중앙노동위원회의 부당노동행위 관련 통계를 보면 전국의 지방노동위원회에 신청된 부당노동행위 구제 신청 건수와 그중 복수노동조합하에서 발생하는 부당노동행위 건수와 비율은 아래와 같다.[40]

- 1998년 부당노동행위 구제 신청 신규 건수: 318건
  복수노동조합 병존 사건 수: 106건(약 33%)
- 2007년 부당노동행위 구제 신청 신규 건수: 308건
  복수노동조합 병존 사건 수: 78건(약 25%)
- 2008년 부당노동행위 구제 신청 신규 건수: 322건
  복수노동조합 병존 사건 수: 84건(26%)
- 2015년 부당노동행위 구제 신청 신규 건수: 331건
  복수노동조합 병존 사건 수: 75건(23%)
- 2016년 부당노동행위 구제 신청 신규 건수: 290건
  복수노동조합 병존 사건 수: 59건(20%)
- 2017년 부당노동행위 구제 신청 신규 건수: 289건
  복수노동조합 병존 사건 수: 56건(19%)
- 2018년 부당노동행위 구제 신청 신규 건수: 289건

---

40 '복수노동조합 병존 사건 수'는 공무원 등의 노동관계법이 적용되는 경우를 제외한 것이다.

복수노동조합 병존 사건 수: 59건(20%)
  ■ 2019년 부당노동행위 구제 신청 신규 건수: 236건
    복수노동조합 병존 사건 수: 44건(19%)

 부당노동행위 구제 신청 신규 건수는 점차 감소하는 추세를 보이고 있는데, 이는 복수노동조합하에서의 부당노동행위 구제 신청 신규 건수도 마찬가지이다. 1998년과 비교하면 2019년에는 절반 이하로 줄어들었다. 다만 비중 면에서는 2000년대 이후 20% 전후에서 추이하고 있음을 알 수 있다. 그런데 2019년 기준 19%, 약 5건 중 1건이라는 수치에서 보면 복수노동조합하에서의 부당노동행위 사건이 적지 않다는 인상을 준다. 즉 복수노동조합 체제하에서는 부당노동행위가 상당히 발생할 가능성이 있다는 부정적인 인상을 준다. 그러나 이 수치는 해당 사건에서 피신청인인 사용자의 사업 또는 사업장에 신청인인 노동조합 이외에 다른 노동조합이 조합원을 조직하고 있는지를 기준으로 한 것이어서 복수노동조합하에서의 사용자에 의한 전형적인 부당노동행위가 어느 정도 존재하는지를 보여주지는 않는다. 즉 2019년의 44건이 모두 사용자와 복수노동조합 간의 갈등이나 차별 등이 부당노동행위 구제 신청의 원인이라는 것을 의미하지 않는다. 오히려 19%라는 수치는 전체 부당노동행위 신청 건수 중에서 합동노조가 신청인인 경우가 압도적으로 많다는 점에서 유래할 가능성이 매우 높다.

표 4에서 보면 2019년 합동노조가 신청인인 사건이 전체 지방노동위원회 신규 사건 중에서 75.1%를 차지한다. 이 중에서 근로조건을 둘러싸고 개별 근로자와 사용자 사이에 분쟁이 발생한 뒤 이를 해결하기 위하여 근로자가 합동노조에 가입한 뒤 합동노조가 이를 해결하기 위해 단체교섭을 요구하는 과정에서 발생한 사건(개별적 분쟁 해결 유형)이 44.6%에 이른다. 2019년 합동노조 사건 가운데 도쿄와 오사카 지방노동위원회에 접수된 사건 현황을 보면, 도쿄지방노동위원회에 신규 접수된 사건 중에서 합동노조 사건의 비율은 78.9%이고, 오사카지방노동위원회 경우에는 68.3%였다(오사카지방노동위원회의 2018년도 통계에서는 90.3%).

	신규 신청 건수 (a)	합동노조 사건 (b)	개별적 분쟁 해결 유형 사건	
			(a)에 대한 비율	(b)에 대한 비율
2015년	347	259　74.6%	108	31.1	41.7
2016년	303	215　71.0%	93	30.7	43.3
2017년	300	222　74.0%	84	28.0	37.8
2018년	298	222　74.5%	84	28.2	37.8
2019년	245	184　75.1%	82	33.5	44.6

● 표 4 합동노조 사건의 신규 신청 상황(초심).

이상과 같이 지방노동위원회에 신규로 접수되는 부당노동행위 사건 중에서 기업별 노조가 아닌 합동노조가 신청인이라는 점은 복수노동조합하에서의 부당노동행위 구제 신청 당사자의 절대 다수는 합동노조라는 점을 의미한다. 이와 같은 점에서 보면 일본에서 복수노동조합하에서의 부당노동행위 양상은 하나의 사업 또는 사업장에서 복수의 기업별 단위노동조합이 경쟁·대립하는 상황에서 어느 일방 노조에 대한 적대감이나 혐오 간에 발생하는 사건이 주류를 이루는 것이 아니라는 점을 시사한다. 실제로 부당노동행위 신규 사건의 절반 이상을 차지하는 도쿄지방노동위원회와 오사카지방노동위원회의 결정례를 분석해보면, 합동노조 사건의 대부분에서 해당 조합원이 종사하는 사업 또는 사업장에 이미 노동조합이 존재하고 있음을 확인할 수 있다.

나아가 이 점은 복수노동조합하에서의 부당노동행위 구제 신청 대부분이 정당한 이유 없는 단체교섭의 거부에 대한 구제 신청이라는 점에서도 간접적으로 추정될 수 있다. 복수노동조합하에서의 부당노동행위 구제 신청 건수를 부당노동행위 유형별로 보면(표 5) 부당노동행위를 규정한 노동조합법 제7조의 행위 유형(제1호 내지 제4호) 중에서 정당한 이유 없는 단체교섭 거부 유형(제2호)이 33건(75%)으로 가장 많고, 다음으로 지배 개입 유형(제3호)이 31건(70%)이며, 정당한 조합 활동 등을 이유로 하는 불이익 취급 유형(제1호)이 19건(43%)[41]으로 가장 적다는 것을 알 수 있다.

하나의 부당노동행위 구제 신청에서 복수의 부당노동행위 유형에 대한 구제 신청이 이루어지는 경우가 상당히 많다는 점을

		2015	2016	2017	2018	2019
신규 신청 건수 (민간 부문)		331	290	289	289	236
신규 건수 중 복수노조 건수		75〔23〕	59〔20〕	56〔19〕	59〔20〕	44〔19〕
기업 규모별	99인 이하	12⟨8⟩	7⟨5⟩	7⟨6⟩	10⟨8⟩	7⟨7⟩
	100-499인	27⟨33⟩	23⟨33⟩	18⟨21⟩	22⟨34⟩	12⟨23⟩
	500인 이상	34⟨52⟩	24⟨46⟩	31⟨48⟩	25⟨33⟩	20⟨40⟩
노조법 제7조 유형별	제1호	33(44)	25(42)	22(39)	34(58)	19(43)
	제2호	53(71)	42(71)	36(64)	43(73)	33(75)
	제3호	45(60)	36(61)	40(71)	46(78)	31(70)
	제4호	1(1)	1(2)	2(4)	3(5)	0(-)

●── 표 5 복수노조 사건 부당노동행위 유형. 〔 〕의 숫자는 신규 신청 건수에 대한 비율(%), ⟨ ⟩의 숫자는 기업 규모별 신규 신청 건수에 대한 비율(%), ( )의 숫자는 복수노조 사건 건수에 대한 비율(%)이다(제1호 내지 제4호는 중복의 경우 있음).

고려하더라도 2019년의 경우에 불이익 취급 유형(제1호)이 19건(43%)이라는 점은 복수조합 체제에서 조합 차별과 같은 전형적인 분쟁이 차지하는 비중이 그다지 높지 않음을 시사한다.

---

41 일본 노동조합법 제7조 제1호는 우리 노동조합법 제81조 제1항 제1호 및 제2호에 해당하고, 일본 노동조합법 제7조 제2호는 우리 노동조합법 제81조 제1항 제3호에 해당하며, 일본 노동조합법 제7조 제3호는 우리 노동조합법 제81조 제1항 제4호에 해당한다. 일본 노동조합법 제7조 제4호는 우리 노동조합법 제81조 제1항 제5호에 해당한다.

> 복수노조 체제의 형성 배경

복수노조 체제라는 사태를 낳은 가장 큰 원인은 조직 분열이었다고 할 수 있다. 조합 분열에 관한 1970년대 연구에 의하면 1970년대 초까지 조합 분열의 역사를 총 6기로 나누어 각각의 시기별 분열의 특징을 다음과 같이 정리하고 있다.[42]

제1기는 1947년 2·1 총파업으로부터 1950년 일본노동조합총평의회(이른바 '총평') 결성에 이르는 시기이다. 이 시기의 가장 중요한 특징은 1946년 8월에 결성된 전일본산업별노동조합회의(산별회의) 내의 우파적 경향의 노조들이 산별회의의 정치파업 노선과 좌파적 경향에 반발하여 1948년 결성한 산별민주화동맹(이른바 '민동')이 산별회의로부터 독립하여 전국산업별노동조합연합(이른바 '신산별')을 결성한 것이다. 총합 단체의 분열은 단위노조의 분열에 영향을 미치게 된다. 이 시기에 노동운동의 분열에 가장 큰 영향을 미친 것은 앞에서 언급한 바와 같이 연합국 점령 당국, 즉 미군 점령 당국의 정책 변화였다. 제2기는 1952년부터 1954년까지의 시기로 당시 가장 선진적인 투쟁을 이끌었던 노조들이 대규모 쟁의를 거치면서 분열되었다. 일본전기산업노동조합, 일본탄광노동조합, 닛산자동차노동조합, 아마가사키제강소노동조합 등에서 분열이 발생했다. 이 시기는 한국전쟁 특수와 인플레이션을 거치면서 일본 경제의 자립화 준비를 위해 이른바 제1

---

42 河西宏祐, 『小數派労働組合運動論』, 海燕書房, 1977, pp. 44-46.

차 합리화가 진행되었는데, 이들 노조는 합리화 정책에 격렬하게 저항하는 대규모 쟁의를 전개했다. 제1기와 제2기의 조합 분열 양상의 특징 중 하나는 제1노조가 소수 노조로 전락하고 제2노조가 다수 노조가 되면서 제1노조가 제2노조에 흡수합병되는 경향이 있었다는 점이다.[43] 제3기는 1957년부터 1958년 사이의 시기로 국철노동조합, 전체신노동조합, 전임야노동조합, 일본교직원노동조합 등과 같이 공공 부문 등의 대표적인 노동조합에서 대정부투쟁을 거치며 조합 분열이 발생했다. 제4기는 1959년 가을 사회당으로부터 민사당이 분당하고, 미일안보조약반대투쟁과 미쓰이광산 미이케광업소투쟁 등을 거치면서, 1962년 일본노동조합총동맹 결성에 이르는 시기이다. 일본 경제가 본격적인 고도경제성장기로 접어들고 제3차 합리화가 추진됨에 따라 반합리화 투쟁이 대규모로 전개되면서 대기업뿐만 아니라 중소 조합에서도 분열이 빈발했다. 또한 민사당의 지지 기반인 일본노동조합총동맹의 세력 확대로 인하여 '총평'의 핵심 노동조합들에서도 조합 분열이 발생했다. 제5기는 1964년부터 1966년의 시기로 본격적인 경제성장 정책과 개방경제 체제에 대응하기 위한 대기업 간의 기업합병 정책이 추진되었다. 합병을 전후로 한 반합리화 투쟁을 대규모로 전개하던 대기업 노조에서 분열이 발생했다. 1985년의 닛산자동차 사건 최고재판소 판결도 이 시기에 이루어진 닛산자동

---

43 蓼沼謙一, 「いわゆる企業別脱皮」, 『戰後労働法學の思い出』, p. 187.

차와 프린스자동차의 합병 과정에서 발생한 조합 분열과 조합 차별의 문제를 다루고 있다. 제6기는 1970년을 전후로 '총평'의 전투적 노동조합들과 이른바 신좌익계 노동조합들에서 분열이 발생한 시기이다.

이와 같이 일본의 노동조합 분열은 일본의 정치·경제 전환기에 발생했다는 점을 알 수 있다. 즉 일본의 조합 분열에는 개별 기업의 상황뿐만 아니라 일본의 정치·경제 동향이 짙게 반영되어 있는 것이다.

정리해보면, 일본의 노사관계에서 복수노조가 본격적으로 등장하기 시작한 것은 1950년대 중반부터라고 할 수 있는데, 1960년대를 거치면서 현재와 같은 복수노조 체계가 형성되었다고 할 수 있다. 1950년대에 복수노조가 등장하고 1960년대에 복수노조 체제가 정착한 것은 이 시기에 일본 노동운동과 노사관계의 형성에서 노동운동의 주도권이 바뀌고 기업별 노동조합주의와 노사협조주의가 정착되었기 때문이다. 이러한 시기에 노동운동이 분열하면서 복수노조가 등장하고 복수노조 체제가 정착되었던 것이다. 이와 같은 분열은 조합 내부적인 요인과 조합 외부적인 요인이 함께 작용한 결과이다.[44] 조합 내부적인 요인으로는 기본적으로 기업별 노동조합주의에 잠재하고 있는 체질, 조합원 의식의 일본적 특질, 조합 내부의 파벌 투쟁, 상부 단체의 지도권 다툼, 조

---

44 沼田稻次郎(대표 편집), 『勞働法事典』, p. 717.

합 운영 방식의 차이를 들 수 있을 것이다. 조합 외부적 요인으로는 사용자의 직접 또는 간접적인 작용을 들 수 있다.

그런데 최근에는 이와 같은 전통적인 원인과 형태의 조합 분열을 통해 형성된 것과는 다른 방식으로 복수노조가 형성된 경우가 발견된다. 합동노조·일반노조, 커뮤니티유니온이 새롭게 지부나 분회를 조직하거나 개인적으로 이들 노조에 가입하면서 복수노조 체제가 된 경우이다. 이러한 사례가 어느 정도 되는지에 대해서 관련 실태조사가 없기 때문에 그 규모를 가늠하기는 어렵다. 하지만 앞에서 언급한 것처럼 부당노동행위 구제 신청의 대다수가 합동노조에 의한 것이라는 점에서 이와 같은 새로운 형태의 복수노조 체제의 형성 가능성도 추론해볼 수 있을 것이다.

복수노조하에서의 단체교섭 실태

> 가와니시 히로스케의 실태조사(1975년)

위에서 본 바와 같이 복수노조는 이미 1950년대부터 발생한 현상이고 1960년대에는 노사관계 격화에 따라 조합 분열이 빈발하면서 복수노조 체제가 정착되었음을 알 수 있는데, 그럼에도 불구하고 복수노조 체제하에서의 노사관계에 관한 연구는 거의 발견하기 힘들다. 특히 실태조사는 극소수에 불과하다. 조합 분열 및 소수 노조로 전락한 제1노조에 대한 부당노동행위는 노동법학의 중요한 연구 대상이었고 연구 성과도 상당한 양에 이르는 것과 대조적이다.

복수노조 체제하에서의 노사관계에 관한 연구로는 가와니시 히로스케河西宏祐의 일련의 연구가 존재한다.[45, 46] 그중에서도 특히 1977년 논문[47]에는 복수노조 상태에 있는 노동조합의 조직 특성 및 활동 실태에 관한 조사 결과가 담겨 있어서 주목된다. 이 조사 분석은 가와니시 히로스케가 1975년 11월부터 12월에 걸쳐 총평에 가입되어 있는 노동조합 중에서 복수노조 상태에 있던 211개의 노동조합을 대상으로 질문지를 발송하여 얻은 46개의 회답 중 '좌파'로 분류되는 44개 노동조합의 회답을 중심으로 분석한 것이다. 조합 분열을 경험한 44개의 노동조합 중에서 소수 노조가 된 노조는 37개이고, 다수를 유지한 노조는 7개였다.

하지만 이 조사 결과로부터 복수노조 체제하에서 일본의 단체 교섭 실태 양상을 파악하기는 매우 어렵다. 조사의 주된 목적이 조합 분열 이후 소수파 조합의 활동 실태를 확인하고 소수파 조

---

45 河西宏祐, 『小數派勞働組合運動論』, 海燕書房, 1977; 『企業別組合の實態: '全員加入型'と'小數派型'の相剋』, 日本評論社, 1981; 『企業別組合の理論: もうひとつの日本的勞使關係』, 日本評論社, 1989.
46 河西宏祐의 연구 이외에 藤田若雄, 『第二組合』, 日本評論社, 1960; 嶺學, 『第一組合: その團結と活動』, 御茶の水書房, 1980; 渡辺銳氣, 「生き續ける小數派勞働組合」, 『季刊勞働法』 제117호(1980), pp. 172-176; 鈴木博, 「小數派勞働組合の反合理化鬪爭の一分析: 全造船機械石川島播磨·石川島分會及び住友重機·浦賀分會の活動を通して」, 『經濟論叢』 제183권 제4호(2009), pp. 41-56.
47 河西宏祐, 「複數組合倂存下の組合間關係の失態: '分裂左派組合'と'分裂右派組合'の比較を通して」, 『千葉大學養部硏究報告』 제9호(1976), pp. 167-208.

합의 의의를 규명하기 위한 것에 있었기 때문이다. 따라서 설문 문항의 내용을 보면 조합 분열의 원인·경과 등과 같은 특징, 소수파·다수파 조합의 특징(조합원의 수 및 자격 범위, 의결기관 및 집행기관의 운영 방식, 조합원 수 증감), 차별 상황, 활동 성과, 다수파 조합과의 관계, 기업 내 복수조합 상태에 대한 평가, 기업 내 복수조합 상태의 장래에 대한 판단 등에 관한 질문으로 구성되어 있다. 복수노조 체제에서 단체교섭이 실제로 어떻게 이루어지고 단체협약은 어떻게 체결되고 있는지에 관한 실태를 파악하기 위한 질문 자체가 없었던 것이다. 다만 차별에 관한 질문이 있었는데, 여기에는 단체교섭, 경영협의회, 단체협약 체결상의 차별을 묻는 항목이 존재하고 그 예를 기술하도록 하고 있어서 이 질문에 대한 답을 통해 단체교섭 등의 실태의 일면을 추측할 수 있다.

설문 결과를 보면, 단체교섭에서 차별을 받고 있다는 응답이 70.3%, 경영협의회에서 차별을 받고 있다는 응답이 62.2%, 단체협약 체결에서 차별을 받고 있다는 응답이 64.9%이다. 그에 비해 체크오프(13.5%), 조합 사무실 대여(27.0%), 조합 사용의 각종 잡비 지원(13.5%)에 관해서는 차별이 이루어지고 있다는 응답이 적었다.

단체교섭에 관한 차별의 구체적인 내용을 보면, 소수 노조는 단체교섭의 횟수(횟수가 상대적으로 적음), 장소(본사 내에서 교섭을 하지 않음), 시각(취업 시간 내에 하지 않음), 시간(시간이 상대적으로 짧음), 사용자 측 출석자의 수·지위·태도, 다수 조합과의 선행 교섭·선행 타결을 들고 있었다. 이로부터 보면, 1970년대에 이미 사용자들에게 단체교섭에서 다수 노동조합과의 교섭과 타결을 우선하는 관행이 자리 잡고 있었음을 알 수 있다.

▷ 스나야마 가쓰히코의 실태조사(1986년)[48]

스나야마 가쓰히코砂山克彦는 1986년 5월에 도쿄도東京都 및 도호쿠東北 지역[49] 소재 복수노조 상태의 조합(693개) 및 기업(320개)에 질문지를 발송하여 얻은 결과를 분석했다. 회수율은 기업의 경우 90개(28.1%), 노동조합의 경우에는 115개(16.6%)였다. 설문조사 항목을 보면 종업원 규모, 기업별 복수노조의 수, 조합 규모, 소속 상급 단체, 복수노조 기간, 공동교섭 여부, 단체교섭 순서, 노동조합 요구에 대한 대응 방식, 타결 시기 및 적용 시기, 임금 공제 협정, 체크오프 협정, 시간외근로 협정, 단체협약 체결 상황, 협약의 확장 적용 상황, 취업 규칙의 적용 상황 및 의견 청취 방식, 취업 규칙 불이익 변경 여부 및 방식 등을 담고 있어서 복

---

48 복수노조 상태에 있는지 여부는 지방자치단체의 노동 관련 민원기관인 노정사무소勞政事務所에 비치된 노동조합 명부에서 확인했다고 한다. 砂山克彦, 「複數組合併存と團體交涉, 基準法上の諸協定, 協約, 就業規則(調査報告)」, 『アルテスリベラレス(岩手大學人文社會科學部紀要)』제40호(1987), pp. 183-206.
49 도호쿠 지역이라고 함은 통상 아오모리현青森縣, 이와테현岩手縣, 미야기현宮城縣, 아키타현秋田縣, 야마가타현山形縣, 후쿠시마현福島縣의 6현을 의미한다. 현縣은 우리나라의 지방자치법 제2조 제1항에서 규정하는 "특별시, 광역시, 특별자치시, 도, 특별자치도"에 상당하는 지방자치단체이다. 이러한 자치단체로는 都(도)·道(도)·府(부)·縣(현)이 존재하는데, 都는 수도인 도쿄도東京都만이 존재하고, 道 역시 홋카이도北海道뿐이다. 府는 현재 오사카부大阪府와 교토부京都府만 존재하고 縣은 43개가 존재한다. 현재 동북 6개 현의 추정 인구는 약 850만 명이다.

수노조 체제에서 실제로 단체교섭이 어떻게 이루어지고 있는지를 비교적 상세히 알 수 있다.

이 조사가 이루어진 시점은 가와니시 히로스케 조사 시점과 달리 일본 경제가 소위 버블경제에 진입하려고 하는 초입이라는 점, 그리고 노사관계 체제가 안정된 시기에 이루어졌다는 점에서 주목할 가치가 있다. 이 점은 복수노조 존속 기간에 관한 응답 결과에서도 확인된다. 복수노조가 존속한 기간이 기업의 경우에 10-15년 미만이 가장 많고, 조합의 경우에는 20-25년 미만이 가장 많았다(표 6).

복수노조 기간			공동교섭과의 관계
	기업	조합	공동교섭을 하고 있는 기업 수
5년 미만	11	12	2
5-10년 미만	14	22	3
10-15년 미만	20	25	5
15-20년 미만	15	20	4
20-25년 미만	12	25	1
25-30년 미만	5	6	2
30-35년 미만	2	1	1
35년 이상	1	1	1
불명	10	3	3
합계	90	115	22

●— 표 6 복수노조 기간.

먼저 복수노조의 수를 보면 2개인 경우가 86.7%(78개), 3개 이상인 경우가 10.0%였다. 조합원의 규모를 보면, 단체협약의 사업장 단위 일반적 구속력 요건을 충족하는 3/4 노조가 11.3%(13개), 과반수 노조가 23.5%(27개), 다수 노조가 7.8%(9개), 소수 노조 10.4%(12개), 1/4 노조가 47%(54개)였다.[50, 51] 조합 규모에서 볼 때 약 65%가 과반수 노조의 지위를 갖지 못한 노조라고 할 수 있다.

다음으로 공동교섭 상황을 보면, '현재 하고 있지 않고 향후에도 불가능할 것'이라는 응답이 가장 많았다. 기업의 경우 52개(57.8%), 조합의 경우 63개(52.1%)였다. '현재 하고 있다'는 응답은 기업의 경우 22개(24.4%), 노동조합의 경우는 8개(6.6%)였다 (표 7).

	기업		조합	
현재 하고 있음	22	24.4%	8	6.6%
예전에는 했지만 현재는 하고 있지 않음	3	3.3%	17	14.0%
가능하면 하고 싶음	10	11.1%	30	24.8%
현재 하고 있지 않고 향후에도 공동교섭은 불가능	52	57.8%	63	52.1%
불명	3	3.3%	3	2.5%
합계	90	100%	121	100%

●── 표 7 공동교섭[52] 상황.

---

50 여기서 다수 노조란 과반수를 점하고 있지는 않지만 다른 노조에 비하여 다수인 것을 의미하고, 소수 노조라고 함은 1/4을 넘지만 다른 노조에 비하여 소수라는 것을 의미한다.

	기업	조합
조합의 방침이 달라서	24	20
조합의 성격이 달라서	6	11
거부적 태도	14	3
상급 단체가 달라서	5	4
조합의 요구 내용이 달라서	0	6
필요성이 없어서	2	3
사업장이 달라서	3	1
감정적 대립	7	2
다수 조합만을 상대하기 때문에	0	1
기타	7	7
합계	68	58

● — 표 8 향후에도 공동교섭이 불가능하다고 생각하는 이유.

단체교섭의 순서에 관한 질문에 대해 다수 조합-소수 조합의 순서로 교섭이 이루지는 경우가 전체 116개 가운데 62개로 과반수를 넘고 있었다(표 9).

---

51 조합의 규모와 상급 단체의 소속 관계를 보면 다음과 같다.

	3/4 노조	과반수 노조	다수 노조	소수 노조	1/4 노조	계
일본노동조합총평의회	1	7	4	7	26	45
일본노동조합총동맹	3	5	1	0	5	14
중립노동조합연락회의	0	0	0	0	2	2
전국산업별노동조합연합	0	0	0	1	0	1
기타	0	0	0	0	3	3
미가맹	5	10	3	1	10	29
순중립	1	1	0	0	6	8
불명	3	4	1	3	2	13
합계	13	27	9	12	54	15

52 여러 노조가 하나의 교섭 자리에서 사용자와 교섭하는 방식이라는 의미로 사용했다.

순서 유형	응답 수
동시	10
다수-소수	62
소수-다수	4
불특정	12
격년 순서 변경	6
교섭 요구순	6
완전히 별개로 진행	4
기타	12
합계	116

● ── 표 9 단체교섭 순서.

　단체교섭에서 노동조합의 요구가 다른 경우에 기업이 어떻게 대응하고 있는지를 공동교섭 상황과의 관계에서 보면 다음과 같다(표 10).

	현재 진행	과거 진행	가능하면 희망	불가능	합계
통일하도록 요구	3	0	0	1	4
한쪽과 타결한 것을 다른 쪽에 제안	7	0	2	15	24
통일하도록 요구하지 않음53	8	2	3	27	40
요구 내용에 따라서 다름	3	0	4	9	16
기타(무응답 포함)	1	1	1	0	3
합계	22	3	10	52	87

● ── 표 10 공동교섭 상황에 따른 기업의 대응.

단체교섭의 타결 시기에서 시간 차가 있는지 여부 및 시간 차가 있는 경우 단체협약의 적용 시기에 관한 노동조합의 응답은 다음과 같다(표 11, 12).

존재 여부	(개)	(%)
있음	93	80.9
없음	20	17.4
무응답	2	1.7
합계	115	100

● ─ 표 11 단체교섭 타결 시기의 시간 차 존재 여부.

	기업		조합	
동일 시기 적용	48	57.8%	43	47.3%
타결 시 적용	32	38.6%	43	47.3%
기타	3	3.6%	5	5.5%
합계	83	100%	91	100%

● ─ 표 12 타결의 시간 차가 있는 경우 단체협약의 적용 시기.

단체교섭 타결에 시간 차가 있는 경우에 먼저 타결된 교섭의 근로조건 수준보다 뒤에 타결된 교섭의 근로조건 수준이 높은 경우가 있는지에 대한 응답은 다음과 같다(표 13).

---

53 임금인상 수준에 대한 것이다.

	기업		조합	
있음	2	2.5%	27	26.5%
없음	78	97.5%	75	73.5%
합계	80	100%	91	100%

● ― 표 13 교섭 타결의 시간 차가 존재하는 경우 타결 결과의 격차 존재 여부.[54]

단체교섭 타결에 시간 차가 있는 경우에 먼저 교섭을 타결한 조합을 어떻게 취급하는지에 대한 기업의 응답은 다음과 같다(표 14).

처리 방법	응답 수
나중에 타결된 결과에 맞춤	13
전혀 별개로 취급	3
각각의 타결 결과대로 취급	5
다른 조합의 양해를 구함	1
비밀로 함	2
합계	24

● ― 표 14 먼저 교섭을 타결한 조합의 취급.

기업에 대해서 단체협약을 체결하고 있는 상황을 물은 결과 모든 조합과 단체협약을 체결하고 있다고 응답한 경우가 35개(38.1%), 다수 조합과 체결하고 있다고 응답한 경우가 32개

---

54 격차가 있는 경우, 격차가 발생해도 별 문제가 되지 않는 근로조건에서 격차가 발생한다는 의미로 추측된다.

(35.6%), 전혀 체결하지 않고 있다고 응답한 경우가 19개(21.1%), 무응답이 4개(4.4%)였다. 노조에 대해서 단체협약을 체결하고 있는 상황을 물은 결과는, 체결하고 있다고 응답한 노조가 64개(55.7%), 체결하고 있지 않다고 응답한 노조가 49개(42.6%), 무응답이 2개(1.7%)였다. 조합 규모가 작을수록 협약의 체결률이 낮은데, 소수 조합의 경우에는 체결률이 50%, 1/4 조합의 경우에는 41.5%였다.

모든 조합과 단체협약을 체결하고 있는 기업(32개, 35.6%)을 대상으로 각각의 단체협약에 다른 부분이 있는지에 대해 물은 결과는 다음과 같다(표 15).

존재 여부	(개)
있음	10
없음	19
무응답	6
합계	35

●— 표 15 단체협약 간 다른 부분이 있는지 여부.

단체협약을 체결하고 있는 경우에 다른 조합의 협약과 다른 부분이 존재하는지, 존재한다면 어떠한 사항에서 다른지에 관한 노동조합의 응답은 다음과 같다(표 16, 17).

존재 여부	(개)	(%)
있음	27	42.2%
없음	30	46.9%
모름	3	4.7%
무응답	4	6.3%
합계	64	100%

● 표 16 단체협약 간 다른 부분이 있는지 여부.

처리 방법	응답 수
모든 조건	4
임금	3
근로시간	2
배치전환	1
노사협의제도	3
조합 간 차별 금지	1
평화 조항	3
유니언숍 조항	1
기타(무응답 포함)	10
합계	28

● 표 17 다른 점이 있는 조건.

단체교섭권 보장의 의의와 관련 논의

소수 노조의 단체교섭권 보장

＞유일교섭단체 조항의 효력

소수 노조의 단체교섭권 보장과 관련하여 먼저 문제가 된 것이 유일교섭단체 조항의 효력이다. 1949년의 노동조합법 전면 개정, 즉 현행 노동조합법의 제정을 계기로 일본 경영계는 기업별 조합 체제를 바탕으로 기업별 교섭 체제와 이에 기반한 기업별 단체협약 체제를 확립하고자 했는데, 이를 위하여 경영계가 단체협약에 포함시킨 것 중의 하나가 유일교섭단체 조항이다. 즉 노사협조주의적인 입장을 취하고 있는 노조와 단체협약을 체결하면서 해당 노조의 교섭 요구에만 단체교섭을 한다는 조항을 포함시키면서 상부 단체를 포함한 다른 노조의 교섭 요구에 응하지 않을 법적 구실을 만들고, 해당 노조와 단체교섭을 한다는 관행을 형성하고자 했다.

그러나 노동위원회와 법원은 일찍부터 유일교섭단체 조항은 다른 노조의 단체교섭권을 침해하는 것으로, 이는 다른 노조에 대해서 법률상 무효이며 이를 이유로 하는 단체교섭 거부는 정당한 이유가 없는 것으로 부당노동행위가 된다고 판단했다. 따라서 복수노조 체제에서 유일교섭단체 조항을 포함한 단체협약을 체결한 노조는 이 조항을 근거로 단체교섭에 관한 독점적인 기득의 지위를 누릴 수 없게 되었다. 나아가 사용자도 소수 노조의 단체교섭 요구를 저지할 수 없게 되었다. 헌법 제28조에 의해 단체교섭권이 소수 노조에게도 보장되어 있는 이상 복수노조 체제의 단체교섭제도에 아무런 영향을 미치지 못한다.

> 효력 확장 제도

일본 노동조합법은 단체협약의 효력 확장에 대해 제17조는 일반적 구속력을, 제18조는 지역적 구속력을 규정하고 있다. 일반적 구속력의 요건은 하나의 사업장에서 상시 사용되는 동종 근로자의 4분의 3 이상이 하나의 단체협약의 적용을 받게 된 때에는 해당 사업 또는 사업장에 사용되는 다른 동종의 근로자에 대해서도 해당 단체협약이 적용되도록 하고 있다. 그런데 지역적 구속력에 대해서는 하나의 지역에서 종업하는 동종의 근로자 대부분이 하나의 단체협약의 적용을 받게 된 때에는 해당 단체협약 당사자의 쌍방 또는 일방의 신청에 의해 노동위원회의 의결을 얻어 후생노동성 대신 또는 도·도·부·현都·道·府·縣의 지사知事가 해당 지역에서 종업하는 다른 동종의 근로자와 그 사용자에 대해서도 해당 단체협약을 적용한다는 결정을 할 수 있도록 하고 있다.

다만 일반적 구속력을 적용할 때 소수 노조가 이미 단체협약을 체결하고 있는 경우에 이들 소수 노조의 조합원에 대해서도 일반적 구속력이 인정될 수 있는지에 대해 오래전부터 학설에서는 일반적 구속력제도의 목적 및 취지 등을 근거로 긍정설과 부정설이 첨예하게 대립했다. 최근에는 부정설이 유력하며, 하급심 판례도 부정설 입장이 많다.

> **평등 취급 의무(중립 유지 의무)**

소수 노조의 단체교섭 보장에서 가장 많이 문제가 된 것은 조합원 수의 다과에 따른 사용자의 차별적 취급 문제이다.[55] 1985년의 닛산자동차 사건 최고재판소 판결[56]이 평등 취급 의무를 확인함으로써 사용자는 소수 노조에 대해 단체교섭권뿐만 아니라 단결권, 단체행동권을 평등하게 승인하고 존중할 의무가 있음이 확

---

55 일본에서는 1960년대 중반부터 노동운동이 격화되고 노동운동의 분열이 극심해지면서 조합 간 차별을 둘러싼 부당노동행위 사건이 급증했다고 한다(石橋洋, 「組合間 差別と不當勞働行爲」, 『勞働法律旬報』 No. 966(1978. 12), 29쪽).
56 最高裁判所 第3小法廷 1985. 4. 23 선고, 『民集』 29卷 3號, 70쪽(닛산자동차 부당노동행위 구제명령 취소 청구 사건).

인되었다. 물론 복수노조하에서의 조합 간 차별을 둘러싼 부당노동행위 성립 여부를 두고 벌어진 노동위원회의 결정과 판결은 그 전에도 무수히 존재했다. 다만 닛산자동차 사건 최고재판소 판결이 이전의 판결들과 확연히 다른 점은 단체교섭을 매개로 한 복수노조하의 조합 간 차별 사례에서 부당노동행위 성립 여부를 판단하는 기준을 처음으로 제시했다는 것이다.

최고재판소의 닛산자동차 사건 판결이 제시한 일반적 기준에 관한 설시는 상당히 긴데, 이 설시에서 중립 유지 의무에 관한 부분을 추출하면 다음과 같다.

①복수노조 병존하에서 각 조합은 각각의 독자적인 존재 의의를 인정받고 고유의 단체교섭권 및 단체협약 체결권을 보장받기 때문에 당연한 귀결로서 사용자는 모든 조합과의 관계에서 성실하게 단체교섭을 행할 의무를 진다.
②이러한 의무는 단순히 단체교섭에 한정되지 않는다. 사용자는 노사관계의 모든 영역에서 각 조합에 대해 중립적 태도를 견지하면서 그 단결권을 평등하게 승인하고 존중해야 한다. 따라서 각 조합의 성격, 경향이나 종래의 운동 노선 여하에 따라 차별적인 처우를 하는 것은 허용되지 않는다고 해야 할 것이다.

이상의 의무를 일본의 학자들은 중립 유지 의무(또는 평등 취급 원칙)라고 명명했고, 한국에서도 동일한 의미와 용어로 통용되고 있다. 노사관계의 실무에서 이와 같은 의무의 존재를 확인하는 것보다 더 중요한 것은 단체교섭의 영역에서 이러한 중립 유지 의무 위반을 판단하는 방법일 것이다. 최고재판소의 닛산자동차 사건 판결의 판단 기준과 논리는 다음과 같이 정리할 수 있다.

①노조법하에서 동일 기업 내에 복수의 노동조합이 병존하는 경우에 각 조합은 그 조직 인원의 다과에 관계없이 각각 완전히 독자적으로 사용자와 근로조건 등에 대해서 단체교섭을 행하고 자유로운 의사 결정에 기해 단체협약을 체결하거나 체결을 거부할 권리를 갖기 때문에 병존하는 조합의 일방은 사용자와 일정한 근로조건에 대해 협약을 체결했지만 다른 조합은 보다 유리한 근로조건을 주장하여 위와 동일한 근로조건에 대해서 반대 태도를 취했기 때문에 협정 체결에 이르지 못하고 그 결과 전자의 조합원과 후자의 조합원 사이에 근로조건에 있어서 차이가 발생했다 해도 그것은 필경 사용자와 노동조합 사이의 자유로운 거래의 장에서 각 조합이 서로 다른 방침 내지는 상황 판단에 기해서 선택한 결과에 따라서 다르게 된 것에 지나지 않는다고 해야 한다. 따라서 이를 일반적이고 추상적으로 논하는 한에서는 처우상의 차이를 발생하게 하는 조치를 취한 회사의 행위에는 부당노동행위의 문제가 발생하지 않는다.

②중립적 태도의 견지든 평등 취급이든 현실적인 문제로서 병존하는 조합 간의 조직 인원에 따른 큰 격차가 있는 경우 각 조합의 사

용자에 대한 교섭력, 즉 단결 행동이 갖는 영향력에 대소의 차이가 발생하는 것은 당연한 것이기 때문에 이 점을 중시한다고 하면 사용자가 각 조합과의 단체교섭에서 그 교섭력에 대응해서, 즉 교섭의 상대방이 갖는 현실의 교섭력에 대응해서 그 태도를 결정하는 것을 인정해야 한다.

③이상의 논의는 어디까지나 해당 단체교섭의 결과에 대해서 조합이 자유로운 의사 결정에 기해 선택한 것이라고 볼 수 있는 상황이 전제된 것이다. 따라서 위와 같은 단체교섭에서 조합의 자유로운 의사 결정을 실질적으로 담보하기 위해 노조법은 사용자에 대해서 노동조합의 단결력에 부당한 영향을 미치는 것과 같은 방해 행위를 부당노동행위로서 금지함과 동시에 이러한 부당노동행위로부터 노동조합과 근로자를 구제한다.

④단체교섭의 장면에서 보면 합리적, 합목적인 거래 활동으로 보일 수 있는 사용자의 태도라고 해도, 해당 교섭 사항에 대해서는 이미 해당 조합에 대한 단결권의 부인 내지는 동 조합에 대한 혐오의 의도가 결정적인 동기가 되어 이루어진 행위가 존재하고, 해당 단체교섭이 그와 같은 기성사실을 유지하기 위해서 형식적으로 이루어지고 있다고 인정되는 특단의 사정이 있는 경우에는, 이러한 단체교섭의 결과로서 취해지는 사용자의 행위에 대해서도 노조법 제7조 3호의 부당노동행위가 성립하는 것이라고 해석하는 것이 상당하다.

⑤위와 같은 부당노동행위의 성부成否를 판단함에 있어서는 단순

히 단체교섭에서 제시된 타결 조건의 내용이나 그 조건과 교섭 사항과의 관련성 내지 그 조건에 고집하는 것의 합리성에 대해서만 검토하는 것이 아니고 해당 교섭 사항이 어떠한 과정에서 발생한 것인가, 그 원인 및 배경 사정 내지 이것이 해당 노사관계에서 갖는 의미, 위 교섭 사항에 관한 문제가 발생한 뒤에 이것을 둘러싸고 쌍방이 취해온 태도 등의 일체의 사정을 종합적으로 감안해서 해당 단체교섭에서의 사용자의 태도에 대해서 부당노동행위 의사 유무를 판단하지 않으면 안 된다.

이상의 최고재판소 설시는 '사용자와 노조 사이의 자유로운 거래의 장에서 각 조합이 서로 다른 방침 내지 상황 판단에 의해 선택한 결과에 따른 차이', 그리고 사용자가 각 조합과의 단체교섭에서 교섭력에 대응해, 즉 교섭 상대방이 갖는 현실의 교섭력에 대응하는 교섭 태도의 차이에 대해서는 원칙적으로 중립 유지 의무 위반이 아니라고 한다. 하지만 이는 ③의 조건이 충족되는 경우에만 인정될 수 있다. 즉 조합의 자유로운 의사 결정이 보장되지 않는 상황에서는 ①과 ②가 인정될 수 없는 것이다.[57] ③의 조건이 충족되었는지에 대한 판단은 ④와 ⑤에 의해 이루어진다.

중립 유지 의무는 단체교섭이 매개된 조합 간 차별이 부당노동행위에 해당하는지 여부가 다투어진 사안에서 탄생된 것이지만, 그 적용 범위는 이 판결에서 명확히 설시하고 있는 바와 같이 단체교섭 영역에 한정되는 것이 아니며 단결부터 단체행동의 모든 영역에까지 적용된다. 특히 조합 사무실 제공과 같은 편의 제공에 대해서도 중립 유지 의무 위반이 빈번히 다투어진다. 최고재판소는 조합 사무실 대여에 관한 교섭에 응하지 않은 사용자의 행위가 지배 개입의 부당노동행위에 해당하는지가 다투어진 사안에서 다음과 같은 일반론을 제시하고 있다.[58]

①노동조합에 의한 물적 시설 이용은 본래 사용자와의 단체교섭 등에 의한 합의에 근거하여 이루어져야 하는 것이어서 사용자가 당연히 노조에 대해서 기업 시설의 일부를 조합 사무소로 대여해야 할 의무를 지는 것은 아니며 이의 판단은 사용자의 자유에 맡겨져 있는 것이라고 할 수 있다.

②그러나 동일 기업 내에 복수의 노조가 병존하는 경우에 사용자는 모든 경우에 각 조합에 대해서 중립적인 태도를 유지하고 그

---

57 최고재판소의 닛산자동차 사건 판결보다 1년 앞선 1984년에 내려진 일본메일오더 사건에 대한 최고재판소 판결(最高裁判所 1984. 5. 29 선고,『最高裁判所民事判例集』38卷 7號, 802쪽)은 이 점을 명확히 언급하고 있다. 이 사건 판결에서 최고재판소는 "A분회는 (사용자의) 전제 조건의 제시에 대해서 이것을 수락해서 자기의 요구를 실현한다고 하는 방침을 취하지 않고 위의 전제 조건은 받아들이기 어려운 것이라고 하여 그 수락을 거부한다고 하는 방침을 선택한 것이고, 그 결과 A분회가 자기의 요구를 실현할 수 없게 된 것은 일면에 있어서 스스로의 의사에 기한 선택에 의한 것이라고 해야 하지만 다른 면에서 보면 A분회로서는 기꺼이 이러한 선택을 한 것은 아니고 X(사용자)가 합리성이 없는 전제 조건을 제시하고 이것을 고수하고 있었기 때문에 어쩔 수 없이 이러한 선택에 이르게 된 것이라고 해야 하기 때문에 그 결과에 대해서 X의 위와 같은 교섭 방법이 원인이 되고 있다는 것은 부정하기 어렵다고 할 것인 바, 이것을 모두 A분회의 자유로운 의사 결정에 의한 것이라고 하는 것은 상당하지 않다"고 하고 있다. 최고재판소의 닛산자동차 사건 판결의 판단 기준은 이 사건에 대한 최고재판소 판결의 논리를 이론적으로 한층 보강하고 정교화한 것이라고 평가된다.
58 最高裁判所 1987. 5. 8 선고,『最高裁判所判決集民事 22集』29卷, 175쪽.

단결권을 평등하게 승인·존중해야 하며 각 노조의 성격, 경향, 종래의 운동 노선의 여하에 따라 일방의 노조를 보다 바람직한 것으로 판단하여 그 조직의 강화를 돕는다거나 타방 조합의 약체화를 꾀하려는 것과 같은 행위를 하는 것은 허용되지 않는다.

③사용자가 위와 같은 의도에 기해 양 조합을 차별하여 일방의 조합에 대해서 불이익한 취급을 하는 것은 동 조합에 대한 지배 개입이라고 해야 한다. 이러한 사용자의 중립 유지 의무는 조합 사무실 등의 대여라고 하는 이른바 편의 제공의 경우에도 다른 것은 아니고 조합 사무실 등이 조합에 있어서 활동상 중요한 의미를 갖는 것이라는 점을 보면 사용자가 일방의 조합에 조합 사무실 등을 대여하면서 타방의 조합에 대해서는 일절 대여를 거부하는 것은 이와 같이 양 조합에 대한 취급을 달리할 합리적인 이유가 존재하지 않는 한 타방의 조합 활동력을 저하시켜서 약체화를 꾀하려는 의도를 추인하는 것으로서 노동조합법 제7조 제3호의 부당노동행위에 해당한다.

④위의 합리적인 이유의 존부 여부에 대해서는 단순히 사용자가 표명한 대여 거부의 이유에 대해서 추상적, 표면적으로 검토하는 것뿐만 아니라 일방의 조합에 대여하기에 이르게 된 경위 및 대여에 관한 조건 설정의 유무와 내용, 타방의 조합에 대한 대여를 둘러싼 단체교섭의 경위 및 내용, 기업 시설의 상황, 대여 거부가 조합에 미치는 영향 등 제반의 사정을 종합적으로 고려하여 판단해야 할 것이다.

배타적 교섭대표제도를 둘러싼 논의

> 배타적 교섭대표제의 도입 필요성에 관한 학설의 논의 상황

앞에서 보았듯이 1945년 노동조합의 입법 논의에서 극소수의 노동조합은 노동조합법상의 노동조합으로 인정하지 않음으로써 단체교섭제도에서 배제하려는 시도가 있었다. 일정 수 이상의 조합원을 대표하는 노동조합, 특히 다수 노조에 대해서만 교섭권과 협약 체결권을 부여하고자 하는 발상은 배타적 교섭대표제와 같은 제도의 도입론으로 이어진다. 다만 앞에서 본 바와 같이 배타적 교섭대표제도를 포함하여 단체교섭제도에 관한 제도 개선 논의는 1952년 노동조합법 개정 논의를 마지막으로 자취를 감추었고, 최근에는 근로자대표제도를 포함한 다양한 집단적 커뮤니케이션의 활성화를 위한 논의가 대세를 점하고 있다.

배타적 교섭대표제와 같은 제도의 도입 필요성에 관한 논의는 학계의 차원을 벗어나지 못한다. 배타적 교섭대표제와 같은 제도의 도입을 주장하는 논자들은 현재의 단체교섭제도를 매우 비판적으로 보고 있다. 이들 논자들은 복수노조 체제하의 자율교섭제도가 복수의 노조 간의 극심한 대립과 갈등 속에서 이익 대립의 공정한 조정을 담보하기 어렵다는 점을 들고 있다.[59] 이러한 견해

---

59 国武輝久,「組合併存狀態と不当勞働行爲」,『利益代表システムと団結権(講座 21世紀の勞働法)』8巻, 有斐閣, 2000, pp. 243-244.

중에는 소수 노조에 대한 단체교섭권의 평등한 승인이 결국 조합 병존 사태를 촉발시키고, 전체 노동자의 입장에서는 교섭력을 저하시키는 원인이 되었다고 평가하는 견해도 있다.[60] 이러한 평가는 결과적으로 일본의 집단적 노사관계법 시스템 자체가 노동조합의 약체화를 조장한 측면이 있다고 보고 있다.[61, 62]

이러한 입장에 대한 비판론은 현재 일본적 노사관계에서 소수노조, 합동노조, 커뮤니티유니온의 기능과 역할을 고려할 때 소수노조에 대한 단체교섭권 보장은 반드시 필요하다는 입장을 보인다.[63, 64]

---

60 道幸哲也, 『勞使組合の變貌と勞使關係法』, 信仙社, 2010, p. 5.
61 道幸哲也, 「解體か見直か: 勞働組合法の行方(1)」, 『季刊勞働法』 第221號 (2008), pp. 123-124.
62 노동조합 조직률 저하의 원인에 대해서는 대체적으로 두 가지 설명이 존재한다. 위와 같이 산업구조와 고용구조의 변화 속에서 기업 노동조직의 한계에 착목한 설명(都留康, 『勞使關係のノンユニオン化: ミクロ的·制度的分析』, 東洋經濟新聞社, 2002 등)과 노동조합 결성에 관한 근로자의 의식 변천, 노사관계 제도, 노조 운동가 등에 착목한 설명(中村圭介 編, 『衰退か再生か: 勞働組合活性化へ道』, 勁草書房, 2005 등)이다.
63 西谷敏, 「日本における團體交涉權の性格と交涉代表制」, p. 41; 水町勇一郎, 『詳解 勞働法』, p. 1064.
64 커뮤니티유니온이 노동분쟁을 해결해나가는 과정과 그 효과에 대해서는 吳學殊, 「勞働紛爭發生メカニズムと解決プロセス: コミュニティ·ユニオン(九州地方)の事例」(勞働政策硏究成果報告書 No. 111), 日本勞働政策硏究·硏修機構, 2009; 福井祐介, 「コミュニティ·ユニオンが個別紛爭解決に果たす役割について: アンケート調査を手がかりに」, 『共生社會學』 第2號(2002), pp. 29-45; 浜村彰, 「合同勞組からコミュニティ·ユニオンへ」, 『組合機能の多樣化と可能性』, 法政大學出版局, 2003, pp. 17-23 등을 참조.

> **배타적 교섭대표제도의 위헌성에 대한 학설의 입장**

다음으로 소수 노조의 단체교섭권을 박탈하는 배타적 교섭대표제도가 헌법 제28조가 보장하는 단체교섭권을 침해하는지에 관해서 일본 학계의 입장을 보면 위헌 의견과 합헌 의견이 나누어진다.

위헌 의견은 헌법 제28조에서 단체교섭권을 단결권 및 단체행동권과 분리하여 하나의 고유한 권리로서 명확히 보장하고 있는 이상 조합원의 수가 적다고 하여 이들 조합원과 노동조합의 단체교섭권을 완전히 박탈하는 것은 위헌이라고 본다.[65]

이에 대해서 합헌 의견은 배타적 교섭대표제와 같이 단체교섭권의 주체를 일정 수 이상의 노동조합으로 한정할 것인지는 입법정책의 문제라고 하면서 헌법상 단체교섭권과 노동조합법상 단체교섭권을 구분한 뒤에 후자는 부당행위구제제도, 즉 노동조합법 제7조 제2호에 의해서 비로소 창설된 것이기 때문에 입법자가 노동조합법을 개정하여 과반수 노조의 단체교섭 요구에 대해서만 노동조합법 제7조 제2호를 적용한다고 하더라도 헌법이 보장하는 단체교섭권이 침해되는 것은 아니라도 본다.[66] 사용자의 '성

---

65 西谷敏,「日本における團體交涉權の性格と交涉代表制」, p. 41; 中山和久 編,『註釋 労働組合法·労働関係調停法』, 1989, p. 124; 盛誠吾,『労働法總論·労使関係法』, 新世社, 2000, p. 121; 名古道功,「コミュニティ·ユニオンと労働組合法理」,『日本労働法學會誌』號(2012), p. 30.
66 荒木尙志,『労働法』, 有斐閣, 2009, pp. 500-501; 水町勇一郎,『詳解 労働法』, pp. 165-164.

실'교섭의무가 노동조합법 제7조 제2호에 의해서 비로소 창설되었다고 보는 것이다. 하지만 이와 같은 주장은 위헌성 여부에 대해 상당히 단편적인 언급을 하고 있을 뿐이어서, 이와 같은 제도가 실제로 도입되었을 때 배타적 교섭대표가 되지 못한 노동조합이 헌법상 단체교섭권을 여전히 누린다면 단체교섭 응낙에 관한 가처분에 의해서 단체교섭을 강제할 수 있다는 것인지, 나아가 배타적 교섭대표가 되지 못한 노동조합의 단체교섭 요구에 사용자가 응하여 단체교섭을 하고 단체협약을 체결하는 것 자체는 법적으로 가능하다는 것인지 등에 대해서 별다른 해명을 하지 않고 있다.

> 논의 상황의 평가

배타적 교섭제도와 같이 소수 노조의 단체교섭권을 제약하는 방향으로 단체교섭법제도의 근본적인 개편 필요성이 노동법학계에서 논란이 되고 있는데, 이러한 필요성을 주장하는 견해는 극소수이기 때문에 큰 반향을 얻지 못하고 있다. 배타적 교섭대표제를 포함한 단체교섭제도의 근본적 개편에 관한 논의 지형 자체가 그 필요성을 주장하는 극소수의 논자에 대해 극소수의 논자가 반박하는 수준이다.

이와 같이 노동법학계의 일부 견해를 제외하면 노사관계학을 포함한 전체 노동 연구 분야에서 배타적 교섭대표제를 포함한 단체교섭제도의 근본적 개편 필요성과 그 위헌 여부에 관한 논의는 찾아보기 어렵다. 집단적 이익 대표 시스템 재편 논의나 노사 커뮤니케이션 활성화 논의는 최근 들어 매우 활발히 이루어지고 있지만, 복수노조하에서의 자율교섭제도의 문제점을 논증하면서 배타적 교섭대표제와 같은 발본적 제도 개편을 주장하는 문헌은 찾아볼 수 없다.

더군다나 제도 개편의 필요성을 주장하는 견해를 보면 단편적 문제 사례를 들면서 추상적이고 규범 논리적인 개편 필요성을 말하고 있을 뿐이다. 실제 복수노조 체제하에서의 자율교섭제도 자체에서 유래하는 본질적인 문제점에 관한 객관적인 자료나 근거를 제시하고 있지 못하다. 이들 견해의 수준은 아직은 문제 제기나 방향성 제시 차원을 넘지 못하고 있다.

한편 이상에서 본 견해의 대립, 특히 제도 개편의 필요성을 둘러싼 견해 차이를 보면 현재 노사관계에 대한 평가가 전혀 다르다는 점을 알 수 있다. 이러한 평가의 차이는 근본적으로 노동3권, 특히 단체교섭권 보장의 의의에 대한 이해 차이에서 비롯된 것임을 알 수 있다.

시사점

  2차대전 종전 이후 일본 노동조합운동의 역사는 분열의 역사였다.[67] 노동조합의 분열은 일본 노사관계의 특징은 아니지만 기업별 노조의 분열은 일본 노동조합운동사의 중요한 특징이다. 일본 노동조합운동의 결함을 가장 상징적으로 보여주는 것이 바로 조합 분열이다.[68] 조합 분열의 원인은 조합 내부 요인과 사용자 요인 등 다양하게 존재하지만 "기업별 조합에 필연적으로 존재하는 모순적 요인이 자본의 개입을 계기로 현재화한 것"이라는 표현에서 조합 분열의 원인이 어디에 있는지를 잘 보여준다. 즉 노동조

---

67 蓼沼謙一,『組合分裂·差別支配と権利闘争』, 労働旬報社, 1976, p. 13.
68 藤田若雄,『第二組合』, p. 7.

합자유설립주의와 자율교섭주의가 노사관계의 격화와 그에 따른 조합 분열, 노동운동의 약화를 가져온 주된 원인이 아니라는 것이다. 1950-1960년대 일본의 노사 대립과 노동조합 분열 경험을 교섭창구단일화제도의 정당성을 주장하기 위한 논거로 사용하고자 한다면 이는 분명한 난센스다. 아무리 단체교섭권이 동등하게 보장되어 있더라도 그것만을 믿고 소수의 조합원 집단이 노동조합을 분열시키지는 않는다. 앞에서 살펴보았듯 일본의 노동조합 분열의 전형적인 특징은 장기 쟁의를 거치면서 발생했다는 점이다. 장기 쟁의에 반대하는 집단이 노동조합을 탈퇴하면서 조합 분열이 발생했다는 점에서 단체교섭 자율주의와 조합 분열의 관련성은 찾을 수 없다.

우리 헌법재판소는 2012년 결정에서 자율교섭주의가 세력 다툼이나 분열로 교섭력을 현저히 약화시킬 우려가 있고, 소수 노동조합의 지위가 더 열악해질 수 있다고 했지만, 일본의 복수노조 체제의 실태에서 보면 적어도 자율교섭주의로 인하여 이러한 문제가 발생했다거나 발생하고 있다는 점은 확인되지 않는다. 복수노조 체제가 1980년대 이후로는 부당노동행위 구제라는 법적 상황을 제외하면 일본 노사관계에서 그다지 주목할 만한 현상이 아니라는 점도 명확하다. 유일교섭단체 조항의 효력, 평등 취급 의무(중립 유지 의무), 조합 분열 및 산별노조 탈퇴 등을 둘러싼 분쟁과 관련 판례들은 거의 대부분 1960년대에 발생한 사건에 대한 판결이라는 점이 이를 말해준다. 나아가 최근 부당노동행의 구제 신청이 합동노조에 의한 것이라는 점은 기업별 노조의 형태를 가진 복수의 노동조합이 서로 경쟁하는 가운데 사용자에 의한 부당노동행위가 자행되는 사례는 상당히 사라졌음을 추정할 수 있게 한다. 이 점은 노동운동이 전반적으로 침체된 상황에서 어쩌면 당연한 현상일 수도 있을 것이다.

또한 스나야마 가쓰히코의 실태조사 결과에서 알 수 있듯이 복수노조 체제에서 자율교섭주의를 취하더라도 임금이나 근로시간 등의 기준에 관해서 상이한 두 개의 단체협약이 체결되어 동일한 직업적 이해관계를 갖는 근로자 사이에 근로조건 차이가 발생할 것이라는 우려도 검증되지 않는다.

이상의 점들을 종합해보면 복수노조주의와 자율교섭주의[69]에 관한 일본의 1950년대 및 1960년대의 사례와 경험이 과도하게 부정적으로 우리나라에서 소비되고 있다고 할 수 있을 것이다. 특히 1950년대와 1960년대의 흐름은 이미 2차대전 이후의 노동운동 정세에 대한 당국과 경영계의 반작용에 의해서 잉태되고 주도되었다는 일본 특유의 역사적 배경 속에서만 제대로 이해될 수 있다는 점에서 더욱 그러하다.

헌법재판소 2012년 결정의 교섭창구단일화 정당성론은 피상적인 '수'의 논리에 불과하다. 이러한 '수' 논리에 대해서 니시타니 사토시西谷敏는 통렬히 비판한다. 집단주의적 노동관계법하에서

---

[69] 교섭대표가 배타적 교섭을 하는 방식이 아니라는 의미로 사용한다.

다수 노조에 의한 개인의 이익 경시는 개인의 자기결정권을 근본 이념으로 하는 노동3권과 배치된다는 것이다. 합동노조 등에 관해서 앞에서 살펴본 바와 같이 최근 일본의 관련 논의를 보면 다양한 근로자 집단의 이해관계가 다양한 형태의 노동조합에 의해 대변되는 것을 긍정적으로 이해하는 경향이 매우 강하다. 기업별 노조 체제라는 '숙명적 결함'을 극복하기 위한 유력한 노동운동 방식으로 평가되기도 한다.[70] 합동노조나 소수 노조에게 단체교섭권의 보장이 없다면 이러한 역할이 불가능하다는 점은 분명하다.

---

70 河西宏祐,『企業別組合の理論: もうひとつの日本的労使関係』, pp. 90-92.

| 참고 문헌 |

1장 미국 연방노동관계법의 단체교섭제도

김미영, 「미국 집단적 노사관계법상 단체협약법리에 관한 연구」, 고려대학교 박사학위 논문, 2007.

김미영, 「미국 연방노동법의 공동고용 원리에 관한 연구」, 『노동법학』 제33호, 2010, pp. 137-161.

김미영, 「미국 교섭단위제에서 사업장내 파견·용역근로자의 단체교섭권 연구」, 『노동법학』 제38호, 2011, pp. 117-150.

김미영, 「한국과 미국의 단체교섭법제 비교」, 『노동법학』 제40호, 2011, pp. 205-246.

Adrienne E. Eaton & Jill Kriesky, NLRB Elections vs. Card Check Campaigns: Results of a Worker Survey, 62 Indus. & Lab. Rel. Rev. 157(2009).

James A. Gross, The Making of the National Labor Relations Board-A study in Economics, Politics, and the Law(vol. I)(1933-1937),

SUNY Press(1974).

Lynn Rhinehart & Celine McNicholas, Collective bargaining beyond the worksite, EPI, May 4, 2020, https://files.epi.org/pdf/193649.pdf

Matthew Finkin & Timothy Glynn, Labor Law - Case and Materials(17th ed.), Foundation Press, 2021.

Walter L. Daykin, Determination of Appropriate Bargaining Unit by the NLRB: Principles, Rules, and Policies, 27 Fordham L. Rev. 218 (1958). Available at: https://ir.lawnet.fordham.edu/flr/vol27/iss2/4

William B. Gould IV, Independnet Adjudication, Political Process, and the State of Labor-Management Relations: The Role of the National Labor Relations Board, 82 Indi. L. J. 461(2007).

William E. Forbath, Law and the Shaping of the American Labor Movement, Harvard University Press, 1991.

2장 독일의 단체교섭 및 단체협약 법리

강성태·조용만·박귀천, 『초기업 협약과 근로조건 변경에 관한 외국사례 연구』, 고용노동부 연구용역보고서, 2017.

박귀천, 「독일 최저임금법 제정의 배경과 의의」, 『노동법연구』 제40호, 서울대노동법연구회, 2016.

유성재, 「단체협약의 경합·병존과 단일단체협약의 원칙」, 『노동법학』 제29호, 한국노동법학회, 2009.

이승현, 「독일의 단체협약 체계와 단체행동 현황」, 『국제노동브리프』 2015년 5월호, 한국노동연구원, 2015.

하경효, 「독일 협약단일화법의 쟁점과 시사점」, 『고려법학』 제79호, 고려대학교 법학연구원, 2015.

한인상, 「독일법상 단체협약 병존시 단일단체협약 원칙」, 『노동법포럼』 제7권 제7호, 노동법이론실무학회, 2011.

Amlinger, Marc·Bispinck, Reinhard, Dezentralisierung der Tarifpolitik: Ergebnisse der WSI-Betriebsrätebefragung 2015, WSI Mitteilungen,

Düsseldorf, 3/2016.

Deinert, olaf·Kittner, Micahel, Die arbeitsrechtliche Bilanz der Großen Koalition 2013-2017, RdA, 2017.

Deutscher Bundestag, Drucksache 18/2010.

Deutscher Bundestag, Drucksache 19/6146, 19. Wahlperiode 28.11.2018.

Forst, Gerrit, Die Allgemeinverbindlicherklärung von Tarifverträgen nach dem sogenannten Tarifautonomiestärkungsgesetz, RdA, 2015.

Franzen, Erfurter Kommentar zum Arbeitsrecht, 21. Auflage 2021.

Henssler·Willemsen·Kalb, Arbeitsrecht Kommentar, 3. Aufl. (Köln, 2008).

Hromadka, (Stärkerer) Minderheitenschutz bei Tarifkollision, NZA 2019.

Jöris, Heribert, Die Allgemeinverbindlicherklärung von Tarifverträgen nach dem neuen § 5 TVG, NZA, 2014.

Klumpp, Münchener Handbuch zum Arbeitsrecht, Bd. 3.

Kollektives Arbeitsrecht I, 4. Auflage 2019.

Liukkunen, Ulla(Editor)/Wass, Bernd, Collective Bargaining in Labour Law Regimes, Springer, 2019.

Schaub, Günter·Treber, Jürgen, Arbeitsrechts-Handbuch, 17. Auflage, § 190. Koalitionen und Koalitionsverbandsrecht, 2017.

Treber/Schaub, Arbeitsrechts-Handbuch, 19. Auflage 2021.

Ulrich Preis, Arbeitsrecht Praxis-Lehrbuch zum Kollektivarbeitsrecht, 2003.

Waas, Bernd, Decentralizing Industrial Relations and the Role of Labor Unions and Employee Representatives in Germany, Decentralizing Industrial Relations and the Role of Labor Unions and Employee Representatives(2006 JILPT Comparative Labor Law Seminar), JILPT REPORT No. 3, 2006.

3장 프랑스의 단체교섭 법제: 기업 단위 단체교섭을 중심으로

박제성, 「프랑스에서 노동조합의 정의」, 『노동조합 정의 규정 재검토 연구』, 한국노동연구원, 2011.

박제성, 「프랑스의 종업원대표제: 사회경제위원회(CSE) 제도를 중심으로」, 『노동과 민주주의(문집 2020)』, 무빈다방(sites.google.com/site/mubindabang), 2021.

조임영, 「프랑스 마크롱Macron 정권과 단체교섭 및 단체협약법제의 변화」, 『동아법학』 제82호, 동아대학교 법학연구소, 2019. 2.

A. Jeammaud, La place du salarié individu dans le droit français du travail: Le droit collectif du travail. Questions fondamentales-évolutions récentes. Études en hommage à Madame le Professeur H. Sinay, 1994, Peter Lang.

Bernard Teyssié, Droit du travail Relations collectives(12e édition), Lexis Nexis, 2020.

Gérard Couturier, Droit du travail(Tome 2): Les relations collectives de travail, Puf, 1994.

J. Pélissier, La loyauté dans la négociation collective, Dr. ouvrier, déc. 1997.

J. Savatier, Un salarié isolé peut-il user du droit de grève à l'appui d'une revendication individuelle?, RJS 1/1997.

Jean-Emmanuel Ray, Droit du travail, Droit vivant 2021(29e edition), Wolters Kluwer, 2020.

Jean-Emmanuel Ray, La place de la négociation collective en droit constitutionnel, Les NOUVEAUX CAHIERS DU CONSEIL CONSTITUTIONNEL N° 45(LE CONSEIL CONSTITUTIONNEL ET LE DROIT SOCIAL), OCTOBRE 2014.

Pascal Lokiec, Droit du travail, Tome Ⅱ Les relations collectives de travail, Puf, 2011.

4장 복수노조하에서의 단체교섭에 관한 일본의 법적 논의에 관한 검토

박제성, 「"법원은 법률이 아닌 법을 선언해야 한다": 전교조 사건 대법원 전원합의체 판결에 대한 사설^{辭說}」, 『노동법학』제76호, 2020.

ジェームズ アベグレン, 『日本の經營』(占部都美 譯), 1958, ダイヤモンド社.

管野和夫, 『勞働法』, 弘文堂, 2019.

国武輝久, 「組合併存狀態と不當勞働行爲」, 『利益代表システムと団結権(講座21世紀の勞働法)』8巻, 有斐閣, 2000.

都留康, 『勞使關係のノンユニオン化: ミクロ的·制度的分析』, 東洋經濟新聞社, 2002.

渡辺銳氣, 「生き續ける小數派勞働組合」, 『季刊勞働法』제117호, 1980.

道幸哲也, 「解體か見直か: 勞働組合法の行方(1)」, 『季刊勞働法』第221號, 2008.

道幸哲也, 「解體か見直か: 勞働組合法の行方(2)」, 『季刊勞働法』第222號, 2008.

道幸哲也, 『勞使關係における誠實と公正』, 旬報社, 2006.

道幸哲也, 『勞使組合の變貌と勞使關係法』, 信仙社, 2010.

藤田若雄, 『第二組合』, 日本評論社, 1960.

鈴木博, 「小數派勞働組合の反合理化鬪爭の一分析: 全造船機械石川島播磨·石川島分會及び住友重機·浦賀分會の活動を通して」, 『經濟論叢』제183권 제4호, 2009.

嶺學, 『第一組合: その團結と活動』, 御茶の水書房, 1980.

蓼沼謙一, 「いわゆる企業別脱皮」, 『戰後勞働法學の思い出』, 勞働開發研究會, 2010.

蓼沼謙一, 『組合分裂·差別支配と権利鬪爭』, 勞働旬報社, 1976.

立川博行, 「船員の集團的勞使関係」, 『日本勞働研究雜誌』No. 728, 2021.

名古道功, 「コミュニティ·ユニオンと勞働組合法理」, 『日本勞働法學會誌』119號, 2012.

福井祐介,「コミュニティ・ユニオンが個別紛争解決に果たす役割について: アンケート調査を手がかりに」,『共生社會學』第2號, 2002.

濱口桂一郎,「集団的勞働紛争解決システムの1世紀」,『季刊勞働法』, 第266號, 2019.

濱口桂一郎,『新しい勞働社會: 雇用システムの再構築へ』, 岩波書店, 2009.

濱口桂一郎,『日本の勞働政策』, 勞働政策研修·研究機構, 2018.

浜村彰,「合同労組からコミュニティ・ユニオンへ」,『組合機能の多様化と可能性』, 法政大學出版局, 2003.

浜村彰,「合同労組からコミュニティユニオンへ」,『組合機能の多様化と可能性』, 法政大學出版局.

砂山克彦,「複數組合倂存と團體交渉, 基準法上の諸協定, 協約, 就業規則(調査報告)」,『アルテスリベラレス(岩手大學人文社會科學部紀要)』제40호, 1987.

西谷敏,「日本における團體交渉権の性格と交渉代表制」, 勞働法律旬報 No. 1727, 2010.

西谷敏,『勞働法における個人と集團』, 有斐閣, 1992.

西谷敏,『勞働組合法』, 有斐閣, 2012.

石橋洋,「組合間差別と不當勞働行爲」,『勞働法律旬報』No. 966, 1978. 12.

盛誠吾,『勞働法總論·勞使関係法』, 新世社, 2000.

沼田稻次郎(대표 편집),『勞働法事典』, 勞働旬報社, 1979.

小畑精武,「コミュニティ・ユニオンの到達點と展望(下)」,『勞働法律旬報』1562號, 2003.

松井保彦,『合同労組運動の檢證: その歷史と理論』, ラクイン, 2010.

松村文人,「企業橫斷賃金交渉と産業別組合化論」,『社會政策』第6卷 제2號, 2015.

水町勇一郎,『詳解 勞働法』, 東京大學出版會, 2017.

吳學殊,「勞働紛争發生メカニズムと解決プロセス-コミュニティ・ユニオ

ン(九州地方)の事例」(労働政策研究成果報告書 No. 111), 日本労働政策研究·研修機構, 2009.

中山和久 編,『註釋 労働組合法·労働関係調停法』, 1989.

中村圭介編,『衰退か再生か: 労働組合活性化へ道』, 勁草書房, 2005.

直井春夫,「合同労組·地域ユニオンの由來」,『中央労働時報』第1109號, 2009.

淺見和彦,「建設労働者·就業者の組織的結集過程と労働組合機能の發展: 戰後の諸段階と展望(全建總聯結成 50周年 記念事業公募論文)」, 2010.

川口美貴,「日本における産業別労使交渉と労使合意」,『日本労働研究雜誌』No. 652, 2014.

河西宏祐,「複數組合併存下の組合間関係の失態: '分裂左派組合'と '分裂右派組合'の比較を通して」,『千葉大學養部研究報告』제9호, 1976.

河西宏祐,『企業別組合の理論: もうひとつの日本的労使関系』, 日本評論社, 1989.

河西宏祐,『企業別組合の実態: '全員加入型'と'小數派型'の相剋』, 日本評論社, 1981.

河西宏祐,『小數派労働組合運動論』, 海燕書房, 1977.

荒木尙志,『労働法』, 有斐閣, 2009.

| 찾아보기 |

ㄱ

개별교섭 158, 174, 175, 216, 243, 263
경제적·사회적 단일체 206, 207
공동교섭 174, 243, 244, 246, 298, 300, 302
공동 사용자 36-40, 43, 44, 61
공동 사용자 원리 36, 44, 59
공정대표의무 21, 75, 82-84, 90, 159
공화국 가치들의 존중 180-183, 190, 196
교섭 권한 82, 104, 106, 107, 156, 204
교섭 능력 104, 105, 107-110, 156, 158
교섭단위 15, 20-25, 27-39, 43, 44, 47-51, 53, 58, 61, 69-72, 76-82, 84, 89, 111, 174, 180-182, 186, 190, 206-208, 243, 244, 246, 275, 276, 279, 280
교섭단위 결정 28, 31, 47, 276
교섭단위 분리 37, 43, 44, 111
교섭단위 적정성 22, 23, 25, 32, 35, 36, 37, 47, 80, 81
교섭 담당자 182, 200, 205, 213, 218
교섭대표 17, 21-23, 25-27, 30, 35, 36, 43, 49, 57, 60, 70-72, 75, 78, 79, 82-84, 89, 90, 214, 249, 319
교섭대표 결정 89
교섭대표 선거 22, 28, 30, 32, 35, 36, 52, 61, 63, 81
교섭대표노동조합 69, 70, 85-88, 245, 250, 276, 278
교섭의무 193
교섭창구단일화 21, 69, 85-89, 160,

찾아보기　　333

173, 245, 250, 323
교섭창구단일화제도 245, 246, 249, 250, 252, 322
규범적 부분 145, 160, 224
근로자대표 17, 24, 25, 70, 98, 222, 239
근로자대표 시스템 195
근로자대표제도 99, 316
근로조건 17, 21, 36-38, 44, 45, 54, 55, 60, 62, 66, 71, 73-75, 78, 79, 82-84, 88-90, 98, 99, 101, 108, 110, 113, 115, 116, 118, 124, 139, 157, 158, 162, 193, 194, 203, 207, 220, 221, 231, 238, 245, 250, 251, 267, 269-271, 276, 289, 303, 311, 323
기업 단위 단체교섭 195-229
기업별 교섭 22, 205, 261, 307
기업별 노동조합 111, 252, 254-259, 263, 270, 289, 321, 323, 324
기업별 단체협약 112-115, 122, 217, 261, 307
기업협의회 204, 205, 220

ㄴ

노동3권 69, 167, 242, 250-252, 275, 320, 324
노동3권의 보장 93-98, 251, 252, 264, 266, 272, 274, 280
노동단체 16, 21, 22, 25-27
노동법원 96, 138, 145, 148
노동법전 170, 172, 175, 177, 178, 180-183, 186, 190, 195, 208, 209, 211, 213-216, 218, 220-222, 224, 226-234, 237
노동쟁의 95, 131, 267
노동조합 설립의 자유 170-173
노동조합법 69, 245, 249, 263, 264, 272-282, 290, 307, 308, 315, 316, 318, 319
노동조합의 대표성 170-172, 177-189, 199, 206
노동조합자유설립주의 73, 321
누적적 기준들 180, 182, 190

ㄷ

다수결 지위 25, 29, 47, 72, 77
다수 노동조합(다수 노조) 116, 129, 133, 135, 137, 143-145, 147-153, 159, 160, 162, 198, 266, 293, 300, 316, 324
다수 대표 원칙 175, 244
다수 사용자 31, 47, 48, 57, 81
다수 사용자 교섭단위 31-39, 43, 44, 46-48, 50, 61
단결권 63, 94, 125, 127, 130, 135, 139, 140, 144, 146, 151, 160, 168, 169, 195, 225, 242-245, 265, 266, 272, 274, 309, 310, 312, 315, 318
단결의 자유 93-95, 135, 139, 142-144, 157, 168, 170, 173, 175, 177, 242, 243
단일 사용자 46-49, 89, 111, 162
단일 사용자 교섭단위 23, 31, 35, 37,

38, 43, 51, 89
단체교섭 권한 82, 89, 90
단체교섭 능력이 있는 단체 154
단체교섭 당사자 205, 206
단체교섭 실태 295-306
단체교섭 자율주의 322
단체교섭권 15-17, 20, 29, 34, 49, 52, 63, 70-72, 77, 84-87, 89, 93, 97, 129, 169, 242, 244-246, 249-253, 261, 270, 274, 275, 277, 279, 282, 308-310, 317-320, 322, 324
단체교섭의 주체 100-112, 243
단체교섭의무 17-22, 34, 36, 59, 68, 70-72, 77, 80, 85-87
단체교섭제도 32, 33, 36, 69, 73, 74, 78, 79, 81, 83, 251, 279-281, 308, 316, 319
단체행동권 95, 97, 244-246, 275, 309, 318
단체협약 당사자 96, 100, 101, 309
단체협약 체결권 178, 182, 310
단체협약법 93, 96-98, 100, 104, 105, 114-119, 122, 127, 128, 131, 140, 141, 144, 146, 148-151, 157, 159, 160
단체협약의 경합 121, 122
단체협약의 규범적 효력 21, 73, 88, 96
단체협약의 만인효 175
단체협약의 병존 121, 123, 124, 127
단체협약의 유효기간 210, 227-229
단체협약의 일반적 구속력 96, 118, 162

단체협약의 체결 100, 105, 114, 125, 152, 169, 195, 244, 267, 273
단체협약의 충돌 96, 129, 152
단체협약의 해지 18
단체협약의 효력 확장 308
대각선 교섭 260, 261
대표적 노동조합 174, 175, 178, 179, 182, 185, 188, 189, 195, 196, 198, 199, 202, 203, 205, 207, 208, 210-217, 219-224, 226-229, 239, 241, 243, 244, 293
독일기본법(기본법) 93-95, 99, 125, 127, 130-137, 139, 149-151, 155-157, 160

ㅂ

배타적 교섭대표 19-21, 34, 90, 319
배타적 교섭대표제도 75, 275-281, 316, 318-320
법규범 106, 129, 179
복수노동조합(복수노조) 85, 87-89, 159, 168, 174, 175, 177, 242-245, 253, 274, 285-288, 290, 292, 294-299, 308, 310, 316, 320, 322, 323
복수노조주의 168, 174, 177, 242, 283, 323
복수노조 평등주의 274
복수의 단체협약 121-123, 126, 127, 129, 138, 152, 153
부당노동행위 16, 19, 34, 36, 63, 77, 85, 252, 259, 263, 264, 267, 268, 273, 276-278, 282, 287-290, 295,

308, 310-315, 322, 323
비공인 파업 156, 239
비노조 파업 155, 156, 176, 239
비밀투표 26, 27, 155

ㅅ
사내 단체협약 113
사용자단체 34, 55, 56, 100, 104, 106, 107, 111, 113, 114, 116, 118, 120, 122, 148, 152, 158, 175, 188, 190, 191, 260, 276
사용자의 대표성 190-192
사회경제위원회 175, 186, 197-202, 204, 205, 210, 215, 218, 221-224
사회적 세력 104, 105, 107-110
산업별 노동조합(산별노조) 31, 32, 81, 98, 102, 103, 108, 111, 112, 121, 123-128, 130, 157, 158, 161, 171, 256, 258-263, 285, 322
산업별 단체협약 111, 113-115, 122
산업별 연합단체 259
소수 노동조합(소수 노조) 85, 86, 129, 131-133, 135, 137, 144-153, 159-161, 245, 250, 270, 282, 293, 295-297, 307-309, 317-319, 322, 324
수권카드 29, 30, 77, 79

ㅇ
연방노동관계법 15, 20-24, 27, 32-36, 39, 45-47, 49, 60-65, 67, 70, 72, 74, 75, 79, 81, 82

연방노동위원회 22-38, 43, 44, 47, 48, 62, 63, 72, 76-81, 86
연방헌법재판소 95, 105, 129, 130-132, 139, 151, 156-161
유니언숍(협정) 72, 78, 264-266, 269, 286
유리의 원칙 230
유리한 규정 우선의 원칙 122, 123
유일교섭단체 조항 22, 307, 308, 322

ㅈ
자유권 134, 139, 150, 151, 251
자율교섭제도 250, 252, 253, 316, 320
자율교섭주의 322, 323
자주성 178, 180-183, 185, 190, 196
재정의 투명성 180, 181, 183, 185, 190
쟁의단 156
쟁의행위 49, 94, 96, 105, 133, 138, 140, 141, 154-156, 246, 268, 275
적격 노동조합 178, 181, 182
절대적 공서 180
조직의 민주성 104, 105
조합대표위원 179, 180, 182, 196-200, 203, 205, 212-216, 218, 221, 222
조합 분열 292-297, 321, 322
조합비 62, 79, 179-183, 187, 196
조합원 수 79, 87, 103, 105, 108, 109, 145, 151, 180-183, 187, 246, 256, 285, 286, 309
종업원대표 선거 178, 181

종업원대표 선거 득표율 180, 181, 186, 187
종업원위원 223, 224
종업원평의회 98, 99, 153, 157, 158
지역적 구속력 308
직업단체 167, 168, 170, 171, 177, 178
직업 선거 186-189, 195, 197-199, 204, 219, 223, 224, 228, 244
집단교섭 57, 261-263
집단적 노사관계 93, 111, 179, 253

ㅊ

채무적 부분 145, 160, 224
초기업 단위 22, 256, 259
초기업 단위 교섭 50-55
초기업단위노조 22, 48, 270
최저임금법 116, 117, 120
최후 수단의 원칙 176

ㅌ

통일교섭 260, 261, 263
특별규정 우선의 원칙 122-124

ㅍ

파업 18, 22, 27, 54, 55, 96, 125, 141, 154-156, 161, 176, 184, 185, 196, 200, 236-241, 244, 268, 275, 276
파업권 62, 67, 95, 107, 129, 130, 140, 141, 161, 168, 169, 176, 236-240, 243, 244
평등 취급 의무(중립 유지 의무) 309-315, 322
평화의무 127, 145, 240

ㅎ

합동노조 268, 288-290, 295, 317, 323, 324
협약단일화법 128-140, 143, 144, 160, 161
협약 자치 96, 99, 107, 116, 117, 125, 129, 133-135, 137, 140, 142-144, 154
협약자치강화법 116, 120
협약 체결 의사 104

기타

1사업장 1협약 원칙 122, 126

미국, 독일, 프랑스, 일본을
중심으로 본

외국
단체교섭제도
연구

발행일	2023년 2월 28일 (초판 1쇄)
	2023년 12월 15일 (초판 2쇄)
지은이	노동자권리연구소
펴낸이	이지열
펴낸곳	미지북스
	서울시 마포구 잔다리로 111(서교동 468-3) 401호
	우편번호 04003
	전화 070-7533-1848 팩스 02-713-1848
	mizibooks@naver.com
	출판 등록 2008년 2월 13일 제313-2008-000029호
편집	서재왕
본문디자인	정연남
출력	상지출력센터
인쇄	한영문화사
ISBN	979-11-90498-45-6 93300
값	17,000원

블로그 http://mizibooks.tistory.com
트위터 http://twitter.com/mizibooks
페이스북 http://facebook.com/pub.mizibooks